POÉSIES POSTHUMES

DE

PHILOTHÉE O'NEDDY

(THÉOPHILE DONDEY)

PARIS

G. CHARPENTIER, ÉDITEUR

13, RUE DE GRENELLE-SAINT-GERMAIN, 13

1877

POÉSIES POSTHUMES

DE

PHILOTHÉE O'NEDDY

IL A ÉTÉ TIRÉ

Soixante-quinze exemplaires numérotés sur papier de Hollande
Prix : 7 francs.

Et *dix* exemplaires numérotés sur papier de Chine
Prix : 12 francs

PARIS. — Impr. J. CLAYE. — A. QUANTIN et Cⁱᵉ, rue St-Benoît.

POÉSIES
POSTHUMES

DE

PHILOTHÉE O'NEDDY

(THÉOPHILE DONDEY)

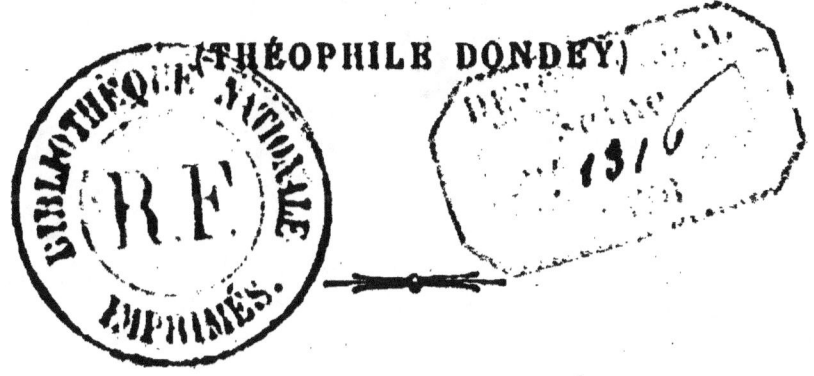

PARIS

G. CHARPENTIER, ÉDITEUR

13, RUE DE GRENELLE-SAINT-GERMAIN, 13

—

1877

Auguste-Marie Dondey, dit Théophile Dondey (il paraît que ce nom de Théophile, qu'il a porté toute sa vie, n'est pas dans son acte de naissance), est né le 30 janvier 1811 ; il avait douze ans quand je l'ai connu, et j'en avais dix. Nous étions ensemble élèves externes dans la petite institution Lemasson ; nous ne suivions pas les classes du collége, et M. Lemasson nous donnait seul l'instruction secondaire ; M. Félix Ravaisson, de l'Institut, a été son élève en même temps que nous. Dondey et moi fûmes bientôt liés ; j'étais faible de corps et myope ; Dondey paraissait vigoureux, mais il était myope à tel point qu'en comparaison je pouvais passer pour avoir une

1

bonne vue; nous n'aimions ni l'un ni l'autre les jeux ordinaires, et les livres étaient notre grand plaisir. Nous passions des heures à lire ensemble des vers de Racine et de Boileau, car nous n'avions pas sous la main, à cet âge, les nouveautés. Nous en vînmes à établir, en entraînant quelques camarades, une espèce de petite académie qui avait ses séances et ses lectures.

Je ne sais ce que nous pensions alors en religion, si nous pensions quelque chose. Dondey, qui avait une mère pieuse, était élevé chrétiennement; pour moi, je n'étais soumis à aucune pratique religieuse. Si nous philosophions déjà ensemble, je ne m'en souviens plus : ce dont je me souviens, c'est que nous lisions *le Petit Albert* et que nous en essayions les recettes, ce qui n'indique pas que nous fussions de grands philosophes. Il se livrait à ces tentatives avec une étrange ardeur : je le remarque parce qu'il a gardé toujours quelque chose de cette disposition; devenu homme, et très-libre dans ses pensées, il avait besoin pourtant de rêver le surnaturel, sinon d'y croire, et il redisait avec complaisance le mot de Hamlet : « Il y a plus de choses sur la terre et dans le ciel, Horatio, que votre philosophie n'en a songé. »

En 1825, mon père ayant obtenu pour moi une

demi-bourse, j'entrai comme pensionnaire au collége Saint-Louis; Dondey continua de vivre chez ses parents et suivit les classes de Louis-le-Grand comme externe. Pour moi, je restai sous le régime de l'internat jusqu'à vingt-deux ans, ayant passé du collége à l'École normale. Nous vécûmes donc assez séparés, quoique très-bons amis; je contractai dans l'internat d'autres amitiés, que la vie commune rendit plus étroites; celle-là n'en fut pas moins constante et toujours égale, et il est de mes amis de jeunesse celui qui m'a été conservé le plus longtemps.

Outre les deux ans qu'il comptait de plus que moi, Dondey avait sur moi l'avantage d'une vie plus ouverte à bien des choses que n'était la mienne. Il n'était pas enfermé entre quatre murs; il ne se plaisait pas d'ailleurs aux études du collége, et ne faisait de grec et de latin qu'autant qu'il y était obligé; mais il lisait les journaux, notamment le *Globe*, et les nouveautés littéraires. C'était lui surtout qui me tenait au courant de ce qui au dehors occupait alors les esprits. Il était *libéral*, comme à peu près tout jeune homme à cette époque, assez mal disposé pour le trône et pour l'autel; mais il se jeta surtout avec passion dans la révolution littéraire qui se déclarait alors. Elle fut pour lui une religion, et la foi romantique n'a jamais eu de confesseur plus ardent et plus intrépide. Il était au premier rang parmi les bandes de jeunes gens qui soutenaient Victor Hugo dans ses luttes, et qui livrèrent cette *bataille d'Hernani*, où il y eut tant de chaudes journées[1]. On lit dans le *Rappel* du 23 février 1875, dans un article nécrologique sur Dondey, qui est sans doute de M. Auguste Vacquerie : « L'employé se ressouvint du poëte et le combattant sentit se rallumer en lui tous ses feux et toutes ses flammes, quand l'empire, après avoir fermé pendant dix-huit ans la porte du théâtre aux drames de Victor Hugo, l'entre-bâilla pour *Hernani*. Nous vîmes entrer chez nous un bon bourgeois, qui venait nous demander un billet pour la première représentation. Quand ce bourgeois nous eut dit son nom de guerre, nous nous empressâmes de lui donner la place qu'il désirait, trouvant bien juste que celui qui avait été de la bataille fût de la victoire. » On verra tout à l'heure l'histoire de ce nom de guerre, de ces feux et de ces flammes.

Je suivais Dondey sans hésitation dans son libéralisme, quoique avec un tempérament moins fou-

---

[1]. M. Deschanel, qui la raconte si bien dans ses conférences, n'y a pas oublié Dondey.

gueux. Pour le romantisme, je résistais ; mes principes de bon élève et de futur professeur ne pouvaient s'accommoder de cette révolte. Je me garderai d'argumenter ici contre lui pour justifier ceux de mes scrupules d'alors qui me paraissent avoir été légitimes. J'aime mieux reconnaître que je n'avais pas toujours raison, et qu'il m'arrivait quelquefois d'opposer à ses enthousiasmes, au lieu des vraies délicatesses de la conscience littéraire, une intolérance de goût qui est une faiblesse et non un mérite. Le zèle de Dondey me forçait heureusement à étudier au lieu de trancher.

La révolution de Juillet le transporta, et il ne tarda pas à la dépasser. Mais il ressentit surtout le contre-coup que ce grand accident politique eut dans les régions de la littérature et du sentiment. Il s'enrôla dans une espèce d'avant-garde de l'avenir, qui prétendait renouveler et refaire de fond en comble l'art d'abord, et, au moyen de l'art, la société. La liberté qu'il poursuivait n'était pas seulement la liberté politique, ni même la libre pensée : c'était la liberté du moi, ou plutôt son règne ; l'imagination et la passion absolument déchaînées, contentes et sûres d'elles-mêmes dès qu'elles se sentaient grandes, et mesurant cette grandeur sur leur orgueil.

En 1832, Dondey perdit son père, frappé par le

choléra, qui, à cette date, était toujours foudroyant. Sa mère restait sans fortune avec un fils et une fille. M. Dondey comptait plus de vingt-neuf ans de services au ministère des finances; il n'avait pas les trente ans et sa veuve n'avait droit à rien. Son fils était depuis dix-huit mois surnuméraire au ministère; on le nomma employé; voilà sa destinée fixée à vingt et un ans.

C'était une assez triste entrée dans la vie pour cette nature romanesque ou romantique, comme on voudra l'appeler. Dans la situation étroite faite à sa mère et à sa sœur, son métier, qui était sa seule ressource, dérobait à l'art la plus grande partie de son temps; il ne se sentait pas d'ailleurs ce superflu de vie qui permet de se partager entre deux tâches, et pour ainsi dire entre deux existences : avec les apparences de la force, il n'avait pas la santé. Au dehors, le temps était fort sombre : l'émeute, l'insurrection, le choléra, qui fit l'année 1832 si lugubre pour tous et si cruelle pour lui et les siens. Sa grande distraction était de songer; il rêvait seul des rêves assez noirs; il rêvait aussi en compagnie, quoiqu'on ait dit que cela ne se peut pas. C'est ce qu'il faisait pourtant, ce me semble, dans ces réunions de jeunes hommes de l'art, dont il a fait le tableau en vers. C'est en 1833 que parut *Feu et Flamme*, par Phi-

lothée O'Neddy (anagramme de Théophile Dondey), un titre qu'il jeta pour ainsi dire au nez des gens, comme un drapeau et comme un épouvantail : épouvantail pour mettre en déroute le vulgaire ; drapeau pour rallier les résolus et les ardents. Le livre parut imprimé, et très-joliment imprimé, chez MM. Dondey-Dupré père et fils, l'oncle et le cousin de Dondey. Il y a un frontispice : une eau-forte de Célestin Nanteuil, qui appartenait comme lui au cénacle romantique, et qui est mort un peu avant lui. Le volume est devenu très-rare, et à la vente des livres de Charles Asselineau, il a été poussé jusqu'à 300 francs[1].

On peut distinguer aujourd'hui dans *Feu et Flamme* ce qui caractérise le temps et ce qui fait connaître Dondey lui-même. Pour le premier point, il faut voir surtout, avec la préface, la grande pièce

---

1. MM. Dondey-Dupré avaient imprimé son livre, mais Dondey tenait à dire que ces messieurs ne l'avaient pas édité : « Notez ce point-ci. Tous deux, hommes de grand savoir d'ailleurs, exécraient le romantisme, surtout l'oncle, qui avait dans l'humeur quelque chose de l'immortel Gillenormand. *Feu et Flamme* n'a pas eu d'éditeur. Il a dû faire son chemin tout seul, c'est-à-dire qu'il ne l'a pas fait du tout... *Feu et Flamme* n'a été tiré qu'à 300 exemplaires. » *Lettre à Charles Asselineau* (1862). Huit ans plus tard, ayant su que M. Stanislas Dondey-Dupré, petit-fils de son oncle, avait publié « vers 1856 »

qui ouvre le livre : *Nuit première, Pandæmonium,* 1833. — Il y a deux parties dans le volume : *Nuits,* au nombre de dix, et *Mosaïque,* en six fragments. — Ch. Asselineau, dans sa *Bibliographie romantique,* s'est arrêté à cette pièce, et elle ne pourra être négligée dans aucune histoire du romantisme.

La préface, avec cette épigraphe parodiée de Boileau :

> Un auteur, front levé, dans sa fière préface,
> Au public qu'il insulte a beau s'écrier : Place!...

commence ainsi :

« Assez longtemps, immobile et les bras croisés sur le seuil de ma case de paria, j'ai contemplé, dans une oisive admiration, les adolescentes murailles de la Babel artistique et morale que l'élite des intelligences de notre âge a entrepris d'édifier.

un volume de nouvelles signé Oneddy Vitreuil, il se plaignait qu'on lui eût ainsi comme dérobé son anagramme, et il écrivait que les Dondey, à cette époque, « n'étaient plus cousins du tout. » Il ajoutait : « Voir dans La Bruyère le beau parallélisme : Il est riche... Il est pauvre. » — En 1833, Dondey était encore en bons rapports avec son oncle, et l'oncle ne pouvait qu'être bienveillant envers son neveu, au moment où celui-ci venait de perdre son père. Cependant Dondey paya les frais d'impression de son livre, ou tout au moins un à compte de 200 francs, dont le reçu s'est conservé.

» Devenue, à cette heure, plus profonde, plus impérieuse, plus exaltée, ma sympathie m'ordonne de mêler un peu d'action à cette contemplation, d'aller me confondre dans la foule des travailleurs.

» Donc, me voici : j'apporte aux gigantesques dalles une chétive poignée de ciment.

» Ouvriers musculeux et forts, gardez-vous de repousser ma faible coopération; jamais vous n'aurez assez de bras pour l'érection d'une si grande œuvre! Et peut-être ne suis-je pas tout à fait indigne d'être nommé votre frère. — Comme vous, je méprise de toute la hauteur de mon âme l'ordre social et surtout l'ordre politique qui en est l'excrément; — comme vous, je me moque des anciennistes et de l'Académie; — comme vous, je me pose incrédule et froid devant la magniloquence et les oripeaux des religions de la terre; — comme vous, je n'ai de pieux élancements que vers la poésie, cette sœur jumelle de Dieu, qui départ au monde physique la lumière, l'harmonie et les parfums; au monde moral, l'amour, l'intelligence et la volonté! »

Il est clair que cette prose ne pouvait être que la préface d'un volume de vers. De telles ambitions ne se déploient à l'aise qu'en s'enveloppant du prestige d'une langue à part.

Pandæmonium est le tableau d'une assemblée de romantiques dans l'atelier de « Jehan, le statuaire »[1].

J. Jean Duseigneur. — « Le jeune statuaire avait installé

Au centre de la salle, autour d'une urne en fer,
Digne émule en largeur des coupes de l'enfer,
Dans laquelle un beau punch, aux prismatiques flammes,
Semble un lac sulfureux qui fait houler ses lames,
Vingt jeunes hommes, tous artistes dans le cœur,
La pipe ou le cigare aux lèvres, l'œil moqueur,
Le temporal orné du bonnet de Phrygie,
En barbe jeune-France, en costume d'orgie,
Sont pachalesquement jetés sur un amas
De coussins dont maint siècle a troué le damas,
Et le sombre atelier n'a pour tout éclairage
Que la gerbe du punch, spiritueux mirage.

Et plus loin :

Tout chez eux puissamment concourt à proclamer
Qu'ils portent dans leurs seins des cœurs prompts à s'armer
De haine virulente et de pitié morose
Contre la bourgeoisie et le Code et la prose;
Des cœurs ne dépensant leur exaltation
Que pour deux vérités, l'art et la passion!

Je ne transcrirai pas de nouveau la tirade déjà transcrite par Asselineau, où le chaos des propos

son atelier dans une boutique de fruitière, au coin de la rue Vaugirard, en face de cette fontaine représentant une nymphe vue de dos... etc. »

THÉOPHILE GAUTIER, *Histoire du romantisme.*

échangés à travers le punch est comparé à celui d'une ville espagnole bouleversée par un tremblement de terre, qui mêle et confond ensemble les palais et les masures, les églises et les mauvais lieux. Ainsi se mêlent dans les discours l'idéal et le grossier, les traits de poésie et les jeux de mots cyniques ou bêtes. On parle des femmes, bien entendu ; on en parle sur tous les tons et dans tous les styles :

> De la création
> La femme est à la fois l'opale et le haillon.

Puis de ce fond une voix se détache, et elle récite « des strophes de Victor ». Je dirai à ce propos que Dondey lui-même récitait les vers avec une voix chaude et pénétrante qui leur donnait tout leur effet, et rendait les auditeurs également sympathiques au poëte et à lui-même. Après les vers du maître, quatre discours se font entendre. Le premier est de Reblo (Petrus Borel), puis Reblo ayant fini :

> Après quelque silence, un visage mauresque
> Leva tragiquement sa pâleur pittoresque,
> Et, faisant osciller son regard de maudit
> Sur le conventicule, avec douleur il dit : ...[1]

---

[1] « Quand Philothée O'Neddy fréquentait la cave de Petrus et la boutique de Jehan... c'était un garçon qui offrait cette

Ce qu'il dit, c'est qu'il y a trop longtemps que le poëte marche courbé sous les gouvernements et sous les codes; mais ici il faut bien que je cite, même ce qui a été déjà cité :

> Si, me jugeant très-digne, au fond de ma fierté,
> De marcher en dehors de la société,
> Je plonge sans combat ma dague vengeresse
> Au cou de l'insulteur de ma dame et maîtresse,
> Les sots, les vertueux, les niais m'appelleront
> Chacal... Tout d'une voix ils me décerneront
> Les honneurs de la Grève[1]; et si les camarades
> Veulent pour mon salut faire des algarades,
> Bourgeois, sergents de ville et valets de bourreau
> Avec moi les clouront au banc du tombereau...
> Ciel et terre! Est-ce que les âmes de poëte
> N'auront pas quelque jour leur revanche complète?
> Longtemps à deux genoux le populaire effroi
> A dit : Laissons passer la justice du roi.
> Ensuite on a crié, l'on crie encore : Place!
> La justice du peuple et de la raison passe.

particularité d'être bistré de peau comme un mulâtre et d'avoir des cheveux blonds crêpés, touffus, abondants, comme un Scandinave; sa bouche était forte, rouge et sensuelle. De cet ensemble résultait une sorte de galbe africain, qui avait valu à Philothée le sobriquet d'Othello. »

Th. Gautier, Histoire du romantisme.

1. On guillotinait encore alors solennellement, à quatre heures après-midi, en place de Grève.

Est-ce qu'épris enfin d'un plus sublime amour,
L'homme régénéré ne criera pas un jour :
Devant l'Art-Dieu que tout pouvoir s'anéantisse,
Le poëte s'en vient; place pour sa justice?

Je passe les discours de Noël, l'architecte (Léon Clopet) et de don José (Joseph Bouchardy). Ces discours s'achèvent au milieu des acclamations, et la pièce finit avec la soirée dans un étrange tapage :

> Ce fut un long chaos de jurons, de boutades,
> De hurrahs, de tollés et de rodomontades,
> Dont les bruits jaillissant clairs, discordants et durs,
> Comme une mitraillade allaient cribler les murs !
> Et jusques au matin les damnés jeune-Frances
> Nagèrent dans un flux d'indicibles démences...
> Pareils à des chevaux sans mors ni collier,
> Tous hurlant et dansant dans le fauve escalier,
> Ainsi que des pensers d'audace et d'ironie
> Dans le crâne orageux d'un homme de génie !

Sortons dans la rue et respirons. Il est certain qu'aujourd'hui, à la distance de plus de quarante ans, il est difficile de ne pas s'étonner en lisant ces choses. On comprend que Ch. Asselineau, en 1862, ait laissé échapper ce mot, que « dans ces haines excessives du vulgaire et du banal », il pouvait bien y avoir « beaucoup de ridicule »; mais Dondey lui répondait, fièrement et finement à la fois, en défendant contre cet arrêt « ces bons jeunes gens » et lui-même :

« Vous dites qu'ils étaient ridicules. Un tel mot n'est applicable qu'à des sots. Pour des fous, il faut se contenter du mot *risibles*. Par la mort-Dieu ! c'étaient nos adversaires, les bourgeois et les chiffreurs, qui étaient ridicules »

Quant à la folie, qu'il avoue, c'est pour nous un devoir de conscience de reconnaître qu'elle était alors épidémique ; que dans certains jours la plupart des têtes ne résistent pas à certains ébranlements ; qu'à côté de la contagion romantique, il y eut la contagion saint-simonienne, et qu'elle atteignit jusqu'aux hommes qu'on soupçonnerait le moins aujourd'hui d'avoir pu être malades ; qu'enfin cette agitation a ouvert une des époques les plus fécondes pour l'esprit français. Si maintenant la jeunesse est plus sage, elle a acheté sa sagesse par de cruelles épreuves, et cette sagesse a besoin d'un grand effort pour n'être pas découragée, car elle sent peser sur elle, au dehors et au dedans, des poids bien lourds.

Raisonnable ou déraisonnable, celui qui a écrit ces pages est évidemment quelqu'un qui sait faire des vers. Ici je laisse encore parler Théophile Gautier :

« Philothée est un métrique, il façonne bien le vers sur l'enclume, et quand il a puisé dans la forge l'alexandrin incandescent, il lui donne, au milieu d'une pluie d'étincelles, la forme qu'il désire, avec son opiniâtre et pesant marteau. S'il ne s'était retiré si tôt, il se serait fait assurément une place dans le bataillon sacré. Il avait cette qualité rare en art, la force. »

Je ne crois pas que personne, après avoir lu ces pages, refuse de souscrire à ce jugement. Cherchons maintenant l'âme du poëte dans son œuvre.

Il y a une femme dans ses vers, et il n'y en a qu'une :

V..., non mystique émané d'un beau rêve,
Nom vague, primitif, pur comme celui d'Ève,
Nom créé par l'amour et créé pour moi seul,
Dont je me souviendrai jusque dans le linceul [1].

V... est mariée; mais qu'importe? Selon le poëte, ce n'est pas le mari qui a des droits, c'est l'amant. Il le prouve par une pensée prise de Schiller [2], qui fait l'épigraphe et le thème de sa Nuit cinquième :

---

1. Fragment quatrième : *Il mio tesoro*. On verra plus loin que le nom complet est Vannina, nom d'ailleurs purement fictif, comme le troisième vers l'indique assez.
2. *Don Carlos*, IV, 21.

« La douce harmonie qui dort dans la lyre appartient-elle à celui qui l'a achetée, et qui la possède tout sourd qu'il est? Il a acheté le droit de la mettre en pièces, mais non point l'art d'en tirer des sons divins, etc. »

On regrette seulement que dans la Nuit huitième (p. 80), il appuie sur cette situation avec des détails qui ne manquent pas seulement de pureté, mais de charme.

Quelques-uns de ses vers semblent exprimer l'amour heureux ; d'autres traduisent l'emportement de la passion mal satisfaite, la fougue des sens trompés, le tourment de désirs qu'il ne prétend apaiser que par l'amour :

Oh! je voudrais pouvoir m'aventurer dans l'ombre
De mon passé [1]...

Cette note sombre est celle qui dans l'impression générale reste dominante. Comme poëte au moins, s'il se complaît dans des rêves de feu, ce ne sont que des rêves ; il tourne même volontiers la volupté

---

1. Je ne ferai que renvoyer à ce fragment, qui se termine sur ces trois vers :

L'hymne de folle extase et de volupté sombre
Que le rêve éternel de tes charmes sans nombre
Fait chanter aux flots de mon sang !

en cauchemar ; de sorte que l'amour semble n'être qu'un des chemins par où il arrive à la souffrance et au désespoir :

Ulcus enim vivescit et inveterascit alendo[1].

Aussi bien il y va par tous les chemins. En pleine jeunesse, il ne fait pas le triste ; il est triste. Il l'est de tout ce qui fait obstacle à sa passion ; il l'est peut-être avant tout, sans le savoir, de la santé qui lui manque, sous cet air de force :

Tout le jour je suis pâle et je baisse un œil terne :
En vain devant son Dieu ma mère se prosterne,
Pour conjurer les maux qui me rendent vieillard.

Il l'est du travail sans attrait auquel il est condamné :

Pleure : il faut te résoudre à languir dans les villes.
Adieu l'enthousiasme : en des travaux serviles
On t'ensevelira comme en un froid linceul.
Ah ! pleure, mais tout bas, de peur que l'ironie

---

[1]. Lucrèce, iv, 1065. — Des fureteurs à la façon de Sainte-Beuve pourront chercher çà et là, dans les vers du poëte, l'histoire détaillée de sa passion ; mais je ne veux pas m'abandonner à cette curiosité. Je renvoie seulement au portrait qui fait la dernière strophe du fragment cinquième.

De misère et d'orgueil n'accuse ton génie,
Et point d'amis encore! il te faut pleurer seul.

En effet, il n'avait pas de confident ; il ne voulait pas en avoir. Enfin la poésie à son tour lui échappe : il sent « qu'il y a quelque chose là », mais il croit sentir aussi que ce qu'il a en lui ne peut aboutir ; que son génie est comme entravé et ne vient pas à bout de prendre son vol. Il adore une Trinité, dit-il, « Liberté, Gloire, Amour », et ces trois dieux lui sont sourds également ; pas un ne l'a mis au nombre de ses élus (Nuit dixième). Il lui reste le suicide : heureusement ce n'a encore été là pour lui qu'un rêve de plus, qui du reste lui a inspiré quelques-uns de ses meilleurs vers :

> Fils de la solitude, écoute!
> Si le malheur, sbire cruel,
> Sans cesse apparaît dans ta route
> Pour t'offrir un lâche duel ;
> Si ta maladive pensée
> Ne voit, dans l'avenir lancée,
> Qu'un horizon tendu de noir ;
> Si, consumé d'un amour sombre,
> Ton sang réclame en vain dans l'ombre
> Le philtre endormeur de l'espoir ;
>
> Si ton mal secret et farouche
> De tes frères n'est pas compris ;

> Si tu n'aperçois sur leur bouche
> Que le sourire du mépris;
> Et si pour assoupir ton âme,
> Pour lui verser un doux cinname,
> Le destin, geôlier rigoureux,
> Ne t'a pas, dans ton insomnie,
> Jeté la lyre du génie,
> Hochet des grands cœurs malheureux :
>
> Va, que la mort soit ton refuge !
> A l'exemple du Rédempteur,
> Ose à la fois être le juge,
> La victime et l'exécuteur.
> Qu'importe si des fanatiques
> Interdisent les saints portiques
> A ton cadavre abandonné?
> Qu'importe, si de mille outrages
> Par l'éloquence des faux sages
> Ton nom vulgaire est couronné?

Sous la tombe muette, oh! comme on dort tranquille, etc.

Il y a encore ici un ou deux mots qui portent la marque d'une certaine mode; mais, à ces mots près, ce sont là, si je ne me trompe, des vers classiques, qui pourraient soutenir, à toutes les époques, le voisinage de ce qu'il y a de mieux écrit.

Ce trait sur le *Rédempteur*, où la *Passion* devient simplement un suicide, le plus grand des suicides, doit paraître une étrange profanation à un vrai chrétien; mais il tient à un mysticisme de cette époque, qui travaillait sur la foi chrétienne à peu près comme le néoplatonisme alexandrin, au IVe siècle, faisait sur la philosophie hellénique.

Il n'est pas chrétien, il a rompu avec la vieille foi :

> Il disait : Oh! pourquoi le culte de ma mère
> N'est-il que jonglerie, imposture, chimère?

Il s'en plaint donc, et dit qu'il voudrait l'être ; mais cette plainte n'est pas le lieu commun par lequel celui qui souffre soupire après les consolations de la foi.

Il voudrait l'être pour croire au diable, afin de se donner à lui et d'assouvir à la fois tous ses rêves :

> C'est là que je saurais, fort d'un génie étrange,
> Dans la création d'un bonheur sans mélange,
>   Être plus artiste que Dieu!

Et dans cet emportement encore, il est sérieux et sincère ; c'est bien le jeune homme qui étant enfant fouillait avec une curiosité avide les secrets du *Petit Albert*.

Le vers par lequel j'ai terminé une citation :

> Sous la tombe muette, oh! comme on dort tranquille

n'est que le début d'une tirade que je ne transcrirai pas, parce qu'elle étonne le goût, mais qui néanmoins est sentie. Au moment où celui qui parlait ainsi est mort après avoir tant souffert, physiquement et moralement, et où on l'a rendu à la terre, ces vers revenaient d'eux-mêmes à la pensée d'un poëte son ami.

Feu et Flamme n'a donc rien de vulgaire; mais cette poésie, jetée à travers tant de bruits, s'y perdit sans être entendue. Outre la difficulté qu'il y a toujours à faire lire même les plus beaux vers, Dondey était de ces esprits enfermés dans leur pensée, qui vont droit devant eux sans savoir si on les suit. Non pas qu'ils soient insouciants de la forme, bien au contraire; mais la forme qu'ils cherchent est celle dans laquelle ils ont plaisir eux-mêmes à contempler leur idée, non celle qui peut le mieux la dégager pour les autres et la leur rendre attrayante. Nous avons vu Dondey reconnaître que certaines excentricités peuvent être *risibles*; il l'avouait en général, mais ce sentiment du risible, il ne l'avait pas toujours dans le détail. Il écrivait hardiment:

Mon fils, me dit sa voix pompeuse et fatuaire...

Il adressait sans hésiter à sa maîtresse des vers comme ceux-ci :

Hélas! autour de toi, ma jolie émeraude,
Mon sens intuitif nuit et jour veille et rôde.

Ch. Asselineau ayant écrit que dans ces bizarreries O'Neddy singeait et outrait les allures des chefs de son groupe, ce reproche fut très-sensible à Dondey. Il ne reconnaissait pas ces *chefs*, et prétendait bien avoir toujours vécu avec eux « comme se sentant en pleine république ». Il n'était pas de ceux qui se bornent à écouter; il parlait, et parlait très-bien; il avait, comme il dit encore, « le verbe passablement péremptoire ». Il se défend surtout d'avoir jamais copié personne : « Il a la présomption de croire que dans ce 93 de notre révolution littéraire, sa carmagnole était bien à lui. » Je suis persuadé pour mon compte qu'en effet il n'a point fait de vers d'après celui-ci ou celui-là (si ce n'est pourtant d'après Victor Hugo, comme tout le monde), mais il se trompait s'il croyait n'avoir pas subi l'influence générale de l'école.

Il avait envoyé son livre aux maîtres: parmi les réponses qu'il a reçues, il avait conservé celles de Chateaubriand et de Béranger. Je donnerai celle de Chateaubriand, parce qu'elle est courte et qu'elle a ce tour fier et superbe, cette démarche de grand seigneur (dans les lettres comme dans le monde) qui met son style si à part de tous :

« Je voudrais, monsieur, n'avoir lu que votre lettre, bien que vous m'y donniez des éloges que je ne crois nullement mérités ; elle est pleine d'esprit, de noblesse et de verve ; mais, monsieur, j'ai le malheur et la faiblesse d'être chrétien ; je ne suis point frappé de la grandeur de cette Babel que vous célébrez. J'ai dit la vérité à la puissance ; j'ose la dire au talent en m'adressant à vous. Ne profanez point les dons que vous avez reçus de la nature ; conservez votre génie ardent et passionné sans en altérer les accents ; il sera plus original quand il voudra moins l'être. Laissez le jargon gaulois à ceux qui sont obligés de cacher leur pauvreté sous les vieilles casaques de nos pères : ce déguisement pourrait empêcher la gloire de vous reconnaître.

« Recevez, monsieur, à la fois, mes excuses et mes remerciments les plus sincères. Pardonnez-moi, je vous prie, ma religion, mes cheveux gris et ma franchise. Celle-ci est de la Bretagne, ma patrie ; les autres sont du temps. René a pris des années, et il prêche ses enfants. Paris, 12 novembre 1833. »

Je ne vois pas que la manière de Dondey eût rien, au sens où l'entend Chateaubriand, de *gaulois* ; mais la phrase : « Ce déguisement pourrait empêcher la gloire de vous reconnaître », est bien heureusement trouvée. On n'en imagine pas de plus flatteuse, et elle faisait passer un reproche très-franc et même très-vif, car le mot de jargon y est. Le « génie ardent et passionné » à qui s'adressait la leçon était averti et excité tout ensemble par une telle parole tombant de si haut[1].

La lettre de Béranger est moins brillante, mais elle est excellente ; elle lui fait beaucoup d'honneur, et elle en fait aussi à Dondey, par le soin et la conscience avec laquelle il s'applique à le préserver des excès qui pourraient compromettre son talent, en l'assurant sur le ton le plus sincère « qu'on ne prend pas cette peine avec ceux qui ne font pas espérer beaucoup ».

Après *Feu et Flamme*, Dondey n'a plus fait de livre : il a seulement écrit dans les journaux quelques pages de prose, savoir des romans-feuilletons et des feuilletons de théâtre.

Pour les vers, ce qu'il a imprimé se réduit à quatre sonnets insérés dans des journaux littéraires en 1839 et 1841 ; plus une pièce d'environ deux cents vers, intitulée : *Une Fièvre de l'époque*, qui fut publiée en 1841 dans le *Voleur*. Il a aussi placé

---

1. A la fin de la lettre, comme ce *les autres*, qui comprend « sa religion », est dégagé!

environ deux cent cinquante vers dans ses romans[1].

Parmi ces vers, qui n'ont reçu qu'une publicité si incomplète, je choisirai d'une part un sonnet, de l'autre quelques fragments de la pièce : *Une Fièvre de l'époque*, parce qu'ils contiennent l'expression douloureuse d'un sentiment dont il a porté le poids toute sa vie, la conscience d'un talent qui ne peut se faire reconnaître.

Voici le sonnet :

LES DEUX LAMES.

Un montagnard avait une excellente épée,
Qu'il laissait se rouiller dans un recoin obscur.
Un jour elle lui dit : Que ce repos m'est dur !
Guerrier, si tu voulais ! ma lame est bien trempée.

Dans tes rudes combats, sur la côte escarpée,
Elle vaudrait, au bout de ton bras ferme et sûr,
Les autres espadons qui brillent sur ce mur :
Pourquoi seule entre tous est-elle inoccupée ?

Je suis comme ce glaive, et je dis au Destin :
Pourquoi seul dans mon type ai-je un sort clandestin ?
Ignores-tu quelle est la trempe de mon âme ?

---

[1]. Je trouve encore dans son manuscrit un huitain sur la Liberté avec cette note : « Un confiseur, ami des lettres, a daigné imprimer ce huitain parmi les devises de ses bonbons. »

Elle pourrait jeter de glorieux reflets,
Si ta droite au soleil faisait jouer sa lame !
Elle est d'un noble acier ! Destin, si tu voulais !

Voici maintenant les fragments de la pièce : *Une Fièvre de l'époque*, **qui commence ainsi :**

Il est depuis longtemps avéré que nous sommes,
Dans le siècle, environ six mille jeunes hommes
Qui du démon de l'Art nous croyant tourmentés,
Dépensons notre vie en excentricités ;
Qui, du fatal Byron copiant les allures,
De solennels manteaux drapons nos encolures.
. . . .
Esprits du second rang, poëtes incomplets,
Moins artistes, hélas ! qu'artistiques reflets,
Qu'aux portes de la Gloire une commune audace
Inconsidérément tous à la fois entasse.
. . . .
Or chacun d'entre nous, dans sa prose et ses vers,
A quotidiennement le malheureux travers
De mettre à nu son *moi*, de décrire les phases
De son cœur, d'en trahir les occultes emphases.
. . . .
A l'excès, pour ma part, j'ai ce tempérament :
Je prends mon *moi* pour thème avec emportement.
. . . .
Voici l'un de ces chants : mon *moi*, ma fantaisie,
Ont un fidèle écho dans cette poésie.
Artistes incomplets, mes frères, puissiez-vous
Y sentir palpiter le mal qui nous tient tous !

Il peint donc l'état d'énervement où il est plongé. Puis il peint aussi les réveils et les élans de sa pensée. Il se gourmande alors lui-même : il faut vouloir, il faut agir :

Mais, vrai Dieu ! le moyen ? tout enchaîne ma force;
La Providence et moi paraissons en divorce.
Métaphoriquement je suis comme un nocher
Au milieu de la mer perdu sur un rocher.
Debout dans mon manteau, l'œil plongé dans l'espace,
Fataliste anxieux, j'attends qu'un vaisseau passe.
Ha ! que de mon désir l'opiniâtre aimant
L'attire donc bientôt, ce damné bâtiment !
Ha ! qu'il vienne, qu'il vienne, et sans retour m'enlève
Aux désolations de cette aride grève.
Fermement je te jure, ô Puissance d'en haut,
Qu'à ton aide mon cœur ne fera pas défaut...
J'agirai !...

Il deviendra le chef, il conduira le navire et le mènera au port, ou bien il le fera sauter avec lui :

Oui, je veux l'action, l'aventure, la lutte,
Puis l'orgueil du triomphe, ou l'orgueil de la chute !
Hâte-toi, hâte-toi ! viens, navire sauveur !...
Une heure sonnera dans ma vie, où peut-être
D'abandonner ce sol je ne serai plus maître;
Où, lentement usé par la lime du sort,
L'acier de mon vouloir n'aura plus de ressort;

Où d'un loisir trop long l'engourdissante glace
Fixera tristement mes deux pieds à leur place.
Dieux! si quand les marins s'en viendront me chercher,
Comme une huître, j'allais tenir à mon rocher!

Et à peine il a jeté ce cri d'impatience irritée qu'il se le reproche ; la pièce se termine par un sonnet dont voici le début et le thème : « Frères, nous avons tort! » où il reconnaît que ce n'est pas la plainte qui sied à qui n'a pas fait ses preuves, mais le silence, jusqu'au jour où il aura gravi avec effort

Le sommet des grands monts, premier degré des cieux!

Je passe aux œuvres en prose de Dondey.

Ce sont d'abord trois romans très-courts : l'*Abbé de Saint-Or*, épisode publié en octobre 1839 dans l'*Estafette* ; — l'*Histoire d'un anneau enchanté, roman de chevalerie*, dans la *Patrie*, mars 1842 ; — le *Lazare de l'amour*, aussi dans la *Patrie*, à partir du 31 janvier 1843. L'*Abbé de Saint Or* n'est qu'un fragment en deux feuilletons qui a paru avec cette indication :

« Les quatre paragraphes de cet épisode forment les 17, 18, 19 et 20e chapitres d'un roman inédit, intitulé : *Sodome et Solime.* »

Et en note :

« Le fragment que l'*Estafette* a publié dans son feuilleton du 30 mai dernier, sous le titre de l'*Escarcelle et la Rapière*, fait partie du même roman ; il en est le premier chapitre. C'est par oubli que cela n'a pas été indiqué. »

Il y a un sonnet inédit, intitulé : *Actions de grâces*, qui explique le titre : *Sodoma et Solime*. Il y remercie celle dont l'amour lui apporte le bonheur dans le désespoir, et qui fait sortir pour lui, par un miracle,

Solime de Sodome et le ciel de l'enfer!

On lit dans la Lettre à Asselineau :

« C'est le roman qui est annoncé sous le titre : *Entre chien et loup*, à la fin de *Feu et flamme*. »

A la même place était annoncé aussi : *La lame et le fourreau, poème romanesque*, dont je ne vois de trace nulle part.

L'*Escarcelle et la Rapière* n'est qu'une anecdote assez piquante. L'*Histoire d'un anneau enchanté* a été tirée à part et publiée comme faisant partie d'une collection intitulée : *L'Europe littéraire, collection universelle des meilleurs romans*, etc. Paris,

Boulé et Cie, éditeurs, 1842. Cette plaquette de 46 pages est le seul livre, si on peut l'appeler ainsi, que Dondey ait publié depuis *Feu et Flamme*. Dans cette réimpression, le roman est enrichi d'une *Préface* en vers.

Ces romans sont signés : *Dondey de Santeny :*

« *De Santeny* n'est aucunement un nom seigneurial, mais seulement un surnom de famille (comme *Dupré*), déjà porté par le père d'O'Neddy. » (*Lettre à Asselineau*).

Les romans ou nouvelles de Dondey ne sont que le développement du rêve d'amour dont son imagination était possédée. Chacun de ses héros est une image de lui-même, un personnage enivré d'amour, et recourant toujours, afin de mieux jouir, à l'idée de la mort, comme au repoussoir le plus puissant pour lui faire sentir la vie. *L'Abbé de Saint-Or* est l'histoire très-bizarre d'une pécheresse, la belle Regina, libertine également au sens ancien du mot et au sens moderne, qui a été la maîtresse de Cagliostro et qui l'a laissé empoisonner son mari. Elle a eu la fantaisie d'aller entendre un sermon, celui du jeune abbé Octobrin de Saint-Or, et elle n'a pu s'empêcher d'être touchée. Elle a besoin de s'épancher, et choisit précisément pour cela son amant d'hier, Cagliostro, son maître en débauche et en impiété; elle va le voir à la Bastille, où il est enfermé, et elle lui dit tout ce qu'elle éprouve. Cagliostro lui suggère d'aller le lendemain, parée en courtisane, au confessionnal du prédicateur, et d'y étaler ses audaces et ses impuretés pour troubler le jeune prêtre. Elle y va, mais, loin qu'elle le trouble, il la domine, et ayant exigé d'elle, non pas aucune soumission morale, mais la promesse formelle d'accomplir, extérieurement et matériellement, la *pénitence* qu'il lui aura imposée, il lui commande de dresser dans sa chambre un lit de draps noirs, avec des cierges allumés de chaque côté d'une tête de mort, et de se coucher dans ce lit après avoir chanté le *Miserere* et le *De Profundis*, et après qu'elle aura répété mot à mot sa confession cynique et infâme. Regina, à la fin d'une journée qu'elle remplit par l'orgie, exécute fidèlement l'étrange pénitence, et, ce qui est plus étrange, elle ne peut résister à l'impression de cet appareil. Son sommeil n'est qu'un cauchemar, où la tête de mort prend la parole et la confesse, et d'où elle sort brisée et vaincue. Au point du jour, elle demande l'abbé de Saint-Or; il était là qui attendait son réveil, et il reçoit sa confession, cette fois sérieuse et édifiante. — A travers la prose du récit est jetée une pièce d'une centaine de vers : c'est une vision, dont la scène se passe dans le ciel, et où on assiste au jugement de Dieu, qui prononce d'abord la condamnation, puis la grâce de cette âme extraordinaire.

Dans l'*Histoire d'un anneau enchanté*, le sujet est beaucoup plus heureux. Cet anneau est le talisman qui, après avoir assuré à une femme pendant sa vie l'amour de Charlemagne, le tenait encore attaché à elle après sa mort, si bien qu'il ne pouvait se séparer de son cadavre, préservé merveilleusement de la corruption. Le talisman ayant été enlevé et jeté dans le lac voisin, c'est du lac que l'empereur devint amoureux, et il bâtit sur ses bords Aix-la-Chapelle [1]. Tout était fait pour Dondey dans ce sujet : d'abord les ardeurs et les fiertés d'un amour chevaleresque et romantique, puis surtout cette fidélité dans la mort, cette magie à la fois lugubre et amoureuse. Il y a ajouté une autre curiosité magique, celle de l'OEuf de serpent [2].

Enfin *le Lazare de l'amour* est un amant qui, quoique profondément aimé, n'a rien pu obtenir de la vertu de sa maîtresse ; mais un accident extraor-

---

1. Voir à ce sujet l'*Histoire poétique de Charlemagne*, de M. Gaston Paris.

2. Emprunté à Michelet, *Histoire de France*, t. Ier, p. 45, d'après Pline, xxix, 12.

dinaire l'ayant fait passer pour mort, elle déteste sa sévérité, elle s'abandonne tout entière à son amour dans sa pensée, et quand l'amant ressuscite tout à coup, elle se livre à lui sans hésitation et sans scrupule. Par un autre accident, le mari meurt à son tour, mais tout de bon, pour faire au conte un dénoûment.

Le sens de l'*Histoire d'un anneau enchanté* est assez clairement traduit dans le sonnet que l'auteur a placé à la dernière page :

Je possède un anneau dont l'or, divin miroir,
Absorbe ma pensée et mon cœur et mon âme.
C'est un beau talisman de sympathique flamme,
Que je tiens de l'amour d'une fée à l'œil noir.

Je possède un anneau dont le chaste pouvoir
Rend laide à mes regards toute autre que ma dame,
Et fait qu'elle à son tour pour moi seule étant femme,
Mes seuls embrassements la peuvent émouvoir.

Je possède un anneau dont la sainte féerie
De mes songes d'amour et de chevalerie
A su réaliser tout l'idéal orgueil.

Je possède un anneau... Si l'on vient me le prendre
Quand je serai couché dans la nuit du cercueil,
Je ressusciterai pour me le faire rendre!

Mais *le Lazare de l'amour* surtout est une confidence faite au public.

Le portrait du chevalier est comme une transfiguration de l'auteur; la description complaisante de la marquise est celle de la femme qu'il aime; il lui donne même en toute lettre ce nom de Vannina, dont il n'avait mis dans ses vers que l'initiale[1]; certains détails rappellent la page 30 de *Feu et Flamme*; enfin mort et résurrection signifient sans doute maladie et convalescence.

Dans ce genre de roman tout à fait à part, l'*Histoire d'un anneau enchanté* me paraît ce qu'il a fait de mieux. La réimpression qui en fut faite témoigne qu'il avait été goûté des lecteurs. Ils ont dû être séduits en effet, non-seulement par l'attrait de la fable, mais par ces deux qualités plus personnelles: la candeur de l'imagination et de la passion, et le travail curieux et puissant du style, qui frappe surtout dans le tableau intitulé: l'*Œuf de serpent*. Ce n'était pas là un feuilleton ordinaire. Sa manière est si essentiellement poétique, qu'on regrette, tout en lisant, que ce qu'on lit ne soit pas en vers.

Les feuilletons de théâtre de Dondey sont en

---

1. Vannina ou Vanina est le nom de la femme de Sampiero ou Sampietro, celui qu'on a appelé l'Othello corse.

bien petit nombre; je n'en trouve que quatorze, savoir sept à la *Patrie*, du 17 janvier 1843 au 27 mars, et sept au *Courrier français*, du 29 mai de la même année au 23 octobre. C'est par le roman-feuilleton, comme on l'a vu, qu'il était entré à la *Patrie*. La date de ces feuilletons leur donne un intérêt historique particulier. Champion enthousiaste de la gloire de Victor Hugo en général, et en particulier de celle de son théâtre, il prenait l'emploi du feuilleton dramatique dans un moment qui était précisément pour ce théâtre le moment difficile. L'éclat que le génie de Rachel avait rendu depuis cinq ans à la tragédie classique tendait à diminuer la faveur du drame romantique; d'ailleurs la gloire poétique de Victor Hugo étant à son comble, le public se lassait de l'admirer. Les jeunes talents craignaient que la révolution littéraire n'eût été bien loin. Sans abjurer l'esprit nouveau, ils se rattachaient aux traditions, et Ponsard écrivait *Lucrèce*. Dondey, appelé à parler au public, confessa hautement la foi romantique, et prêcha avec vigueur et non sans habileté pour ses dieux; ce n'est pas un critique, c'est un apôtre. Tous ses feuilletons sont des feuilletons de combat. S'il rend compte d'une représentation de *Rodogune*, il plaidera que l'horreur du sujet y dépasse tout, et que, par exemple, la scélératesse de Lucrèce Borgia n'égale pas celle de Cléopâtre. Il oublie que non-seulement Cléopâtre déploie du génie au service de sa haine, mais qu'au moment où elle boit le poison qu'elle a préparé, elle est grande et héroïque à sa manière; qu'enfin son crime même donne occasion à ses deux fils de faire éclater des sentiments généreux. Il ne se rend pas bien compte de l'importance de la conscience dans le drame.

Il est au contraire dans la vérité, je le crois, lorsque, fatigué de certaines déclamations des classiques contre l'exagération et en l'honneur du naturel, il ose écrire : « L'exagération même est dans la nature », et demander qu'on permette au génie « le naturel de l'exagération ». Qui est-ce qui osera refuser cette permission à Eschyle ou à Corneille ?

Vient enfin la première représentation des *Burgraves*, une journée mémorable pour Dondey. Il écrivait, vingt ans après, à Asselineau, qu'il avait eu alors « l'honneur bien précieux pour lui de rendre compte des *Burgraves* ». L'expression paraît froide quand on lit l'article : ce n'est plus un compte rendu, c'est une effusion lyrique, où il s'est épanché en prose comme il aurait pu faire en vers. Je ne citerai qu'un alinéa; je ne crois pas que le poëte lui-même ait pu souhaiter quelque chose au delà de cette appréciation :

« L'expression nous manque pour vous révéler quelque chose des splendeurs de la forme, des magnificences de la poésie et du style. On est là en présence d'une ampleur, d'une lumière, d'une force, d'un vol, d'un souffle, qui éblouissent, qui transportent, qui électrisent, qui terrassent. A chaque instant il vient sur vous des vers brûlants et merveilleux, qui vous envahissent, qui vous remplissent, qui vont vous courant de la tête aux pieds comme des flammes. Jamais peut-être la pensée, l'imagination, la passion, ne se sont formulées plus grandement, n'ont eu à leur usage plus d'éloquence et d'originalité. Si alors, au milieu des ivresses qu'il subit, l'entendement du critique se recueille et regarde sous cet éclat, sous cette harmonie, sous cette pompe d'images et d'élans oratoires, il y découvre une solidité, une sûreté, une cohésion, une logique de langage, qui prouvent jusqu'à quel point Victor Hugo a étudié nos grands maîtres du passé, à quel point il s'est assimilé leur vitale et robuste substance, et quel soin, quelle conscience, il apporte incessamment à la contexture, à la fermeté, à la correction, à la durée de son style. En somme, les *Burgraves* sont peut-être ce qu'a fait de plus complet cet homme prodigieux, qui, jeune encore, a fait déjà tant de choses complètes. »

Il suppose alors que son lecteur l'interrompt et lui demande s'il ne fera pas enfin la part des défauts ; car il n'y a rien qui n'ait ses défauts :

« A quoi je réponds que le respect (et l'admiration encore) me paraissent les seuls sentiments de mise devant de magnifiques défauts, qui ont une ressemblance toute fraternelle avec ceux de Rubens et de Michel-Ange. »

Ne croit-on pas entendre ici le maître lui-même, parlant de Shakespeare ou de quelque autre de ses grands ancêtres?

Victor Hugo répondit à ce feuilleton par l'envoi de sa pièce imprimée, accompagnée de ce billet :

« On dit plus de choses dans un serrement de main que dans dix pages de lettres. Venez me voir, de grâce, monsieur, que je vous remercie avec le regard et avec la voix.

» A bientôt donc, poëte. Vous avez écouté le drame : voulez-vous lire le livre? — Le voici. — Votre ami, Victor Hugo. »

Cependant tout n'était pas fini pour les *Burgraves* ni pour le critique. Au milieu des applaudissements de la première représentation, déjà une opposition s'était produite; le feuilleton même parlait de « deux ou trois velléités de murmure qui ont essayé de naître dans les quelques endroits où se tenait le petit nombre des universitaires, des politiques et des académiciens présents à la solennité ». Il signalait « certains esprits bien faits », qui n'avaient pas craint de « charbonner... le mot *mélodrame* sur le mur de marbre de ce haut monument ». Cette opposition, comprimée quelque temps par les fidèles, finit par se déchaîner avec fureur ; il y eut des sifflets, des huées, toute une soirée d'insultes obstinées et éclatantes. Ce fut le sujet d'un nouveau feuilleton, intitulé : *l'Émeute aux Burgraves,* avec cette épigraphe de La Fontaine :

> Ceci s'adresse à vous, esprits du dernier ordre,
> Qui, n'étant bons à rien, cherchez sur tout à mordre.
>   Vous vous tourmentez vainement.
> Croyez-vous que vos dents impriment leurs outrages
>   Sur d'aussi beaux ouvrages ?
> Ils sont pour vous d'airain, d'acier, de diamant [1] !

Il raconte et étale hardiment ces indignités, les ricanements, les cris d'animaux, les paroles outrageantes :

« Cependant la sublime poésie du drame demeurait immaculée, vitale et immortelle, au sein de ces huées ignobles qui s'efforçaient de la souiller, de la tuer et de l'anéantir. Elle ressemblait à ces belles martyres des légendes sacrées, qui par la grâce et la toute-puissance de Dieu se maintenaient invulnérables et sans tache aux

---

1. *Le Serpent et la Lime.* (v. 10).
Il y a dans le texte : Sur tant de beaux ouvrages.

mains des impurs tourmenteurs et dans l'étreinte de mille supplices. »

Il soutenait, en dépit de cette satisfaction grossière donnée aux mauvais instincts, le succès de l'œuvre, « la réalité, la solidité de ce succès », qui avait fait l'exaspération des adversaires, des hommes « de la *Gazette de France* et de *l'Univers religieux* ». Il rappelait enfin, il déroulait devant ces prétendus vengeurs des maîtres classiques la longue et navrante histoire des outrages que ces maîtres avaient eu à subir de la part d'ennemis acharnés et d'un sot public; la guerre odieuse et bête faite à Corneille, à Molière, à Racine, à Voltaire. Il citait les beaux vers de Boileau, « pour avoir de plus en plus raison, et pour tâcher de nous mettre bien avec les docteurs des saines doctrines » :

Sitôt que d'Apollon un génie inspiré... etc.

Il concluait : « Le grand, le seul tort de Victor Hugo, c'est d'être vivant. Puisse-t-il ne s'en corriger que bien tard, que par delà ce siècle! Puisse-t-il, pour sa gloire et pour celle de la France, atteindre à la longévité de l'aïeul de ses *Burgraves!* »

Et maintenant nous, lecteurs tranquilles, interrogeons-nous; ou plutôt avons-nous besoin de nous interroger? Sans doute la discussion littéraire reste toujours ouverte; on peut toujours disputer, soit sur la place que tiendront définitivement les drames de Victor Hugo parmi les monuments de notre théâtre, soit sur celle qu'il faut donner aux *Burgraves* parmi les pièces mêmes de Victor Hugo; mais qui n'avoue tout de suite aujourd'hui la marque de supériorité imprimée sur toutes ses œuvres? qui ne sent combien ceux qui insultaient étaient petits et misérables, et combien l'insulté restait au-dessus d'eux? Contre eux, Dondey avait pleinement raison, et jamais il n'avait eu raison avec plus de chaleur et d'éloquence. Je ne puis m'empêcher de croire que si ce feuilleton avait paru, il aurait frappé, et que le nom d'un critique si résolu, et, quant à l'essentiel, si clairvoyant, aurait été mis en un plus grand jour.

L'article ne parut pas : c'est d'après une copie manuscrite que je l'analyse, et voici la note qui l'accompagne dans cette copie :

« Cet article, qui devait paraître dans les premiers jours d'avril 1843, était déjà à l'imprimerie, aux mains des compositeurs, lorsque les deux principaux rédacteurs politiques du journal, qui étaient fort hostiles à Victor Hugo, et qui avaient supporté très-impatiemment l'insertion du premier feuilleton, arrêtèrent celui-ci contre toute convenance et tout droit. Inutile de dire que l'auteur ne se fit pas prier pour renoncer immédiatement à ses fonctions de critique. — 10 octobre 1862. »

En effet Dondey, à partir de ce moment, cessa d'écrire dans la *Patrie*. Deux mois après, il était chargé du feuilleton dramatique dans le *Courrier*. Il y reprit la défense et la glorification du drame moderne, mais il lui reste, de l'épreuve par laquelle il a passé, un sentiment d'irritation. En saluant la rentrée de Mme Dorval dans *Clotilde*, à la Porte-Saint-Martin, après une campagne à l'Odéon, où elle avait joué, avec un demi-succès seulement, la tragédie classique et *Lucrèce*, il la félicite d'être revenue au drame, « toujours si vivant, quoi qu'on dise ». Et en finissant : « Oui, c'est bien vous maintenant ! vous au complet ! vous tout entière !... Avouez qu'il est meilleur d'être ainsi la première dans votre pays natal que la seconde chez l'étranger. Si à ce propos l'on vous murmurait l'axiome, qu'*il vaut mieux occuper la seconde place dans Rome que la première*, etc., interrompez ce dire banal, et répondez résolûment que la cité où vous avez la première place est aussi une Rome ! la Rome de l'avenir ! » Ailleurs, à propos d'une représentation de *la Tour de Nesle*, il débute ainsi : « Non, le drame moderne n'est pas mort. » Et voici comment il termine : « Ç'a été une soirée brillante que cette reprise...

Le public a été charmant ; il s'amusait de tout son cœur ; il s'est intéressé profondément aux aventures, etc. » — *Le public a été charmant*, c'est le cri du cœur, d'un cœur plein d'amour et de foi, qui a été blessé profondément dans ses affections, et qui est enfin rafraîchi et consolé.

Ailleurs on sent revenir l'amertume ; le succès de la *Lucrèce* de Ponsard l'impatiente, et ce qui empêche qu'on lui reproche cette impatience, c'est qu'évidemment ce n'est pas au poëte qu'il en veut, ni à son œuvre ; il leur rend sincèrement justice ; mais à ceux seulement qui n'élevaient Ponsard que pour rabaisser Victor Hugo. Il n'a pas de peine à montrer que par les conditions mêmes du sujet, sans parler du reste, cette pièce *classique* sort tout à fait des convenances imposées à l'ancienne tragédie et profite des libertés conquises par l'école nouvelle. Pour Rachel, il en a parlé toujours comme il devait en parler, mais il souffre de ce qu'elle ne se décide pas à prêter aux drames du maître le concours de son génie, et c'est une de ses préoccupations les plus vives.

Dondey ne resta pas beaucoup plus de temps au *Courrier* qu'à la *Patrie* : je ne sais pas précisément comment il en sortit, mais il était difficile qu'il n'en sortît pas. Solitaire et farouche, très-susceptible, en même temps que très-loyal et très-délicat, et sans nulle souplesse dans le caractère, tout était obstacle pour lui. A force de raideur, il compromit plus d'une fois sa position même dans son bureau; il a dû trouver bien d'autres difficultés dans le métier de journaliste.

Il n'était peut-être pas d'ailleurs très à son aise dans ce genre de travail; l'esprit non plus chez lui n'était pas souple. Il reste laborieux et solennel jusque dans les comptes rendus des vaudevilles et des pièces du Palais-Royal. Dans un article sur la *Lisette de Béranger*, jouée par Déjazet, s'il s'abandonne au charme du rôle, c'est en s'écriant : « Nous-mêmes, nous, mes frères, nous les dédaigneux et sombres fils de René, de Werther et de Lara... etc. » Et à propos d'une réouverture de l'Odéon, où on avait joué une pièce médiocre, voici la tirade par laquelle il couronne son feuilleton :

« Fi! mon brave Odéon, mon jeune preux; fi! que c'est maladroit d'avoir tiré du fourreau une épée d'aussi mauvaise trempe, à la face de l'univers attentif! Jette-nous ça vitement dans les vieux coffres des ferrailles de rebut. Va de ce pas dans ton arsenal choisir une autre flamberge. Meilleure chance, ô mon capitaine! Puisses-tu bientôt faire reluire à ton poing la lame sublime d'une *durandal* ou d'une *tizonade!* puisses-tu quelque jour tenir des complaisances de la muse un trophée d'armes toutes divines, pareilles à celles que l'indomptable Achille tenait de l'amour inquiet de la déesse sa mère! »

Ces singularités n'empêchent pas que ces feuilletons ne nous touchent par les plus vrais mérites. On ne peut en lire de plus soigneusement préparés; on ne peut mettre dans ce travail plus de conscience, et, quant aux jugements d'ensemble, plus de goût. Ce romantique enthousiaste sentait vivement les grands classiques. Il a une passion du beau, du beau littéraire et du beau moral, par laquelle il intéresse toujours, et qui lui donne la chaleur et la force. Je trouve dans ses papiers une lettre de M. Anténor Joly, qui avait la direction littéraire du *Courrier*, et qui lui écrivait, à l'occasion du feuilleton du 24 juillet : « Aujourd'hui que j'ai pu comparer en lisant vos confrères, permettez-moi de vous reféliciter. Vous avez fait sur *Lénore* ce qu'il y a de plus sensé, de plus digne, de plus vrai, de plus jeune d'idées et de style; votre indignation contre ce bélitre qui est vivant, voilà une bonne scène de Molière. » Il s'agit d'un drame joué à la Porte-Saint-Martin, et où les imaginations de Bürger étaient traduites en une pure hallucination de Lénore; le mort était vivant, et Dondey s'écriait :

« Il n'y a point de cavalier-fantôme, de mort-fiancé, de spectre ravisseur, point de merveilleux et de fantastique ailleurs que dans le cerveau délirant de Lénore. Wilhem est vivant; quelle idée saugrenue! il est vivant, le bélitre! etc.[1]. »

Enfin l'homme, dans tout ce que Dondey écrit, se respecte et demeure respectable : on ne trouvera pas un mot dans ses feuilletons où on puisse surprendre, ni la vanité, ni la malveillance, ni l'envie, encore moins un calcul quelconque; il n'a jamais eu en vue, dans sa critique, que l'art et la vérité. Il est fâcheux qu'il se soit retiré, ou qu'on l'ait écarté si vite.

Il me reste à parler des œuvres inédites de Dondey : ce sont uniquement des vers, le vers étant, je l'ai dit déjà, sa langue naturelle. Il a laissé un cahier de poésies détachées, qu'il avait intitulées d'abord : « *Les Vieilles rimes du vieux chevalier Gustave de Dony* (Auguste Dondey); » puis il a mis au dos : « Renouvellement du titre, à cause de sa ressemblance avec celui du recueil d'Armand Sil-

---

[1]. On devine bien quelle devait être la complaisance de Dondey pour une fable aussi faite pour lui que celle de *Lénore*, et on verra que lui-même l'avait traduite en vers.

vestre en 1866[1] ; » et il a écrit ce second titre :

« *Mystica biblion,* ou les Carmes de la seconde et de la troisième jeunesse du vieux Philothée O'Neddy, auteur de *Feu et Flamme.*

> Vingt cultes différents,
> Du stupide univers bienfaiteurs ou tyrans,
> Ont passé : cherchez-les dans la cendre de Rome !
> Mais il reste à jamais, au fond du cœur de l'homme,
> Deux sentiments divins, plus forts que le trépas,
> L'amour, la liberté, dieux qui ne mourront pas !
> LAMARTINE.

Laus Deo [2]. »

Les pièces dont le recueil se compose ont été écrites « de 1834 à 1846 ». Elles sont distribuées en plusieurs classes : Odes et ballades, idylles, sonnets, élégies, mais je ne m'arrêterai pas à ces distinctions. Je ferai seulement tout de suite la remarque

---

1. *Rimes vieilles et neuves.*
2. Ces vers sont du *Dernier chant de Child-Harold ;* mais Lamartine, le Lamartine de 1820, avait écrit :

> *Hors le culte éternel,* vingt cultes différents, etc.

Dondey a supprimé le premier hémistiche, et il faut avouer qu'il semble n'être là que pour la forme, et qu'il n'est nullement dans l'esprit du morceau.

Mystica biblion est comme une réponse au titre : *Erotica biblion,* d'un livre obscène de Mirabeau. *Carmes* (carmina), mot du XVIe siècle, pour dire des vers.

que dans tout le recueil il n'y a que quatre pièces qui ne soient pas en alexandrins.

La principale inspiration de ces poésies est l'amour, je veux dire son amour. Il n'a guère fait de vers que pour répandre sa passion devant sa maîtresse, ou pour la savourer lui-même. Je parlerai d'abord du petit nombre de pièces qui sont en dehors de ce thème.

Voici un chant d'un caractère sévère et triste, mais où la tristesse a une sérénité qui est rare dans la poésie de Dondey ; elle est aussi d'une forme plus classique :

> Cœurs d'élite et de race,
> Qui demandez au sort,
> Pour charmer votre audace,
> Une héroïque mort :
> Non, la mort la plus belle,
> Mes frères, n'est point celle
> Qui de gloire étincelle
> Aux pompes des combats,
> Lorsque les clairons sonnent,
> Que les sabres résonnent
> Et que les canons tonnent
> Sur nos fronts, sous nos pas !
>
> La mort est plus auguste,
> Plus sainte quand il faut,
> Pour une cause juste

NOTICE.

Monter sur l'échafaud.
Là d'abord le courage
Est pur, stoïque et sage;
L'ivresse du carnage
Ne peut plus le ternir.
Puis le sang, comme une onde,
Baigne, arrose et féconde,
Pour le bonheur du monde,
L'arbre de l'avenir!

Par son calme et sa grâce,
Une troisième mort
Des deux autres surpasse
Le sublime transport.
C'est le trépas occulte
Qui nous prend sans tumulte
Près d'amis dont le culte
Nous console à genoux,
Et dont la voix fidèle,
Parlant d'âme immortelle,
Dans la sphère éternelle
Nous donne rendez-vous [1].

A douze ans, poëme d'environ trois cents vers (1839), est le développement étudié et amoureux du

---

1. Dondey a écrit en note :
« Cette pièce et la suivante, sur la demande de feu de Branges, un de mes camarades de la comptabilité, furent communiquées en 1841 ou 1842, pour être mises en musique, à M. E. Norblin, violoncelliste de l'Opéra. Résultat nul. Le virtuose

charme de la dévotion dans le cœur tout neuf d'un premier communiant. Il s'excuse de ce retour aux illusions de la première adolescence; mais si le son des cloches a ému le vieux Faust, comment ces souvenirs, encore si voisins, pourraient-ils ne pas toucher sa jeunesse?

Mon midi n'est-il pas tout près de mon matin?

Il avait alors vingt-huit ans. Mais au moment où il essaye de retrouver l'impression de sa piété d'au-

eut l'air d'essayer pour la première, mais, quant à la seconde, il la déclara tout d'abord antimusicale. »

Voici cette seconde pièce, intitulée : *Bons conseils* :

> Émules de Don Juan, seigneurs et cavaliers,
> Dont l'âme aux voluptés sans remords s'évertue,
> Du commandeur de marbre entendez la statue
> De son pas large et lourd monter les escaliers.
>
> Disciples du vieux Faust, écoliers, bacheliers,
> Qui penchez sur maint tome une face abattue,
> Dans les doctes bazars où la lettre vous tue,
> Entendez Méphisto rire au creux des piliers.
>
> Émules de Don Juan, à votre dernier jour,
> Contre le commandeur voulez-vous la victoire
> Disciples du vieux Faust, à l'heure expiatoire,
> Voulez-vous repousser Méphisto sans retour?
>
> Glorifiez la Muse et soyez de sa cour;
> Venez parfois rêver près de son oratoire,
> Et ne prenez jamais le ton blasphématoire
> Envers la Liberté, le Génie et l'Amour!

trefois, son imagination s'élance plus loin ; elle s'envole, au delà de son passé, vers le passé de l'humanité :

> Thébaïdes, couvents, cléricales retraites,
> Silencieux reclus, pâles anachorètes,
> Hommes et monuments de zèle et de salut,
> Chairs et granits toujours vainqueurs de Belzébut,
> Virginales maisons, voûtes contemplatives,
> Clos, vallons de moutiers aux chastes perspectives,
> Épouses de l'Agneau, mystères et candeurs,
> Sanctuaires de grâce, humilités, grandeurs,
> Qui de l'immonde aspect de nos terrestres fanges
> Consolez le regard de la reine des anges :
> Ah! c'est vous seuls, retraits et cœurs d'élection,
> C'est vous seuls qui pourriez dans la création,
> Avec intelligence et sympathie entendre
> Le récit simple et grand, humble et fier, grave et tendre,
> De ce que je donnai, de ce que je reçus,
> En fait de saint amour, au banquet de Jésus!

Cette pureté est maintenant bien loin de lui, et il n'en retrouve plus rien dans son cœur. Il avoue même, et on est surpris par cette chute, que s'il se plaît à développer ces souvenirs, c'est parce que cette piété si tendre n'était que l'essai d'une autre tendresse : en voyant de quelle ardeur il embrassait son dieu, celle qu'il aime aujourd'hui sera touchée et comprendra ce qu'il a en lui de puissance d'aimer.

Tout cela est bien voisin, par l'esprit comme par le temps, de *Volupté* de Sainte-Beuve (1834).

Il s'abandonne cependant peu à peu à la mémoire des événements et des émotions de cette sainte journée, et il s'enivre insensiblement de ces pensées jusqu'à se reprocher de s'être laissé gagner depuis à l'esprit d'examen et de doute. Puis, tout à coup, il se reprend :

Jeune homme, en es-tu là ?

et il termine par l'acte de foi, non plus de l'enfant, mais de l'homme :

Allons, relève-toi de cette lâcheté ;
Arrache de ton luth cette corde amollie.

Pour ta soif d'idéal et de divinité
N'as-tu pas le Grand Tout dans son infinité ?
Et s'il faut un olympe, un ciel à ta manie,

Il en est un qu'admet l'austère Vérité :
C'est celui des grands dieux nommés Vertu, Génie,
Art, Gloire, Honneur, Amour, Justice et Liberté !

Le cahier se termine par une imitation de la ballade de *Lénore*, de Bürger, qui a été, dit une note, ébauchée en 1829, puis reprise et complétée douze ou quinze ans après ; mais cela ne peut se citer par morceaux.

Une *Mosaïque*, composée de fragments intitulés,
« Fragment indien, Fragment égyptien, etc. », est
la partie de ces poésies qui me touche le moins : ce
ne sont guère que des études et des reflets. On y
remarque un « Fragment cabalistique d'après Cyrano », c'est-à-dire d'après une tirade de la première
scène du *Pédant joué*[1].

La *Mosaïque* se termine par ce distique sans
titre :

> Que, trouvant clos pour moi les sentiers des sommets,
> Je tombe esclave, soit Officieux, jamais !

Quelquefois, très-rarement, Dondey a pris son
thème en dehors de lui, dans l'histoire du présent
ou du passé. Les *Sonnets* contiennent plusieurs morceaux de ce genre, comme celui qui est intitulé :
Lamartine, député des Chambres de Louis-Philippe.
Plusieurs se rapportent aux grands souvenirs de
la Révolution : celui-là condamne Marat avec
dégoût ; celui-ci honore les girondins. Il y en a
deux sur Danton ; j'en vais citer un :

> Danton, quel nom ! quel bruit ! quel retentissement !
> Il vous emplit le cœur de tocsin, de tonnerre ;

---

[1]. Il suffit, pour faire reconnaître la tirade, de citer ce dernier vers :

> Si j'ordonne, si je défends, c'est en Destin !

On pense ouïr gronder un écho du cratère...
Un grand bois néméen... quel plein rugissement!

Hélas! fut-il toujours lion? L'affreux moment
De septembre, qui vit le lion populaire
Se transformer en tigre à force de colère,
Ne l'a-t-il pas vu, lui, tigre pareillement?

Doit-on le condamner? — Ciel! pourrait-on l'absoudre? —
« La Patrie en danger » voulait des coups de foudre;
Courbez donc un Titan sous le niveau commun! —

Pourtant l'âme du sage, incertaine et troublée,
Dans l'histoire, à côté du colossal tribun,
Voit Némésis trop nue et Thémis trop voilée.

Enfin le sonnet, *Les Triumvirs*, pourrait être intitulé : « Mon dernier mot ».

Terrible trinité : le maigre Robespierre
Entre le beau Saint-Just et l'infirme Couthon;
Trois hommes? non, trois sphinx, de fer, d'airain, de pierre,
Dévorant léopards, lions, même Danton!

O problème! allier à la grandeur austère
De vertus qu'envieraient l'un et l'autre Caton
Un fanatisme noir qui fait trembler la terre,
Et qu'au fond de l'Érèbe applaudit Alecton!

Mais ne tolérons pas que de la bourgeoisie
L'hypocrite sagesse informe et sentencie
Contre ces hauts Nemrods, ces chasseurs de Tarquins.

Cela ne sied qu'aux fils de la démocratie :
Arrière donc, arrière, ô bourgeois publicains !
A nous seuls de juger ces grands républicains !

Une *Élégie épique* célèbre le retour de Sainte-Hélène. L'auteur s'y livre avec la même complaisance que Victor Hugo, ou plutôt que la France elle-même, à cette gloire néfaste, tandis qu'il garde pour Louis-Philippe toutes ses sévérités et ses mépris. C'est à la même date qu'un autre poëte écrivait, sous l'inspiration des mêmes sentiments, ces très-beaux vers :

De quoi t'avisais-tu, toi qui pris pour devise
    La paix partout, la paix toujours,
De réveiller ce nom, qui, si bas qu'on le dise,
Fait frémir les drapeaux et gronder les tambours ?[1]

---

[1]. Ces vers sont d'un esprit des plus distingués et à peu près inconnu, M. Antoine Roullion, né en 1800, mort en 1873. Il est l'auteur d'un livre anonyme qui a pour titre : *Dialogue romain. La promesse du Consulat*, Paris, H. Fournier. 1837.

C'est un tableau politique et moral de la Rome de Claude, sous le règne d'Agrippine, tableau très-soigneusement étudié, trop soigneusement peut-être, avec une curiosité qui finit par fatiguer l'attention ; mais où il y a toujours beaucoup de pénétration et de finesse, et, par endroits, une imagination grande et forte. J'en ai quelquefois cité des pages dans mes leçons; mais tant qu'à vécu l'écrivain, il ne m'était pas permis de trahir son anonyme.

Cependant l'*Élégie épique* est suivie d'une *Élégie héroïque* en l'honneur du prince de Joinville, qui ramenait les restes de Napoléon. On craignait que les Anglais, qui nous l'avaient rendu, ne se repentissent de leur présent; car il semblait que la guerre fût près d'éclater entre la France et l'Angleterre, au sujet des affaires d'Orient. La flotte anglaise pouvait arrêter le vaisseau qui rapportait le corps de l'empereur. On disait qu'à cette menace le prince avait déclaré qu'il se ferait sauter plutôt que de se laisser prendre. Dondey touché chanta le jeune capitaine de vaisseau, tout en continuant d'accabler le roi :

> Que partout on oppose, avec rire et colère,
> Le fier honneur du fils à la honte du père.

Et plus loin :

> Si bien que je surprends mon cœur républicain
> En admiration pour le fils de Tarquin.

Ceux qui voudraient protester contre ce dernier mot peuvent s'en dispenser : le poëte l'a fait lui-même. Sous l'Empire, il a mis au bas de son poëme cette note en vers :

> Sainte Vierge! appeler Tarquin ce bon Philippe!
> Faut-il qu'à cet excès la rime s'émancipe?
> Et puis que signifie (oh! quel remords plus tard!)
> L'anathème aux Tarquins lorsqu'on chante César?

Une troisième élégie, *Élégie artistique*, inspirée par la *Nuit* de Michel-Ange, est pleine d'une colère de poëte. La grandeur poétique et artistique de l'Italie du XVIe siècle y est opposée au prosaïsme mesquin de l'époque dont Lamartine disait : La France s'ennuie. Il y avait jadis les chefs-d'œuvre, les tournois, les faits d'armes. Aujourd'hui,

> Chaque antichambre auguste est pleine de bélîtres
> Rivalisant de croix, de crachats et de titres ;

aujourd'hui,

> Nombre de bas coquins
> Mènent entre deux eaux des tournois de requins.

Ce sont à peu près toutes les pièces où Dondey regarde au dehors : en général, sa poésie n'exprime que lui-même, et lui-même, c'est toujours l'amour, à deux ou trois pièces près, où l'amour s'effaçant un moment, il ne reste que le sentiment désolant de je ne sais quelle difficulté d'être. Nous l'avons déjà trouvé dans *Feu et Flamme* et dans la pièce imprimée, *Une fièvre de l'époque*; nous le retrouvons dans ces deux sonnets :

DÉCLIN PRÉCOCE.

> L'arbre de ma jeunesse a senti de sa force
> Au feu des passions les éléments tarir ;

Sous la menteuse ampleur de son altière écorce
Bien peu de séve encor se meut pour la nourrir.

Vainement l'esprit lutte, en vain l'âme s'efforce
De tout reprendre en moi, de tout reconquérir;
Mon être, hélas! contient cet absolu divorce :
Une âme qui veut vivre, un corps qui veut mourir.

Que demande cette âme à ce corps qui décline?
N'a-t-elle pas chez lui préparé la ruine?
N'a-t-elle pas été son incessant bourreau?

La voilà bientôt veuve et seule, la superbe!
Il est certain, selon le moderne proverbe,
Que la lame a fini par user le fourreau.

PATHOLOGIE.

J'enferme, quoique jeune, en mon corps tourmenté
Un mal latent et sourd, une fièvre punique,
Qui tarit lentement, comme un air volcanique,
Le réservoir profond de ma vitalité!

Cependant je parais plein de solidité;
Mon embonpoint me donne un galbe monastique;
J'ai le col d'un taureau, la carrure athlétique,
Toute l'hypocrisie, hélas! de la santé.

Tant mieux. Par là j'échappe à la pitié banale.
Quand je dis que je souffre, un sourire signale
Le démenti formel dont je suis revêtu.

O bourgeois! qui niez que sous le mal je rompe,
Mon masque de santé plus sûrement vous trompe
Que ne m'abusent, moi, vos masques de vertu!

Je ne veux pas quitter les sonnets sans signaler celui qui est intitulé : *Remerciment;* il est adressé à sa sœur, qui était graveur et peintre. Ce n'est pas une sœur naturellement qui tient le plus de place dans les rêves de l'âge de Don Jey; on a d'autant plus de plaisir à trouver du moins quelques vers à l'adresse de celle qui n'a vécu que pour lui, et qui, après sa mort, n'a eu qu'une pensée, celle de faire vivre sa mémoire :

Si modeste qu'il soit, chère sœur, ton pinceau,
Il n'en a pas moins su, dans tes mains studieuses,
Me copier au vif une page, un morceau
De ramure et de ciel aux touches radieuses.

Moi qui n'ai pas un bout de terre et d'arbrisseau,
Pas de mousse où bercer mes heures soucieuses,
Je pourrai, contemplant ce verdoyant monceau,
Me rêver possesseur de forêts spacieuses.

Oui, grâce à ce feuillage où l'air semble frémir,
A ce bosquet si plein qu'on y voudrait dormir,
Je pourrai, sans quitter la grand'ville où nous sommes,

Sans bouger de ma chambre et du coin de mon feu,
Me délassant le cœur du théâtre des hommes,
Voir, sentir, adorer la nature de Dieu!

J'arrive aux épanchements de sa passion. Ils sont rassemblés surtout dans quelques pages intitulées : *les Tablettes amoureuses du vidame de T...*, rapsodies (*de 1838 à 1846*). De T..., c'est-à-dire de Tyannes; on verra qu'il s'est appelé ainsi ailleurs en toutes lettres[1]. Tyannes est un anagramme de *Santeny*; et je crois bien que cet anagramme avait à ses yeux le mérite de rappeler le nom du fameux Apollonius de Tyane, qui devait lui être cher en qualité de théosophe et de thaumaturge.

Il faut ajouter à ces *Tablettes* trois pièces réunies sous le titre de *Trois idylles*, et un assez grand nombre de sonnets.

Un de ces sonnets nous arrête au moment où nous pénétrons dans ce sanctuaire :

SPLEEN.

Mes intimes douleurs, surtout celles d'amour,
Dans mon cœur ont le sort des femmes de l'Asie;
Sous les lois du harem elles y font séjour.
Prison, mystère : ainsi le veut ma jalousie.

Quand parfois elles vont dehors, l'œil du ghiaour
Ne peut pas m'inspirer de sombre frénésie;

---

[1]. Il a mis aussi dans l'*Abbé de Saint-Or* un vicomte de Tyannes, qui n'est nommé qu'en passant.

Car elles ont un voile impénétrable au jour,
Le voile du symbole et de la fantaisie.

Celui qui songerait à l'ouvrir tant soit peu,
Celui-là, je le hais, je le tiens pour infâme. —
Que, si j'ai des amis, aucun d'eux ne réclame !

Non, non, je ne saurais sur mes rêves de feu,
Sur les pleurs de mon cœur, les fièvres de mon âme,
Souffrir d'autre regard que le regard de Dieu !

En effet, beaucoup de ces vers ne pouvaient être exposés, au temps où ils ont été écrits, à aucune publicité. Ils auraient désigné clairement la femme à ceux qui étaient à portée de la connaître ; ils auraient affiché des secrets faits pour être ensevelis dans le silence. Mais la mort a passé sur ces amours, et aussi le temps, qui efface mieux encore que la mort elle-même. Je crois que tout cela pourrait être lu aujourd'hui sans inconvénient. Je respecterai cependant, quant à moi, l'anathème du poëte, en m'abstenant de citer ou de commenter les vers trop intimes : les uns, parce qu'ils renferment des confidences indiscrètes ; les autres, parce qu'ils n'ont vraiment été faits que pour *elle* et *lui* ; le lecteur y assiste à des effusions où il n'a point de part. Je crois, je l'avoue, que les vers d'amour n'ont un vrai charme que si le poëte n'y dit que ce que tous ont besoin d'entendre; la poésie doit recueillir dans les entretiens amoureux ce qu'on aime à répéter tout haut (sauf les noms), plutôt que ce qui n'est bon qu'à être chuchoté à l'oreille.

Cependant tout intéressera dans ces vers celui qui les lira comme je les ai lus, précisément pour y retrouver la vie de Dondey; on y pénètre le fond de son cœur; on y surprend ses ardeurs et ses ivresses:

Vivuntque commissi calores...

L'autre sentiment que j'ai dit qui dominait dans sa poésie, celui d'un accablement douloureux, revient d'ailleurs ici par une association naturelle; car l'amour est précisément pour lui le dieu consolateur. Il y a une expression profonde d'Aristote dans un passage célèbre sur la jeunesse, que Dondey avait lu et dont il avait été frappé[1]; il dit des jeunes gens qu'ils n'ont pas encore été *humiliés par la vie.* Ces humiliations que la vie apporte avec elle, Dondey les sentait plus vivement que d'autres, et il en a cruellement souffert. Qui pouvait mieux l'en relever qu'une femme belle et spirituelle qui l'avait

1. Voir son feuilleton dramatique du 12 juin.

distingué dans son ombre, et dont les yeux éclairés par l'amour avaient démêlé ce qui était en lui?

> Voyons, ce grand élu, qu'est-ce? un franc plébéien,
> Qui vient de rien, n'est rien, ne sera jamais rien;
> Un songeur étonné, tant l'orgueil le domine,
> De n'être pas de ceux que la muse illumine.

Et plus loin :

> Tu ressembles vraiment au dieu de l'Évangile;
> Car enfin du chétif, du moindre, du dernier,
> Il te plaît, comme à lui, de faire le premier!

Et encore :

> Oui, par toi me voilà (qu'on m'admire et m'envie!)
> Sûr de ne pas mourir ayant manqué la vie.

C'est la même jouissance d'orgueil qu'il a exprimée sous une autre forme et plus âprement dans un drame dont je parlerai tout à l'heure :

> Il faut être héros pour vaincre une héroïne;
> Il faut être divin pour prendre une divine;
> L'ange obtient seul de l'ange heur et gloire d'amant;
> Le diamant peut seul tailler le diamant!
> Tu veux charmer ma fée en sa haute nature :
> Nain! deviens donc alors un preux de ma stature!

Je ne sais pas si toutes ces propositions sont d'une

certitude géométrique, mais peu importe à la poésie et à la passion.

Je ne citerai des idylles que ces vers mystiques qui terminent la seconde ; c'est une apostrophe aux *Esprits* qui peuplent la nature et en font la vie :

> Esprits ! rendez pour eux vos voiles diaphanes ;
> Esprits ! de tels amants ne sont pas des profanes :
> C'est leur droit d'admirer l'ordre immatériel.
> Tous ceux qui de l'amour ont surpris les arcanes
> Sont, comme Prospero, les maîtres d'Ariel :
> L'amour, comme la Mort, donne les clefs du ciel.

Dans les *Sonnets* il y a des pièces amoureuses pour lesquelles il ne craignait pas le jour, et qu'il eût volontiers imprimées. S'il ne voulait pas qu'on sût le nom de sa maîtresse, ni son histoire, il voulait évidemment qu'on sût sa beauté. Les sonnets intitulés : *En Espagne*, *En Italie* (ces titres sont comme un domino) n'ont pas d'autre objet que de s'épancher là-dessus. *Insula sacra* est la consécration d'un rendez-vous. *Méditation* touche, quand on sait que cette femme n'a pas vécu longtemps depuis. C'est elle qui parle :

> Car pour nous élever, d'un plein et sûr effort,
> De cette terre aux cieux, nous n'avons d'autres ailes
> Que celles de l'Amour et celles de la Mort.

Mais ces offrandes jetées çà et là ne contentaient pas sa religion amoureuse; il voulait élever à son amour un monument, et il conçut le drame de *Miranda*. Je n'en sais pas la date précise. C'est un travail considérable, où il a mis toutes ses complaisances, et quelque difficile qu'il puisse être de faire goûter une composition si étrange aujourd'hui, et qui l'était déjà alors, je trahirais l'amitié de Dondey, pour ainsi dire, si je ne m'y étendais pas.

Le comte Rinaldo, mari de Miranda, a dans son propre frère Brennus, qui convoite sa femme, un ennemi capable de tout. Brennus l'a fait poignarder la nuit dans un lieu désert; mais don Rinaldo tout sanglant s'est jeté du haut d'un rocher dans la mer, et les meurtriers n'ont pu retrouver son corps. Cependant Rinaldo sauvé a été employé par le roi et par le pape à une mission secrète; on lui a imposé le silence, et depuis vingt jours les siens n'ont aucune nouvelle de lui. Convaincu de sa mort, Brennus avait besoin seulement de la faire reconnaître pour hériter de son titre, de son domaine, et, il l'espère bien, de sa femme même. Or il y avait un archer du nom d'Alvar, que Rinaldo avait rencontré un jour, et qui lui avait offert une ressemblance si surprenante avec lui-même, qu'il l'avait adopté comme son frère et s'était chargé de sa fortune. Brennus a fait assassiner cet Alvar, et l'a fait rapporter mort sous le nom de Rinaldo. Cependant Miranda, déchirée par sa douleur, ne vit que pour découvrir et punir les meurtriers : aussi bien elle est « la fille de don Pèdre et d'Inez de Castro ». Elle a fait dresser dans une salle du château un catafalque; elle a fait tendre de noir tous les appartements, qui ne sont plus éclairés que par des cierges et des lampes, et elle a juré que le jour n'y entrerait plus. Quand la pièce commence, il est nuit; un homme est endormi au pied du catafalque; c'est Orco, le majordome fidèle du comte. Rinaldo entre, et, après un monologue, réveille Orco et lui révèle tout; mais Brennus avait demandé à Orco un rendez-vous secret dans ce lieu même; Orco l'écoute en présence de Rinaldo, qui reste caché. Sans avouer le meurtre de son frère, il dévoile tous ses projets sur Miranda : si elle ne veut pas l'écouter, il l'enlèvera, pendant des crises léthargiques auxquelles elle est sujette; il surprendra ses sens, et il étale si effrontément sa luxure, que Rinaldo s'écrie et se montre. Brennus croit voir un fantôme; il se trouve mal; Rinaldo s'efface, et quand Brennus revient à lui, Orco réussit à l'éconduire, en lui persuadant qu'il a éprouvé une pure hallucination. Nous n'attendons plus que Miranda, et en effet la voici. Elle est en proie à une espèce de délire; elle prend Orco pour un moine, son confesseur; chose plus étrange, elle prend Rinaldo lui-même pour Brennus, et elle déploie, dans les discours qu'elle tient à l'un et à l'autre, une telle ardeur de passion que Rinaldo n'y peut tenir. Il lui donne la main : ce toucher d'abord, puis un cri qui lui échappe, la réveillent, mais c'est pour la faire tomber comme morte. Rien ne peut la ranimer; rien, si ce n'est le son de deux harpes, que les deux amants touchaient ensemble autrefois. Hier, Miranda en ayant touché une, l'autre a résonné d'elle-même; Miranda a vu là un miracle. Orco a l'idée de les effleurer, et Miranda revient à elle. Voilà le premier acte.

Le second acte se réduit à une scène unique, à laquelle les autres ne servent que d'introduction ou de complément : celle où Rinaldo se fait reconnaître à Miranda, et, en présence de Brennus lui-même, lui apprend la trahison à laquelle il a échappé. Il commande à Orco de rassembler le peuple dans la grande salle du château pour qu'il salue son maître ressuscité, et, couvrant Brennus d'un pardon dédaigneux, il le charge ironiquement du soin d'annoncer à la foule que c'est Alvar seulement qui est mort et que le comte est vivant.

Dans une scène de ce second acte, comme Miranda exaltée étale à Brennus le miracle des deux harpes, et comme il se moque de cette illusion, elle leur adresse un nouvel appel, et se met à toucher la sienne, attendant avec confiance que l'autre réponde. Brennus a fait éloigner celle-ci, et l'a fait porter à l'autre bout de la vaste salle ; mais Rinaldo est là, caché dans l'ombre, et la harpe répond encore sous ses doigts. La pièce a pour second titre : *Les Harpes fées.*

Au troisième et dernier acte, Rinaldo se montre en effet solennellement devant la foule assemblée, qui le reçoit d'abord avec des acclamations; mais Brennus paraît à son tour, vêtu de deuil et l'air sinistre ; il déclare que le peuple est le jouet d'une imposture ; que Rinaldo est bien mort ; que celui qui est là sous son nom, c'est Alvar, un traître qu'il faut tuer sur l'heure, qui ne doit pas vivre un instant de plus. La foule aveugle va en effet massacrer le comte ; les nobles protestations d'Orco, les appels indignés de Miranda demeurent impuissants. Brennus redouble de rage et de perfidie ; il est maître des cœurs ; tout est perdu ; Orco tire son sabre ; Miranda brandit une épée. Alors Rinaldo s'avance, et, dans un discours de cent vingt vers, il reconquiert les esprits. Il ne reste à Brennus qu'une ressource : il demande le jugement de Dieu par l'épée ; Rinaldo n'hésite pas à l'accepter, mais Miranda ne peut souffrir qu'il risque sa vie; elle lutte à la fois contre lui et contre le peuple furieux; elle s'épuise en efforts, qui viennent se briser contre le cri obstiné de la foule : Le jugement de Dieu ! le jugement de Dieu ! Tout à coup elle saisit l'épée de Rinaldo, et l'enfonce dans la poitrine de Brennus, en s'écriant :

Le jugement de Dieu ? le voilà !

Cependant au commencement de l'acte, Orco, qui se défiait de Brennus, avait fait appeler au secours de son seigneur, d'une part les moines de l'abbaye voisine du château, de l'autre une garde sûre.

Les moines et les soldats entrent sur la scène ; les moines chantent des chants religieux aux accompagnements des harpes, auxquelles Miranda vient d'avoir recours comme à une puissance céleste, et qu'on va entendre jusqu'à la fin. Le peuple reconnaît le doigt de Dieu dans ce qui se passe et reçoit son seigneur avec soumission et avec amour.

Cette analyse montre assez que c'est là un drame sans réalité, et l'auteur aurait eu grand'peine à obtenir, je ne dis pas d'un spectateur, mais même d'un lecteur, qu'on prît au sérieux des combinaisons dramatiques aussi extraordinaires ; mais cette étrangeté ne lui faisait pas peur à lui-même. Il s'y délectait ; il l'exagérait avec une naïveté qui s'accuse, non pas seulement dans les vers, mais dans les indications de la mise en scène. Il écrivait : « Dona Miranda, l'épée à la main, de l'air de l'archange qui va réduire le dragon. » — « Don Rinaldo, désinvolte et grand, auguste et stoïque, et parfois s'éclairant d'un sourire grave. » — « Il s'arrête, morne et fatal, au balustre. » — « Orco, le sabre au poing, héroïque et formidable. » — Toutes ces parenthèses nous montrent le drame tel qu'il se jouait dans sa tête : comment n'en aurait-il pas été enthousiasmé ?

Il l'était en effet, et il a caressé toute sa vie dans sa pensée le rêve de sa *Miranda* mise en pleine lumière, et éclatant aux yeux de la foule comme aux siens. Il avait voulu y traduire l'amour tel qu'il l'imaginait dans ses songes. Rinaldo est amoureux ; Miranda est amoureuse : il n'y a donc plus à leur demander raison de rien de ce qu'ils disent ou de ce qu'ils font, et le poëte lui-même n'a plus de comptes à nous rendre.

On voit bien que Rinaldo est encore le *Lazare de l'amour.* Brennus a telle tirade qui rappelle certaines pages du même roman, ou de *Feu et Flamme* ;

mais je ne veux pas trop scruter et interroger, et je ne chercherai dans *Miranda* que la poésie.

Nulle part le vers du poëte n'a été plus pompeux, plus sonore, plus fortement frappé. Voici, par exemple, une tirade du traître, troublé, au plus fort de ses convoitises, par un songe qui enveloppe l'annonce du dénoûment. Il rêve que Miranda ne résiste plus, qu'il est tout près d'en faire sa proie :

> Un pas de plus, un seul, et le coup s'achevait.
> Jeux d'outre-tombe! à droite, à gauche du chevet,
> Deux fantômes, oui, deux! surgissent formidables,
> Muets, spectres jumeaux, tout pareils, tout semblables!
> Ce n'est pas un Alvar, puis un Rinaldo : non,
> Ce sont deux Rinaldos! ma chair n'est que frisson,
> . . . .
> Le double revenant dont le pouvoir m'arrête,
> A l'air d'être vivant, porte un habit de fête;
> Nulle blessure au cou, nulle entaille au pourpoint;
> Toujours en sentinelle, œil fixe, dague au poing.
> Cependant Miranda s'agite, et sur sa couche
> Se dresse lentement, sardonique, farouche.
> Elle tient un poignard, qui dans ses mains grandit,
> Et que vers mon front blême elle allonge et brandit.
> Orco, le lâche Orco, d'une étreinte féroce
> Me saisit et m'amène, avec un rire atroce,
> Aux atteintes du fer de Miranda : ce fer
> A plaisir me laboure, ainsi qu'un soc d'enfer!
> Tandis qu'on me déchire, au fond le mur s'entr'ouvre;

> Une autre vision à mes yeux se découvre.
> C'est le feu roi don Pèdre (oui, je le reconnais)
> Qui préside à la mort des assassins d'Inez.
> Sur leur échafaud même, au grand soleil, il siége;
> Il me regarde, il rit de me voir pris au piége :
> Avec l'autre supplice il savoure le mien,
> Et joyeux à sa fille il crie : Enfant, c'est bien !

A travers ces touches fières et lugubres, on est quelquefois surpris et charmé de trouver la grâce. Ainsi dans ces vers où s'exhale le délire de Miranda, qui croit que Rinaldo est vivant, sans autre raison d'espérer que son espérance même :

> Ne suis-je pas assise en la vallée ombreuse,
> Où son premier serment m'a faite bienheureuse ?
> Oui, je vous reconnais, cieux et bois, chers témoins :
> Si tout m'était ravi, vous me souririez moins !

Et plus loin, quand elle raconte comment, ayant touché sa harpe, elle a entendu résonner et répondre celle de son amant :

> Amis, vous pensez bien qu'aisément je compris
> Quel transfuge du chœur des célestes Esprits
> Effleurait l'instrument de ses ailes de flamme :
> Merci, dis-je, Dieu bon, qui m'envoyez son âme;
> Qui la laissez descendre à mes côtés. Merci,
> Vierge des sept douleurs, qui permettez qu'ainsi
> L'âme de Rinaldo me prouve sa présence.

A toi, chère âme, à toi ! Demeure, plus d'absence ;
Ta place au paradis, rien ne peut te l'ôter !
N'y remonte qu'à l'heure où j'y pourrai monter !

Mais arrivons au dernier acte. Le poëte est peu à peu entré si avant dans sa fable, il s'est pénétré si profondément de son rêve, qu'il semble que le rêve devient réalité. Dans la grande scène de cet acte, quand la foule se précipite déjà sur Rinaldo, et que tour à tour Orco et Miranda se sont jetés en avant pour le défendre : Rinaldo les arrête d'un geste tranquille et prend la parole :

Calme-toi, brave Orco ; modère-toi, ma sainte ;
Trève à toute colère ainsi qu'à toute crainte ;
Bas les armes, mes preux. Quoi ! vous voulez vraiment
Punir de nos vassaux le noble égarement ?
Si leur culte pour moi contre moi les anime,
Est-ce qu'il faut traiter cette erreur comme un crime ?
Mais dans une autre erreur vous tombez tous les deux :
Ils se trompent sur moi ; vous vous trompez sur eux.

Comme c'est à force de l'aimer qu'ils le menacent et l'insultent, cette fureur ne peut le troubler ; elle l'attendrit :

Moi qui dans tout combat me jette avec ivresse,
D'autant plus exalté que l'ennemi me presse ;
Moi que le nombre attire ainsi qu'un tourbillon,

Et qui m'élancerais seul contre un bataillon :
Eh bien! ces bras levés, ces clameurs, ces audaces,
Cette foule aux fronts durs, aux yeux pleins de menaces,
Ces prémices de lutte à l'attrait souverain
Me laissent immobile et tranquille et serein.

. . . .

Me défendre? cela me serait impossible;
Combattre mes enfants! Non : victime paisible,
Couvrant ces pauvres fous d'un absolu pardon,
Je ferais de ma vie un complet abandon.
Mais sérieusement quel péril court ma vie?
D'abattre un imposteur la légitime envie
Ne saurait égarer les esprits à ce point,
Qu'avant d'exécuter on n'examinât point.
Déjà dans les regards je vois, je lis le doute;
On songe, on fait silence, on hésite, on m'écoute,
Et plus d'un cœur loyal, en secret palpitant,
Doit se dire : Est-ce lui? — Si c'était lui pourtant!
J'en suis sûr, à cette heure ici toutes les âmes,
Comme on ferait devant les éternelles flammes,
Reculent de terreur, devant ce noir danger
D'immoler celui-là même qu'on veut venger.
Mieux vaudrait mille fois risquer de laisser vivre
Un larron, dût pour tous quelque honte s'ensuivre...
Se tairait-il jamais le remords inouï
Qui crierait dans les cœurs : C'était lui, c'était lui!

Il les presse alors, il les force de voir, d'entendre,
de se convaincre :

Allons, c'est trop douter. Le voilà, vétérans,

Le capitaine heureux qu'applaudissaient vos rangs,
Quand il les devançait au choc de la bataille,
Quand le premier d'un fort il foulait la muraille.
Vous le reconnaissez, veneurs et forestiers,
L'ardent chasseur, aidé par vous si volontiers,
Lorsqu'à travers les bois, les monts de ses domaines,
A courir daims et cerfs il passait des semaines.
Paysans, métayers, vignerons et pasteurs,
Le voici parmi vous, l'ami de vos labeurs,
Le maître qui jaloux d'augmenter vos chevances,
Bien souvent dans vos mains laissa les redevances,
Et qui de tous ses fiefs, où le pauvre a son pain,
Pour jamais sut bannir le démon de la faim.

(Mettant son chapeau et allant se rasseoir sous le dais)

Il se couvre et s'assied devant vous, le grand juge
Qui du faible opprimé fut toujours le refuge;
Qui maintenait serment, justice, honneur et foi
Au-dessus du vouloir et du pouvoir du roi;
Que le félon n'osait regarder face à face,
Mais près de qui le simple aisément trouvait grâce!

Il n'est personne, ce semble, qui ne dise en ce moment avec Brennus: Ils vont fléchir, et, au bout de quelques vers encore, l'œuvre de persuasion serait en effet accomplie, si l'ennemi ne jetait de nouveau le désordre dans les âmes par son défi désespéré. Il ne reste plus alors que l'élan de Miranda:

Femme, place à l'épée!

NOTICE.

— Attends encore un peu :
N'est-ce pas, mes amis?
— Le jugement de Dieu!
— Oh! grâce, bon vassaux; songez donc, votre maître
De leurs coups de poignard souffre encore peut-être.
Oh! ne consentez pas à cet horrible jeu :
Grâce, empêchez cela.
— Le jugement de Dieu!
Le jugement de Dieu!
— Mon père! à moi, mon père!
Le jugement de Dieu, le voilà!
(Elle a tué Brennus.)
Le tonnerre
Dormait : mon père en moi soudain s'est éveillé;
C'est lui qui par mon bras docile a foudroyé!

J'en ai fini avec ce que Dondey a appelé lui-même les vers de sa première et de sa seconde jeunesse. Ils s'arrêtent en 1846, et je ne trouve rien dans ses manuscrits jusqu'en 1856. Qu'est-ce qui a rempli cet intervalle? Il le dit lui-même dans des vers qu'on verra plus loin : une grande douleur, et à la suite l'impossibilité de penser et d'écrire. Le jour où il retourna à la poésie, ce fut en revenant au passé et en se replongeant dans le souvenir de l'amour qui avait rempli sa jeunesse.

Il a daté de 1856 une Préface qu'il a placée en tête de sa *Miranda*, et qui commence par ces vers:

> Pour mieux rêver dans l'ombre où je vis prisonnier,
> J'ai repris, j'ai relu, j'ai revu l'an dernier
> Tout ce drame, œuvre mienne, au vers parfois sonore,
> Grave péché commis quand j'étais jeune encore ;
> Lequel dans mon tiroir, véritable *in pace,*
> J'avais depuis ce temps justement délaissé.

Il essaye alors une appréciation de son drame : il veut être modeste, mais il ne peut s'empêcher d'être fier et confiant dans son œuvre :

> Mais à défaut du grand, peut-être, il le suppose,
> A-t-il su quelquefois friser le grandiose.
> Bizarre, il le sait bien, plutôt qu'original :
> Il prétend qu'en revanche il n'est guère banal.
> . . . .
> Il se flatte d'avoir, dans cette rude escrime,
> Détaché çà et là quelque vaillante rime.

A défaut d'habileté dans l'art du théâtre, on y sentira la flamme intérieure et l'élan lyrique. Mais il s'arrête dans ce témoignage qu'il se rendait à lui-même ; il craint l'illusion, et il en a honte :

> Chez lui si le bon sens parlait seul, faisant taire
> Son délire sournois, le pâle solitaire
> Saurait qu'il n'a rien fait de ce qu'il a rêvé,
> Et que l'Art, dieu jaloux, le traite en réprouvé.

Les vers suivants expliqueront la pensée pieuse

qui attache à cette œuvre aimée les amis de Dondey qui lui survivent :

> Pauvre drame! au tiroir faut-il donc qu'il retourne,
> Et que jusqu'à la fin des temps il y séjourne?
> Ah! ceci m'eût donné tant de contentement,
> De pouvoir l'imprimer mystérieusement,
> A l'insu des bourgeois, des journaux, des libraires,
> Le tirant seulement à cinquante exemplaires!
> Ce petit nombre eût fait sa gloire et son salut :
> Maint fervent bouquineur, qui ne l'aurait pas lu,
> Pour sa rareté sainte, avec le plus grand culte
> L'aurait admis, gardé dans son musée occulte.
> En bonnes mains toujours transmis et conservé,
> Après quelques mille ans, vierge, on l'eût retrouvé,
> Ainsi que l'on retrouve un pharaon d'Égypte
> En entier dans sa gaîne, au profond de sa crypte.
> Il n'y faut pas songer : la dure pauvreté
> Frappe de son *veto* cette humble vanité.
> Prendrai-je cependant le soin de le transcrire?
> Doux Phébus! à quoi bon? A qui le faire lire?
> Je sais bien quelque part deux ou trois grands liseurs,
> Que la prose et les vers des plus minces faiseurs
> N'épouvantent pas trop : bénévoles dans l'âme,
> A coup sûr ils iraient jusqu'au bout de mon drame,
> Faisant cela pour moi, non par grâce et pitié,
> Mais par opiniâtre et charmante amitié.

Pourtant il hésite : il est bien vieux (il avait quarante-cinq ans)! et même étant jeune, une certaine pudeur le détournait déjà de produire ses vers :

Aujourd'hui, ruminant plus d'un ancien mécompte,
Ma pudeur ulcérée, hélas! tourne à la honte.
Triste Muse! il vous sied, sans plainte et sans témoin,
D'attendre la vieillesse et la mort, dans mon coin!

Ici deux lignes de points préparent l'explosion des vers suivants :

Oh! la jeunesse! oh! dieux! la féerique jeunesse!
Certe il raille, l'orgueil, elle rit, la sagesse,
Quand elle ose affirmer qu'on peut perdre un tel bien.
Et puis s'en consoler : frères, il n'en est rien.
Si ferme que l'on soit, si forte qu'on ait l'âme,
Lorsque le Temps nous cueille au front ce lis de flamme,
On se sent tout à coup déchu, déshérité,
Comme un roi que décoiffe un vent de liberté.
Être jeune!...

Et le voilà qui s'épanche en une chaude tirade, dont je transcris les derniers vers :

Êtes-vous jeune? Eh bien, folie, extravagance,
Fatuité, tout vous sied, tout vous est élégance;
Vos torts, on leur sourit; vos travers sont goûtés;
On vous pardonne tout, même vos qualités;
Soyez jeune et malade : un rayon sympathique
Vous transfigure, et fait votre mal poétique.
Soyez jeune et mourez : charmant martyr du sort,
Vous rayonnez jusque dans les bras de la mort.

Je ne crois pas que Dondey ait jamais écrit avec

plus de naturel, plus d'esprit et plus de bonheur.

Ici deux lignes de points encore, puis la pièce finit par les vers suivants :

> A cette façon d'hymne en vain je m'évertue ;
> J'ai l'esprit morne et noir, la pensée abattue.
> Fourmillant dans mon cœur, mille chagrins amers
> Finiraient, je le sens, par sourdre dans mes vers,
> Si je ne me hâtais de sortir de préface
> Pour me réfugier dans une dédicace,
> Où l'évocation d'un gentil souvenir
> Va m'ôter au présent, me cacher l'avenir.

Cette dédicace, en dix-huit quatrains de vers décasyllabiques (le décasyllabe moderne, partagé par moitié), je la donnerai tout entière : elle a une légèreté de touche assez rare dans ce qu'il a écrit, et puis elle est éclose, on le verra bien, du fond de son cœur :

> Or en ce temps-là, riche de jeunesse,
> Dans une campagne, un beau jour d'été,
> Songeant à ma fière et tendre maîtresse,
> Je me promenais le cœur enchanté.

> Un parc s'offre à moi ; j'en touche la grille ;
> Elle cède et s'ouvre à mes pas rêveurs.
> A l'ombre, un amour de petite fille
> Jouait toute seule au milieu des fleurs.

La chère mignonne a trois ans à peine :
Quels fins cheveux d'or sur ce front de lait !
Jamais bonne fée à poupon de reine
N'a fait si doux charme et si pur attrait.

Je m'approche d'elle, et fou de sa grâce,
Quoique tremblant fort de lui faire peur,
Mon bras mollement l'enlève, et la place,
Tout près de mes yeux, tout près de mon cœur.

J'étais animé de cette tendresse
Qu'un père, dit-on, peut seul ressentir ;
Mon âme en goûtait l'angélique ivresse ;
De mon célibat j'avais repentir.

La gentille enfant, d'abord effarée,
De ses petits doigts se couvre les yeux,
Et puis me regarde, et, tôt rassurée,
Reprend son babil et ses cris joyeux.

Car j'avais alors un air moins farouche ;
J'étais dans mes jours d'espoir triomphant.
Et l'amour heureux mettait sur ma bouche
Ce sourire ému qui plaît à l'enfant.

Donc le petit ange en mes bras se joue,
Gazouille des mots, chante sa chanson,
Caresse à deux mains mon front et ma joue,
Et pour grand ami m'admet sans façon.

Dans l'herbe à mes pieds sa poupée assise
De ses soins pourtant me prend la moitié :

Flottant d'elle à moi, son âme indécise
Refait tour à tour nos parts d'amitié.

Son charmant ramage à plaisir répète
Un nom, Miranda, mot mélodieux,
Qui fait que Shakspeare avec sa *Tempête*
Surgit, passe en moi, sombre et radieux.

Mais de mon esprit l'enquête trompée
Dans ce qu'elle dit cherche vainement
Si c'est elle-même, ou bien sa poupée,
Qui porte ce nom plein d'enchantement.

Soudain un appel, une voix de mère,
Sous les marronniers s'élève là-bas :
Le doux angelot, ma fille éphémère,
Après deux baisers, glisse de mes bras.

Riante, elle court; moi, je me dérobe.
Au seuil du jardin demeuré pensif,
Je suis du regard sa petite robe,
Qui disparaît blanche en un vert massif,

Depuis, son image enfantine et chère,
Fantôme du ciel, toujours m'a hanté :
Au fond de mon cœur, ne sais quoi d'un père
Pour son souvenir toujours est resté.

Bien d'autres enfants, lis purs, têtes d'anges,
M'ont paru comblés de dons ingénus ;
Mais ces sentiments, ces regrets étranges,
Pour d'autres jamais ne me sont venus.

Quand je commençai l'œuvre qu'on peut lire,
Ma muse d'abord voulut, demanda
Un beau titre, un nom digne de la lyre
L'image survint, et dit : Miranda.

Oui, toi seule as pu, figure ineffable,
Me dicter ce nom, car je ne dois rien,
Rien à la *Tempête,* en mon humble fable;
Rien n'y brille, hélas! de shakspearien.

C'est donc justement que je te dédie
Ce bloc magistral de deux mille vers,
Poëme ou roman, drame ou tragédie,
Dont se voit privé le triste univers[1].

Miranda porte dans le manuscrit le titre suivant : *Miranda, ou les Harpes fées, poëme dramatique en trois actes et en vers, par le vidame O'Neddy de Tyannes, copié sur le manuscrit original, en l'an de disgrâce 1857, par le citoyen Dondey, secrétaire intime du noble vidame.*

Avant le mot *O'Neddy,* Dondey a ajouté depuis : *Philotheus Ottavio Marius,* c'est-à-dire Théophile Auguste Marie. Je suppose que Marius n'est pas le personnage antique, mais le *Marius* des *Misérables.*

---

1. On peut rapprocher de cette *Dédicace* la *troisième idylle,* intitulée : *Amor duplex,* et le sonnet qui a pour titre : *Madonna col bambino.*

Il est vrai que les *Misérables* n'ont paru qu'en 1862, et que la copie de *Miranda* est de 1857 ; mais les trois prénoms paraissent ajoutés après coup en interligne. Quant au nom d'Auguste, s'il a choisi pour le traduire celui d'*Ottavio*, c'est sans doute en souvenir du *Don Juan* de Mozart (voir, le sonnet intitulé : *Don Giovanni*).

Dondey a écrit aussi une préface en vers pour le recueil de ses poésies de moins longue haleine ; elle est datée de 1858. Elle se compose de vingt-six sixains. Elle n'égale pas celle de *Miranda* et fait moins d'honneur à l'écrivain ; mais elle est très-intéressante pour l'histoire de l'homme. Il nous dit comment il est né poëte ; comment il put croire un moment qu'il avait fait une œuvre et acquis un nom ; puis comment il se trouva obscur et impuissant :

> L'espoir me délaissa, puis l'orgueil, puis l'audace ;
> Mais non la passion. Dans mon âme aux abois,
> Elle resta debout, nerveuse, âpre, tenace ;
> Elle me ramena de force à cette place,
> Où je recommençai l'œuvre plus d'une fois
> Sans meilleure fortune, avec même disgrâce.

Il y avait pourtant quelqu'un pour qui il était poëte :

> Cependant quelquefois une aube éclaircissait

Mes limbes un instant; dans mon ciel gris passait
Une lumière, un ange aux sourires splendides;
Vers mes rameaux son vol alangui s'abaissait;
Il cueillait une fleur, et dans ses mains candides,
Comme lui tout à coup la fleur éblouissait!

Ce n'était qu'un moment, trop rapide et bien rare,
Mais que sa volupté me remontait le cœur!

Il vivait donc par l'amour; il vivait aussi par l'admiration. Il s'enthousiasmait pour toute belle œuvre, et se consolait de ce qu'il ne pouvait faire lui-même par la jouissance de ce que faisaient les génies aimés. Mais tout à coup tout lui manque, c'est-à-dire celle qui pour lui était tout. Il attendit vainement la visite de l'ange; l'ange avait plongé dans la nuit.

Longtemps plein de stupeur j'habitai les ténèbres,
Ayant abandonné sans esprit de retour
Mon misérable champ, si rebelle au labour.
Enseveli, perdu dans mes songes funèbres,
Je ne voyais plus rien de la vie et du jour,
Et je n'entendais plus vibrer les noms célèbres.

Je finis cependant par vivre en cette mort :
Le moyen d'échapper au souffle magnétique
De notre siècle obscur, voyant, démocratique!
L'esprit nouveau revint sur moi, brûlant et fort,
Et, sans rien profaner de mon deuil extatique,
Il sut galvaniser mon cœur paralytique.

Il rentra dans la vie; il prit sa part du travail de ceux qui préparaient l'avenir. C'est sans doute alors, aux approches de 1848, qu'il écrivit la dernière partie de ses *Sonnets*, composés de pièces républicaines. Il s'élançait, avec d'autres vifs esprits, vers une révolution.

> On savourait déjà l'infaillible conquête.
> Il se leva, le jour où l'on crut la tenir!...
> Elle se remontra, la sainte République!...

Au milieu de ce juste enthousiasme, je voudrais trouver l'expression d'un regret, sur ce que la République était venue, non par le seul mouvement de l'opinion publique, qui ne pouvait manquer en effet de l'amener bientôt, mais par un coup de surprise et de force; mais passons.

> Ses ennemis alors l'adoraient à genoux :
> Tous, Pharisiens, docteurs, scribes, princes des prêtres,
> Plus que les vieux Brutus en paraissaient jaloux;
> Si bien qu'émerveillés nous disions entre nous :
> Frères, bénissons Dieu, les justes sont les maîtres.
> Misère! nous comptions sans les fous, sans les traîtres.
>
> Erostrate et Judas surgirent de l'enfer :
> L'un jeta ses brandons; l'autre empoisonna l'air.
> Les hiboux de Tartufe, amoncelés sans nombre,
> Entre le jour et nous mirent leur masse sombre.

L'étoile du progrès disparut sous cette ombre,
Et l'Ange-Liberté remonta dans l'éther.

Mon âme retomba...

L'ange redescendra pourtant; il le croit; il en est sûr; mais que l'attente est pénible! il redit après Michelet combien on souffre de « l'implacable longueur du temps ».

Dans le sentiment de ce vide, il s'est mis à relire ses vers, mais ils sont bien morts. Néanmoins il les recueille :

J'en ai mis en réserve un amas : pourquoi faire?
Pour une offrande. A qui ce présent funéraire?
A des vivants? Non pas : j'aurais honte et remords.
A des morts? En effet. Je destine à des morts
L'hommage désolé de ces feuillages morts;
A ceux des miens déjà descendus sous la terre.

En janvier 1859 enfin, Doudey ajoutait à ses *Tablettes amoureuses* le post-scriptum suivant :

L'autre nuit, sous ma lampe, énervé de tristesse,
Je tenais dans mes mains ces pages de jeunesse.
Oh! comme j'étais sombre! oh! comme j'étais seul!
Dans mon cerveau flottait une image au linceul;
Puis des coteaux brumeux, pleins de funèbres arbres,
De longs saules baisant des croix, drapant des marbres.
J'écoutais ce penser, qui m'habite et me mord :

> Être mort dans la vie et vivre dans la mort!
> Et je disais, sondant le mystère où tout tombe :
> Où donc est le repos, s'il n'est pas dans la tombe?

Et cependant il relisait ces vers, pauvres débris d'un amour évanoui :

> Ces cendres remuaient, me brûlaient quoique éteintes;
> Nous échangions tout bas de sympathiques plaintes.

Tout à coup il rit : il venait de relire un Épilogue, où il apostrophait son lecteur, lui qui pourtant, au temps même où lui échappait cette apostrophe :

>   Savait si bien déjà
> Que l'ombre réclamait ses vers, surtout ceux-là,
> Et qu'il n'était pour eux d'autres lecteurs possibles
> Que les dieux, les esprits, les morts, les invisibles.
> A peine avais-je ainsi pensé, qu'il me sembla
> (Oh! personne pourtant, personne n'était là).
> Il me sembla, charmé de deuil, navré de joie,
> Entendre le frisson d'une robe de soie
> Et le soupir d'un sein gonflé d'émotion.
> Ces plis frôlés, ce bruit de respiration,
> C'était tout contre moi. Je tremblais comme un saule.
> Je sentis regarder par-dessus mon épaule;
> Une haleine effleura ma joue, et je surpris
> Comme un toucher vivant parmi mes cheveux gris.

Ces mots trempés de larmes sont le dernier *acte d'amour* que j'aie trouvé dans ses vers.

En 1861, la mort frappa un coup sous lequel son âme s'enfonça encore plus avant dans la nuit : il perdit sa mère. Déjà, depuis cinq ans, elle était atteinte de paralysie (elle était née en 1779); mais enfin elle existait; chaque jour, en revenant de son bureau, il la retrouvait, et il avait la joie de se dire qu'il la faisait vivre. Cette mort acheva de l'abattre et de noircir ses pensées; il m'écrivait six mois après :

« L'amère satisfaction d'avoir vu ma mère... quitter la vie dans des conditions aussi dignes que possible ne m'aide pas à supporter stoïquement la disparition de ce qui restait de sa personne. J'y tenais, je m'y sentais attaché, non-seulement par ces forts liens de nature communs aux trois quarts des humains, mais par une juste et nette conscience du peu que j'importe aux gens et aux choses; par le poids sans cesse accru de mes vieux et constants chagrins; par l'accord étrange et l'harmonie que je croyais découvrir entre ses misères et les miennes; par égoïsme enfin, ce n'est pas impossible. Donc, sans parler des sentiments naturels, des vifs souvenirs d'enfance, des motifs normaux, je m'étais mis secrètement à l'aimer de toute la violence de mes maux secrets. »

Nous pénétrons ici le mystère de ses plus profondes tristesses. Je ne sais s'il pressentait qu'il devait être frappé aussi de paralysie, quoique d'une autre manière que sa mère; mais déjà il se regardait comme paralysé, paralysé dans son génie. Il avait aspiré très-haut, et il n'avait pu atteindre : qui l'en empêchait? Était-ce la santé? les assujettissements vulgaires? les souffrances morales, dont sa vie lui paraissait plus pleine qu'une autre? Il ne savait, mais quelque chose pesait sur lui. Cependant, au temps où il était jeune, son triomphe d'amour avait apaisé et charmé le tourment des autres ambitions non satisfaites; maintenant, abandonné de l'amour et de la jeunesse, il ne sent plus que son impuissance, et il ne cesse de retourner en lui ce sentiment sous toutes ses formes.

Il écrivit en 1861 et 1862 *les Visions d'un mort vivant*, dont le prologue, encore tout personnel, ne fait que mettre en image un vers que j'ai cité tout à l'heure :

Être mort dans la vie et vivre dans la mort.

Ce prologue débute ainsi :

Il a vingt ans à peine; il vague par un site
Plein de merveille, où tout le charme, où tout l'excite.
Un soleil d'Orient, des cieux profonds et purs,
L'éclat changeant d'un fleuve entre des bois obscurs...

Son personnage voit se déployer, sous ses yeux

avides, toutes les magnificences de la nature et
toutes les belles émotions de la vie. Il veut en
prendre sa part ; il veut s'avancer :

> Au premier pas,
> Par derrière une main surhumaine, invisible,
> Le prend, le tient, et puis le traîne, irrésistible,
> Dans un prochain fourré. Là, sur le frais gazon,
> Un cercueil s'offre, ouvert, vide : en cette prison
> La main de fer le met vivant, l'étend, le couche,
> Et sur lui pose, ajuste avec un soin farouche,
> Non un couvercle, mais un large et long drap noir,
> Qu'on dirait volontiers vain obstacle, à le voir,
> Mais qui réellement pèse plus qu'une pierre,
> Et dont les quatre coins s'enfoncent dans la terre
> Comme racines d'arbre. A son oreille alors :
> Tu peux, dit une voix, t'épuiser en efforts,
> Dépenser la vigueur de ta mâle jeunesse,
> Celle des ans futurs que le destin te laisse :
> Aucun de tes fougueux sursauts ne parviendra
> A rejeter, ni même à remuer de ce drap ;
> Tu ne quitteras plus cette étroite demeure ;
> T'y voilà prisonnier jusqu'à ta dernière heure.

Et qu'il ne se flatte pas même d'y dormir, car il
y sera tenu éveillé sans cesse par les bruits du
dehors. Il faut qu'il attende le dernier sommeil ;
mais celui-là n'est pas proche (il ne l'a pourtant
attendu qu'une douzaine d'années) :

La mort le viendra tard; sans bonheur et sans crime,
On ne la tente guère; elle est peu magnanime.
Résigne-toi : tu tiens que le premier plaisir,
C'est rêver; eh bien! rêve; on t'en fait le loisir.

Il ne peut croire cependant à sa destinée; il ne peut s'empêcher de promener sa main sur le drap fatal; mais quoi ?

C'est du marbre, du roc; c'est un mur inflexible :
L'écarter? le trouer? impossible, impossible!...
Allons, puisque la mort nous dédaigne, vivons,
Et puisqu'on nous défend d'agir, hélas! rêvons.

Suivent donc ses rêves, partagés en deux visions : celle des Vertus et celle de l'Amour.

La première a deux tableaux; car il y a les vertus du passé et celles du présent et de l'avenir; les vertus de la chevalerie et celles de la démocratie et de la libre pensée; les héros des croisades et ceux de la Révolution ;

Antiques paladins, preux de la nouvelle ère,
Ensemble en un seul culte il faut qu'on vous enserre...
Libérateurs, vengeurs, splendides justiciers,
Destructeurs de faux dieux, de faux rois, de sorciers :
Dès que l'on a hanté votre gloire superbe,
Salué votre épée, applaudi votre verbe,
Si voué que l'on soit au servage, à l'oubli,
On devient haut et fier, on se sent anobli;

A respirer votre air, on a (sublime leurre!)
Comme un ressouvenir de vie antérieure,
Où l'on aurait aussi tonné, vengé, vaincu;
L'âme est debout, contente et forte. On a vécu.

A la suite de cette vision, il place sous ce titre : *Intermède*, un spectacle qui n'est plus un rêve, dit-il, mais une réalité traversant le rêve. C'est une insurrection démocratique, à la fois formidable et avortée (celle de 1834, sous Louis-Philippe), à laquelle il s'associe sans que son esprit paraisse atteint d'aucune hésitation, ni d'aucun scrupule. Elle avait commencé au chant éclatant de *la Marseillaise*, et à la fin, quand tout s'est tû, son oreille entend encore ce chant,

Sous terre cette fois!

Et ce murmure d'en bas berce son âme, qui continue d'attendre le jour de la victoire du peuple. La scène se passe sous le gouvernement de Juillet, mais évidemment c'est contre l'Empire qu'il l'évoque.

La seconde vision, celle de l'Amour, n'est qu'une revue de toutes les belles amours de l'histoire, de la poésie et du roman; j'entends les amours brûlantes et abandonnées, car pour les idylles paisibles et pures à la façon de *l'Astrée*, il leur accorde seulement l'hommage de quelques vers :

Mais un fils de René sous vos hêtres épais
Ne peut languir longtemps : bergers, souffrez en paix.

Ce n'est pas là ce qu'il veut chanter, mais bien

Ces effluves de feu
Par qui l'on est démon, satyre, ange, homme et dieu !

il est toujours le poëte de *Feu et Flamme*.

Tour à tour passent sous ses yeux les belles Asiatiques, les belles Grecques, les belles Romaines; puis, au moyen âge, Héloïse, la dame de Fayel, Inez de Castro, Françoise de Rimini, la princesse de Clèves, la religieuse portugaise, la Julie de Rousseau, la Virginie de Bernardin, l'Atala de Chateaubriand, son Amélie, la Delphine de Mme de Staël, et enfin Manon Lescault, à l'heure de la charrette ignominieuse et de la mort. Enfin, par-dessus le monument qu'il leur consacre, il élève en douze vers ce qu'il appelle une coupole, où il inscrit les grands noms « de quatre demi-dieux » : Dante, Pétrarque, Michel-Ange et le Tasse. Les deux visions ensemble, celle de l'héroïsme et celle de la passion (avec *l'Intermède* entre les deux) sont si pressées qu'elles se réduisent, pour ainsi parler, à des résumés de poésie. Tout cela tient en moins de cinq cents vers. Je ne sais si le génie même de Victor Hugo aurait pu porter le poids d'une telle œuvre ; Dondey, à cette date, n'a pas suffi à cet effort. Ce poëme n'est guère qu'un témoignage des idées dont son imagination se nourrissait et de la passion avec laquelle il les embrassait toujours ; mais il laisse tomber ses vers ; il n'a plus la force de manier l'outil avec lequel il les forgeait autrefois. La maladie qui couvait en lui alourdissait déjà son sang et sa verve.

En 1863, il reprit sous un autre titre : *le Cul-de-Jatte*, le thème du mort vivant, sans prétendre cette fois à construire sur ce thème toute une *Légende des siècles*. Il retrouva alors tout son talent ; mais avant d'arriver à cette pièce, je parlerai des *Velléités philosophiques*[1].

C'est une série de pensées en vers : elles n'ont point de dates. Il y a un morceau où il est parlé du dévouement de la guerre de sécession aux États-Unis, et qui ainsi est daté de 1865. Dans ces pièces, il n'a demandé au vers ni musique ni images, mais seulement cette forme arrêtée qui en pressant la pensée l'enfonce dans l'esprit. Il fait à dessein de la prose mesurée et rimée.

Quant au fond, *les Velléités philosophiques* relèvent de deux inspirations fort différentes. Les cin-

1. *Velléités philosophiques*, par Auguste-Marie Dondey de Santeny, docteur gallican.

quante-deux premières pages du manuscrit, qui en a soixante-douze, sont franchement spiritualistes.

Dondey a gardé jusqu'à près de soixante ans la foi de sa jeunesse (je ne dis pas de son enfance) : après avoir cessé d'être chrétien, il demeura religieux, et non-seulement religieux, mais mystique, mais superstitieux quelquefois ; ce n'est pas moi qui le dis, c'est lui-même. Il est vrai que c'est dans un sonnet amoureux, et qu'en amour on peut laisser aller l'imagination [1]. Un autre sonnet, intitulé *Trouble mental,* en dit plus peut-être :

> Il est, le croiriez-vous? des dates et des nombres
> Dont l'aspect me saisit d'un épouvantement;
> Que ma raison railleuse attaque vainement.
> C'est une impression pareille aux terreurs sombres
>
> Que le pâtre attardé proche de saints décombres
> Éprouve quand il voit, on croit voir follement,
> Devers lui défiler et glisser lentement
> Des groupes vaporeux de fantômes et d'ombres.
>
> Un cafard me dirait : C'est le dieu des chrétiens,
> Qui fâché de t'entendre en arguteur impie
> D'incrédules propos semer tes entretiens,

---

1. Le sonnet est intitulé *Superstition;* il s'agit de celle du nombre treize, et voici le dernier tercet :

> Las ! c'est encore un treize avril, néfaste jour !
> Qu'elle m'a repoussé, malgré mes sombres larmes,
> L'orgueilleuse beauté dont j'implorais l'amour !

Et voulant, esprit fort, que ton orgueil s'expie,
Donne ainsi pour esclave à tant d'absurdités
Ta créance, rebelle aux saintes vérités!

Cependant il n'était pas superstitieux tous les jours, mais il était croyant (croyant à un Dieu), et il voulait l'être. Il adressait à celle à qui il parle dans *les Tablettes amoureuses* une véritable profession de foi. Il lui disait :

Ainsi je t'ai juré que mon philosophisme
Ne pousserait jamais jusques à l'athéisme... etc.

Mais elle se défie ; elle craint qu'il ne tienne pas sa promesse : il la tiendra, et ce ne sera pas seulement par fidélité :

Dès longtemps de ma foi ce grand principe est maître,
Qu'une âme immense emplit l'infinité de l'être ;
Que tout pense, tout corps, toute forme, tout lieu ;
Que Dieu renferme tout, que tout renferme Dieu.

Dieu se manifeste surtout par l'amour :

Et si l'univers pense, et s'il aime surtout,
Voilà Dieu constaté ; l'athéisme est à bout.
Donc à tes pieds divins, reine, l'amour achève
De prouver à mon cœur que Dieu n'est pas un rêve.

On ne trouvera p trop ne pareille théologie très-sérieuse ; mais tout est sérieux chez Dondey, et l'amour plus que tout le reste. Là encore il a été fidèle bien au delà de la mort de celle à qui il avait promis, et on verra bien que ce n'est pas sa faute si, à la fin et bien tard, il a senti sa foi ébranlée.

Cette foi est toute philosophique ; les premiers vers des *Velléités* le disent nettement tout d'abord :

Si je suis athée ? oui, théologiquement ;
Philosophiquement, non ; l'extrême athéisme
N'est que l'absurde envers de notre dogmatisme.

Et dans un autre fragment :

Le théologien dit, dans la nue auguste :
Pécheurs, il est un Dieu ; donc il faut être juste.
Le philosophe dit, dans un plus clair milieu :
Homme, il faut être juste, et cela marque un Dieu.

Voilà le thème qu'il va développer constamment dans la première moitié du recueil. Il ne croit pas au Dieu de l'Église, mais il a un Dieu, et il croit que tous le reconnaîtraient s'ils n'étaient rebutés par le catéchisme. L'incrédulité n'est que l'*envers* de la foi aveugle, et elle est *absurde* comme cette foi elle-même.

Il combat cette incrédulité sous sa forme la plus moderne, le positivisme :

> Philosophes, d'accord ; saluez le connu ;
> Que le chiffre pour vous reste le bienvenu ;
> Mais après le certain pressentez le possible,
> Et du visible enfin concluez l'invisible.

A ceux qui lui disent que ce qui dépasse l'expérience est chose superflue, il répond par le vers de Voltaire :

> Le superflu, chose si nécessaire.

Il écrit encore :

> C'est envers la Raison se déclarer rebelle,
> C'est mériter son dédaigneux courroux,
> Que d'oser mettre en parallèle
> Les songes d'or planant au-dessus d'elle
> Et les contes bleus rampant au-dessous.

Il s'attache à Descartes, comme Cousin et ses disciples :

> *Je pense, donc je suis.* Verbe de l'évidence !
> FIAT *lux* de la Raison...

Et, comme il est arrivé à plus d'un cartésien, son théisme est un panthéisme :

> Il est tout, la raison dernière et la première ;
> Le fini, l'infini ; l'ombre avec la lumière ;
> Le plus ancien, le plus nouveau ; l'enfant, l'aïeul ;
> Le grand, le fort, l'entier, *l'un*, le *même*, le SEUL !

C'est le terme d'une tirade de vingt-deux vers[1].

Un morceau de cent trente vers s'adresse directement à Auguste Comte. Il a beau jeu contre la religion où ce penseur avait abouti, et dont il s'était fait le grand-prêtre.

Mortels, Dieu n'est plus Dieu, mais je suis son prophète !

La philosophie même de Comte le blesse, par son dédain à l'égard de l'esprit religieux. Il respecte cependant sa science et l'édifice imposant de son système, et il lui demeure reconnaissant d'avoir établi sur la nature seule l'autorité du droit et du devoir. Tout en se séparant de Comte, il n'est pas loin de Littré.

Ne pouvant s'empêcher d'être inquiet pour ses croyances, il recourt à une ressource à laquelle n'ont pas dédaigné de recourir des esprits dominés par une théologie bien autrement dogmatique : il se sert du doute pour protéger la foi. Il oppose aux négateurs le *Que sais-je ?*

Rien pour prouver le tout ; rien pour prouver le rien.

Il les accuse d'avoir, comme les théologiens, des *mystères*, et quand ils soutiennent, par exemple, qu'il n'y a de pensée nulle part que chez l'homme,

---

1. Ailleurs il définit Dieu « le moi de l'infini ».

de faire précisément à leur manière ce qu'ils reprochent à la théologie :

> Aussi haut que la foi, votre négation
> Proclame l'homme *roi de la création!*

Enfin il tranche avec un sarcasme :

> Le mystique est un fou, le nihiliste un sot !

Après tout, ce qui domine dans sa doctrine, et on doit s'y attendre de la part d'un poëte, ce n'est pas précisément l'argumentation ; ce sont les réclamations pressantes de l'imagination et de la passion, qui se croient blessées. Il lui semble que le pur rationalisme attente d'abord à son amour, à cet amour qui était déjà saint à ses yeux quand il l'était le moins aux yeux des autres, et qui a maintenant la consécration de la mort. Il se sent offensé dans son élan vers l'idéal, dans sa foi en la liberté et en la vertu. Il demande compte aux *néantins*, comme il se plaît à appeler ses adversaires, de tout ce qu'il y a de grand dans la vie ; il leur reproche d'en faire un sacrifice au néant,

> Cet autre dieu jaloux ;

puis, tout à coup, par un mouvement d'esprit bien périlleux, il se met à défendre, que dis-je? à exalter, non plus le spiritualisme seulement, mais tout songe, toute illusion, toute chimère. Il en appelle aux fantaisies de Platon, aux visions de Jeanne d'Arc, aux utopies de la Convention, à la dévotion de l'Amérique du Nord, combattant contre le Sud avec des jeûnes et des prières, au romantisme des poëtes allemands après 1813 ; il demande si tout cela n'a pas enfanté de grandes choses, et apostrophant ces illustres enthousiastes de l'histoire :

> O régénérateurs ! qu'importe si ces flammes
> Viennent directement du foyer de vos âmes,
> Ou, comme le prétend votre modeste orgueil,
> Partent de l'infini, notre éternel écueil ?

On voit qu'une pareille défense du mysticisme est terriblement sceptique. Il est très-vrai d'ailleurs historiquement que l'humanité étant plongée depuis tant de siècles dans la foi, l'enthousiasme ne s'y est guère montré sans l'accompagnement du rêve ; mais qui doute aujourd'hui que ces deux éléments ne puissent se séparer, et que la raison la plus ferme ne puisse avoir ses héros et ses martyrs ?

Il me paraît bien qu'au temps où il écrivait ce morceau, plein de chaleur morale, sinon précisément de poésie, lui-même se sentait entraîné vers le doute. Il venait de lire précisément à cette date un morceau de Prevost-Paradol, que ceux qui l'ont lu n'ont pas oublié. La philosophie y était représentée comme un parc magnifique, où le sage se promène, les yeux enchantés par des vues ravissantes et des perspectives qui d'abord semblent infinies; mais tout à coup, au détour d'une allée, il retrouve le mur dont le parc est impitoyablement fermé partout. Dondey a été saisi comme tout le monde par cette image, mais ce qui lui reste de foi résiste à ce qu'elle a de décourageant. Il ne recule pas devant l'obstacle infranchissable; il demeure au pied de la muraille,

> Toujours la regardant, comme si son regard
> La pouvait à la fin trouer de part en part...
> Et, l'âme invulnérable au rire, à l'anathème,
> Produisant, défaisant, refaisant maint système;
> Lesquels mis bout à bout ne sauraient (c'est pitié!)
> De la hauteur du mur atteindre la moitié.

Il rêve obstinément : il rêve des échelles pour escalader la muraille; des ailes pour s'envoler au delà; mais quoi! s'envoler! si au delà il n'y avait rien,

> Rien qu'une immense mer de ténèbres...

n'hésiterait-il pas à ouvrir ses ailes? Il n'hésiterait

pas; il les déploierait, même à travers la nuit et le vide :

> Oui, mon vol dans l'espace irait éperdûment;

et il ne pourrait s'empêcher d'espérer que quelque part, si haut ou si bas que ce fût, il rencontrerait enfin la lumière.

Ainsi donc, jusqu'à ce moment, l'espérance au moins, sinon la foi, avait le dessus dans son âme; mais tout à coup cela change, et le scepticisme, si longtemps repoussé, l'envahit. Ou plutôt le scepticisme est si peu selon sa nature, qu'il ne fait, à vrai dire, que remplacer une foi par une autre, l'optimisme par le pessimisme; il dira à peu près comme Proudhon : Dieu, c'est le mal,

> Et l'athéisme alors l'ineffable ironie!
> Devient une doctrine attrayante et bénie;

et plus loin :

> Un grand fait se remarque au destin des empires,
> Celui-ci, que les plus longs règnes sont les pires;
> Alors cet univers est à jamais maudit :
> Son monarque ayant nom l'Éternel, tout est dit.

C'est là qu'il jette en passant ces huit vers, d'un si bon tour :

Qu'est-ce? un bref apologue : il est là qui m'obsède ;
Il ricane, il m'excite à le rimer : je cède.
Un jour certain dervis rencontre au coin d'un bois
Des marmots se battant pour quelques tas de noix.
« Enfants, dit-il, vos parts, je puis les faire comme
Dieu même les ferait ; voulez-vous? — Oui, saint homme !
Oui ! dit la bande. » — Alors il donna bel et bien
Tout au plus petit nombre, au plus grand nombre rien[1].

Il revient alors sur les actes de foi qu'il proférait jadis si fièrement, pour les rétracter et les effacer :

Je ne sais, mais ce soir ma muse est peu pressée
De crier : L'absolu, frères, c'est la Pensée[2] !

Et cette formule de Descartes, à laquelle il s'était confié, que contient-elle ?

                Le doute et la souffrance :
Je souffre, donc je suis ; je doute, donc je pense...
Alors, oui, c'est fatal, de toute éternité,
Quelque chose a souffert, quelque chose a douté.
Logique, allons, tais-toi ; la fièvre me déroute :
Non, l'Absolu n'est pas la souffrance et le doute.

1. Le même apologue a été mis en vers par M. Eugène Manuel (*Poèmes populaires*, 1872, p. 214).
2. Il l'avait dit dans un des premiers fragments des *Velléités*.

Et à propos du cri de Pascal : « Le silence absolu de ces espaces infinis m'effraye » :

O terreur! l'Absolu, c'est peut-être la nuit!

Voici enfin, dans des vers que je citerai tout entiers, le dernier mot de sa douloureuse philosophie :

Quand j'abordais, jeune homme, avec un sombre zèle,
La question de vie ou de mort éternelle,
De la mort, du néant mon cœur épouvanté,
A tout prix réclamait une immortalité.
Cesser d'être à jamais me semblait plus terrible
Que toujours exister dans quelque sphère horrible :
Alors je n'avais pas encore assez souffert
Pour savoir préférer le néant à l'enfer.
J'ai vécu : sort d'esclave, espérances dupées,
Lâchetés, vils dédains, chères âmes frappées,
L'homme infâme aux honneurs, l'homme juste aux mépris,
Tout cela m'a changé : maintenant j'ai compris.
Aussi je cède, imbu d'affaissement farouche;
Dans un coin, comme un chien flagellé, je me couche,
Et je dis dans mon cœur, dans ma chair, dans mes os :
Rien n'est plus savoureux qu'un éternel repos!

Ni ces impressions, ni ces images, ne lui étaient en réalité aussi nouvelles qu'il l'a cru en écrivant ces vers. Il retombait, sans s'en apercevoir, sur les mêmes idées noires qui *funestent* déjà *Feu et*

Flamme. Il sent toujours de même, mais il s'enfonce maintenant jusqu'au fond et pour jamais dans les pensées qui alors traversaient seulement son ciel comme des nuages sombres. Autrefois son désespoir était en dehors de sa philosophie et en désaccord avec elle; il est devenu sa philosophie même. Il avait reçu le coup, si je ne me trompe, des *Poésies philosophiques* de Mme Ackermann, qui n'avaient pas encore paru réunies, mais qui arrivaient jusqu'à lui, une à une, et qui le troublaient et le saisissaient dans leur beauté, comme elles ont saisi plus tard un public distrait pourtant par les plus cruelles préoccupations politiques.

D'ailleurs on sent passer à cette date dans ses vers l'effroi de la maladie déchaînée et de la mort qui approche :

> Quoi ! même encor tu vas, tu marches, tu regardes?
> Moitié sourd, presque aveugle, ainsi tu te hasardes?
> L'abîme est là pourtant ; la vague vient toucher
> Mugissante ton pied qui commence à broncher.

C'est là qu'il a placé, sous le titre d'*Épisode,* un morceau en trente sixains, imité d'une pièce de Schiller : l'*Image voilée de Saïs* (1795). Cette image est celle d'Isis; la déesse seule peut soulever son voile pour se montrer telle qu'elle est; nul autre ne doit avoir cette audace. Cependant un jeune homme a pénétré dans le sanctuaire, et il a levé le voile divin. On le trouve abattu aux pieds de la statue ; il vit, mais il est comme anéanti ; aucune parole ne sort de sa bouche ; il languit sous le poids d'une tristesse profonde, et ne tarde pas à mourir. Malheur, dit le poëte en terminant, à qui va à la vérité *par une voie coupable!* » Dondey retranche cette respectueuse réserve, son thème est simplement : Malheur à qui voit la vérité ! Il a d'ailleurs beaucoup amplifié l'original, et il s'en excuse en finissant :

    Va, ne m'accuse pas d'avoir cru faire mieux :
    J'ai voulu seulement, triste, malade et vieux,
    D'un long rhythme bercer mon cœur sevré des cieux.

Les quatre pages qui restent encore des *Velléités philosophiques* sont pénétrées de scepticisme d'une part, de pessimisme de l'autre. Ce scepticisme s'attaque même à la physique, comme celui de Montaigne ; le poëte demande si on est bien sûr que la terre soit ronde : c'est en revenir à l'antiquité et aux *Academica* de Cicéron.

    Les savants, il est vrai, dans leurs calculs sublimes,
    Sont tous tombés d'accord, demeurent unanimes :
    Si cela ne prouvait, ô désolation !
    Qu'une conformité d'hallucination ?

NOTICE.

Et qui est-ce qui parle ainsi ? ce sont les sages, si nous l'en croyons :

Et les sages disaient...

C'est par ces mots que le fragment commençait, et il se termine par ces quatre vers :

Ce qui restait de jour de plus en plus baissait ;
Autour d'eux l'horizon partout se noircissait,
Et, comme dit un vers latin riche de nombre,
Ils allaient en aveugle en pleine nuit par l'ombre[1].

L'œuvre est couronnée par un sonnet désespéré que je donne tout entier :

Or qu'est-ce que le Vrai ? Le Vrai, c'est le malheur ;
Il souffle, et l'heur vaincu s'éteint, vaine apparence :
Ses pourvoyeurs constants, le désir, l'espérance,
Sous leur flamme nous font mûrir pour la douleur.

Le Vrai, c'est l'incertain ; le Vrai, c'est l'ignorance ;
C'est le tâtonnement dans l'ombre et dans l'erreur ;
C'est un concert de fête avec un fond d'horreur ;
C'est le neutre, l'oubli, le froid, l'indifférence.

C'est le pauvre insulté jusque dans sa vertu ;
C'est au pied des tyrans l'homme libre abattu ;
C'est d'un amour trahi l'angoisse inexprimable.

1. *Ibant obscuri sola sub nocte per umbram.*

C'est Peut-être, A quoi bon? Qu'importe? Je ne sai,
Pourquoi? Comment? Où donc? Voilà, voilà le Vrai.
Ah! le Vrai n'est pas beau, le Vrai n'est pas aimable[1]!

Je n'argumenterai pas contre ce pessimisme impitoyable : il n'y a pas à argumenter en présence d'un homme qui souffre, mais à compatir et, si on peut, à consoler. Mais si ce désespoir menaçait de nous gagner nous-mêmes, disons-nous, pour le conjurer, que ce qui l'engendre logiquement, c'est précisément d'avoir espéré et présumé trop de la nature et de l'humanité. Celui qui ne s'est pas fait d'illusions, qui a reconnu combien l'homme est peu de chose et combien courtes sont ses facultés et ses espérances, reconnaît aussi en revanche que, dans une situation quelconque, aucun effort n'est jamais perdu, et que le résultat n'en est jamais à dédaigner, si faible qu'il soit, puisqu'il est en proportion avec notre être. Nous ne ferons qu'un pas, mais ce pas est beaucoup pour nous; nous n'obtiendrons qu'un tout petit bien, mais qui compte, rapporté à

---

1. *D'un amour trahi l'angoisse inexprimable.* Ce trait est le seul de ce genre dans tout ce que Dondey a écrit, en y ajoutant ces trois vers de l'*Épisode* imité de Schiller (auxquels rien ne répond dans le texte) :

> Or que fit sa maîtresse, et que devint sa mère ?
> La première, on l'admet, point ne le reconnut ;
> En le reconnaissant la seconde mourut.

notre mesure. Tout le monde connaît la phrase de Rousseau : « Que je fasse encore une bonne action avant que de mourir. » On peut dire aussi : Que je fasse encore quelque chose avant de désespérer; et il est vrai que pour celui qui se plaint le plus d'être impuissant, quand il compare ses forces à son ambition, il y a cependant toujours moyen de faire quelque chose, je ne dis pas de grand, mais d'utile. Le malade que soigne ce médecin finira toujours par mourir : est-ce que pour cela le médecin dédaigne de l'empêcher de mourir aujourd'hui?

Je reviens en arrière jusqu'en 1863, où fut composé *le Cul-de-Jatte*. Je trouve dans le manuscrit ce titre en anglais : *The cripple, by the old O'Neddy*, qu'il a ensuite raturé. Il a écrit *le Cul-de-jatte*, et il a mis au-dessous cette épigraphe :

« C'est moi-même, messieurs, sans nulle vanité. »
MOLIÈRE, *le Misanthrope,* act. V.

Il a encore ajouté : *Épilogue général.* Cette indication m'autorise à terminer par cette pièce mon analyse.

Il commence ainsi :

Dans un repli de haie, au bord de la grand'route,
Établi sur son torse, arcbouté de ses bras,

Il réside, humble et fier. Quand il ne rêve pas,
Quand ses yeux ont assez de l'éternelle voûte,
D'un air ardent, avide, il regarde, il écoute
Les entiers, les complets, leurs travaux, leurs débats.

Lui, fier ? Oui, par instants sa mine devient haute ;
On sent qu'un grand démon de superbe est son hôte ;
On dirait qu'il est fort et qu'il ose braver ;
Mais qu'un rustre, un quidam se mette à l'observer,
Il rougit, il pâlit, pauvre nain pris en faute,
Et vite en son néant il sait se retrouver.

Je continue, et je citerai presque tout, car je me sens entraîné, malgré quelques mots moins heureux, par-dessus lesquels il faut passer de temps à autre :

Sa mutilation, d'où vient-elle ? On ignore
S'il naquit invalide, ou s'il l'est devenu.
Quelques-uns, lui trouvant des airs de méconnu,
Pensent qu'il a dû, jeune, être assez ingénu
Pour monter sans école un fougueux cheval more,
Qui vous l'aura jeté par terre, et court encore.

Que ce soit par sa faute, ou que ce soit le sort,
Envers les gens pourvus d'une complète vie
Il est, sachez-le bien, pur de haine et d'envie ;
Il s'abstient des vœux noirs du faible pour le fort.
Que dis-je ! il est heureux, il a l'âme ravie,
Il applaudit tout franc, admire avec transport,

Lorsque par le chemin passent, vifs et robustes,

Bien découplés surtout, bien jambés sur leurs bustes,
De parfaits cavaliers sur d'excellents chevaux.
Pour peu qu'ils aient dans l'œil l'éclair des temps nouveaux,
Il prétend voir en eux des vaillants et des justes,
Courant pleins d'énergie à quelques saints travaux.

. . . .

Il fait plus ; de leur course à tel point il s'enivre,
Qu'il pense être des leurs : quel rêve ! il croit les suivre,
Et comme eux s'élancer ; par monts, par vaux il court ;
Centaure irrésistible, il prend part, il concourt
A la grande aventure, au triomphe. Il secourt,
Il répare, il console, il relève, il délivre !

. . . .

C'est alors que, dressant son chef transfiguré,
Luit hautain son regard, et vibre altier son verbe !
C'est alors que le tient son démon de superbe !
Mais le réveil est prompt : alors, tout effaré,
D'une vergogne amère il se sent pénétré ;
Il voudrait se cacher, disparaître sous l'herbe.

Quand ainsi le réel de nouveau le flétrit,
N'eût-il que des amis pour témoins, il lui monte
Au visage une pourpre aussi vive, aussi prompte,
Que si des Philistins voyaient, raillaient sa honte.
Méconnaissant, hélas ! l'amitié qui guérit,
Il soupçonne, il est sûr qu'au fond de l'âme on rit.

Il a, pour surmonter ces pudeurs douloureuses,
Un philtre souverain : c'est l'indignation ;

10.

Ce sont les beaux courroux, les colères heureuses,
Qui s'emparent toujours des âmes généreuses
Au seul aspect du mal en pleine ovation,
Et du bien lapidé, navré d'abjection.
. . . .

Que sur quelque insolent et princier véhicule,
Litière ou palanquin, viennent à passer là
Falstaff avec Tartufe, en habits de gala :
Notre nain vous les toise avec un œil d'Hercule,
Et, sans craindre un moment de sembler ridicule,
Contre eux de l'honnête homme il pousse le *holà !*

Qu'à l'horizon lointain de longues funérailles
Serpentent, exhibant les attentats d'un roi,
Il forge un anathème au feu de ses entrailles,
Et c'est redoutant peu que l'on raille sa foi,
Qu'il profère en son coin le sombre *Hors la loi,*
Le cri dantonien des saintes représailles!

Vainement il se voit regardé de travers ;
En vain, à ses côtés, certains ont l'air de dire :
Vieux fou ! vieil impuissant ! que te sert de maudire?
Que peut faire ta rage aux tyrans, aux pervers?
S'ils savaient que pour eux, dans ta tête à l'envers,
Se dresse maint gibet, daigneraient-ils en rire ?

Fou ? peut-être. Impuissant ? il ne l'accorde pas.
Il croit que tous les cris des âmes soulevées
Par les méchantes mœurs des castes dépravées,
Par les viles torpeurs des plèbes énervées,

Par les fraudes, les sacs, les monstrueux trépas,
Les lâches coups de ceux d'en haut sur ceux d'en bas;

Il tient que ces haros des bons sur tous les crimes,
Qu'ils émanent des plus obscurs, des plus infimes,
Des grabats, des fossés, de l'exil ou des fers ;
Loin d'être de vains bruits s'éteignant dans les airs,
Ou des voix se perdant au vague des déserts,
Vont, avec les grands pleurs, les râles des victimes,

Former les réservoirs d'où partent les typhons,
Les trombes, les simouns, les ouragans profonds,
Que la dive Équité, quand l'heure sonne, envoie
Faire aux endroits maudits de notre humaine voie,
Parmi les nations de misère et de proie,
Des bouleversements terribles, mais féconds.

Vous voyez qu'il admet du divin, du céleste ;
La justice idéale est réelle à ses yeux.
D'elle non-seulement il est servant pieux,
Mais encor de ses fils, de ses saints, de ses preux.
Il est clair qu'entre eux tous il exalte, il atteste
Monseigneur don Quichotte et le grand comte Alceste [1].

A propos de ces noms, je ne puis m'empêcher
De trahir un secret qu'il n'a dit à personne,
Un rêve où sa raison se plaît à trébucher,
Un mirage d'orgueil où son cœur s'abandonne :

1. Alceste doit être comte, en effet, car il ne peut pas être marquis ; mais je ne sache pas que cela soit dit nulle part.

La chose est en deux points curieuse à toucher.
D'abord il s'imagine (hélas! qu'on lui pardonne)

Que si le très-noble homme aux rubans verts demain,
En berline, fuyant l'indigne genre humain
Pour se réfugier dans la probe nature,
Devers son pli de baie arrivait d'aventure,
Il ferait, l'avisant, arrêter sa voiture,
Et grave en descendrait pour lui serrer la main.

Secondement son âme, au vertige adonnée,
Se figure que si l'amant de Dulcinée,
Sous l'armet de Mambrin et sur sa haquenée,
Plein d'ardeur héroïque et d'amoureux ennui,
Au gré de sa monture et du ciel aujourd'hui
Suivait cette grand'route, il viendrait droit à lui,

Et (fiction versée et bue à pleine coupe!)
L'appellerait cher frère, et d'un bras vigoureux,
Tout à fait étonnant chez ce vieux valeureux,
L'enlèverait du sol, et, le prenant en croupe,
Sans se préoccuper de l'étrange du groupe,
L'entraînerait sublime au monde aventureux.

Donc, malgré *Paupertas,* sa tenace compagne,
Et le mépris des forts, des nantis, des prudents,
Tout comme un autre il a ses châteaux en Espagne.
Son corps, vieux tronc, vieux terme, en des songes ardents,
Il le fuit; son esprit bat si bien la campagne,
Qu'en ses fugues parfois il prend le mors aux dents.

Il goûte encor l'oubli quand, des monts descendues,
Les ombres, de leur calme ayant empli les champs,
Lui ramènent, parmi de doux et vagues chants,
Des apparitions blanches, comme perdues
Dans les blancheurs de lune alentour répandues :
Sous leur regard il dit : Qu'importent les méchants ?

Mais l'âge vient : les beaux transports d'enthousiasme,
Le zèle impétueux qui voudrait tout briser,
Des rêves surhumains le délire et le spasme,
Dans son être se font rares, semblent s'user.
Sa pauvre âme, où décroît le don de s'abuser,
Devient moins impassible au vulgaire sarcasme.

Encore un peu de temps, et les illusions
Le vont laisser : adieu les hautes visions !
Il ne percevra plus, dans son milieu farouche,
Que des ricanements et des dérisions.
Plus rien pour l'empêcher d'entendre mainte bouche
Murmurer : Vieux truand ! vieux rageur ! vieille souche !

Meurs, misérable ! Allons, meurs en temps opportun,
Pendant que ton esprit garde encor quelque sève ;
N'attends pas que tu sois destitué du rêve,
Et que par le réel moqueur foulé sans trêve,
Cherchant tes anciens dieux, tu n'en trouves aucun :
Meurs ; laisse-toi glisser dans le fossé commun.

Là tu vas savourer le charme sombre, immense,
Qui sait avoir raison de tous maux, l'immanence
Du sommeil des sommeils et de la nuit des nuits.

Là (tu dois sûrement t'en réjouir d'avance)
Du monde des vivants les plus énormes bruits
En murmures ne sont pas même reproduits.

Quoi! vraiment? nul écho de l'homme? est-ce possible?
Quoi! la clameur d'un peuple entrant en liberté,
Je ne l'entendrais point! j'y serais insensible!
Quoi! mon trou sépulcral serait inaccessible
A ce que chanterait la sainte humanité,
Faisant un pas de plus vers la Divinité!

Non, je n'en crois rien; non. . . . . .

Non, l'accomplissement des vastes espérances,
Non, l'équitable fin des publiques souffrances,
Les grands événements, les grandes délivrances,
Ne peuvent sur ce globe éclater, retentir,
Sans atteindre mes os, sans me faire sortir
De ce neutre absolu qui prétend m'investir!

Quand des vrais chevaliers l'élite magnanime,
Dans l'auguste intérêt de ces choses, tiendra
La campagne, et de vol en vol, de cime en cime,
Ira vers la victoire, ou bien en reviendra;
Fasse quelque bon Dieu que leur galop sublime
Sur la fosse où le vieil infirme dormira.

Passe et repasse, ardent, rhythmé, plein d'une gloire
Formidable, imposant silence à tout moqueur;
Et je tressaillerai dans ma demeure noire,
Et je me gaudirai sous ces géants d'histoire,

Et qui tendra l'oreille ouïra mon fier cœur
Bondir à l'unisson du fier galop vainqueur !

Voilà la pièce ; je n'ai passé que quatre stances. Je ne crains pas de dire qu'elle est le chef-d'œuvre de Dondey, et je ne suis pas étonné de trouver une note de sa main par laquelle il demande que ce morceau soit imprimé avec sa chère *Miranda*.

Jamais il n'a trouvé une expression plus heureuse et plus noble, soit de ses tristesses, soit de ses fiertés. Quelle fermeté tout d'abord, puis quel élan ! Comme il rentre paisiblement en lui-même, et comme il éclate ensuite ! Après des grondements pleins de menaces, son vers s'apaise et se fait discret et digne pour la rencontre d'Alceste ; cette fiction originale est un de ces traits qu'on n'oublie pas. Plus loin, il est difficile de n'être pas touché quand l'ombre aimée traverse tout à coup sa nuit et l'éclaire. Puis le voilà qui retombe lourdement dans sa mort et dans son néant, et on croirait que tout est fini, quand on est réveillé par un cri superbe :

Quoi ! la clameur d'un peuple entrant en liberté..., etc.

Quelque noble que ce moi ait paru jusque-là dans son orgueil, on est heureux qu'il sorte de lui, et qu'étant lui-même entraîné, il se montre cette fois plus occupé de la cause de tous que de la sienne.

Si on demande maintenant quels étaient, parmi les vivants, les grands noms à qui s'adressait son enthousiasme, il suffit de se reporter à la date de ces vers pour deviner qu'il pensait surtout à Garibaldi. Il ne connaissait rien au-dessus de Garibaldi, dans l'ordre de l'action : dans l'ordre de la pensée, son admiration était à Victor Hugo d'abord, puis à Michelet et Quinet, et aussi alors à Renan, dont la *Vie de Jésus* venait de paraître. C'était avant que Renan eût accordé aux choses du passé la protection, d'ailleurs passablement dédaigneuse, de son grand esprit et de sa pensée originale.

Dondey a mis lui-même à ces vers la date d'août 1863, et au-dessous de cette date il a écrit : « Juste trente ans, hélas! après l'impression de *Feu et Flamme*, dont la préface porte la date du 10 août 1833. »

Cependant le nom de Dondey, que le public ne lisait plus nulle part depuis 1843, venait de reparaître au jour. Charles Asselineau, qui préparait sa *Bibliographie romantique*, consacrait à Philothée O'Neddy et à *Feu et Flamme* un article qui parut en octobre 1862, dans *le Boulevard*, et qui devint un chapitre du livre publié en 1866. On ne peut pas dire que cet article soit complaisant, et le critique est loin de se livrer au poëte. Tout l'éloge qu'il fait de lui se réduit à ces quelques lignes :

« Quant à Philothée-Théophile Dondey, la part faite des outrances exigées par les statuts de la confrérie, ce n'était rien de moins (*lisez* rien moins) qu'un poëte sans valeur. Il avait la couleur, le mouvement... et ses incorrections étaient au moins des audaces. Théophile Gautier, qui l'a connu et bien jugé, nous disait de lui qu'il était un forgeur d'alexandrins. Cela est vrai : son vers ferme et vigoureux le prédestinait à la satire et au théâtre. »

Cependant il lui rendait du moins justice par l'étendue même de son article et par la place qu'il lui donnait dans l'histoire de l'école. Dondey lui écrivit pour le remercier, en mêlant aux remercîments quelques réclamations, au fond très-modestes. Cette lettre est fort intéressante, et on a bien fait de l'imprimer et de la publier après sa mort[1].

Peu après la fin de la guerre de 1870, pendant le règne de la Commune, Dondey se sentit assez malade pour être obligé de demander un congé; il

1. *Lettre inédite de Philothée O'Neddy*, auteur de *Feu et Flamme*, *sur le groupe littéraire romantique*, etc. Paris, Rouquette, 1875. On annonce, dans un Avant-Propos de cette édition, que je dois publier les Poésies inédites de Dondey : il y a là une méprise. On a confondu l'étude sur les œuvres de Dondey, qui est la présente Notice, avec la publication de ces œuvres, dont je n'aurais pas eu le loisir de me charger.

eut sa retraite en janvier 1873. Cette retraite, hélas! ne fut pas une paix, ni pour lui-même, ni pour sa sœur, qui avait attaché sa vie à la sienne. La paralysie qui le consumait exaspérait une humeur qui n'avait jamais été bien traitable; il souffrait constamment, et on souffrait près de lui; le cerveau même était malade. Quoiqu'il eût encore deux ans à vivre, on peut dire qu'il était déjà mourant[1].

Il lui vint à travers ses souffrances une consolation. Théophile Gautier, à qui était dédiée la seconde édition de la *Bibliographie romantique* d'Asselineau, 1872 (c'est celle que j'ai sous les yeux), écrivit dans le *Bien public* du 14 avril de cette année un article sur Philothée O'Neddy, qui était un chapitre d'une *Histoire du romantisme*. Ça a été pour Dondey une satisfaction, qu'il a vivement goûtée, de voir ses titres littéraires reconnus par un tel critique avec cette publicité.

Il se montra aussi très-sensible à la déférence

---

[1]. Tant qu'il fut capable d'occuper ses yeux et son esprit, il prenait plaisir à ses livres, non pas seulement à les lire, mais aussi à les regarder. Il aimait passionnément les livres, il les avait aimés de très-bonne heure, et, à force de les aimer, il était venu à bout de se composer une bibliothèque supérieure à ce qu'on aurait pu attendre de ses ressources.

que lui témoignaient de jeunes poëtes, tels que M. Armand Silvestre et Mlle Louisa Siefert.

Sous ces influences bienfaisantes, et peut-être aussi, hélas! parce qu'il avait plus besoin d'appui, se sentant plus faible, sa défiance farouche se détendit un peu.

Il me fit lire en 1872 cette *Miranda,* tenue sous clef si longtemps[1]. Je la lus, dans de telles circonstances, avec une émotion très-vive, qui se traduisit dans la lettre par laquelle je le remerciai. C'est alors que, touché de ma sympathie, il me donna ses manuscrits.

Il écrivit de sa main, avec une écriture déjà indéchiffrable, sur le cahier qui contenait *Miranda :* « Donné à mon ami Ernest Havet tous les manuscrits achevés. Dondey, 6 novembre 1872. »

Il est mort le 19 février 1875. Le service eut lieu le 21 à Saint-Étienne ; je prononçai au cimetière une courte allocution. M. Vacquerie, en l'insérant dans le *Rappel,* y ajouta quelques lignes (non signées). M. Grimaud et M. Armand Silvestre écrivirent sur Dondey deux articles, le premier dans le *Bulletin français* du 22 février, le second dans

---

1. Il m'avait communiqué déjà, mais seulement en 1868, le *Cul-de-Jatte,* écrit en 1863.

l'*Opinion nationale* du 24. Ce dernier est le témoignage, non plus seulement d'un critique et d'un ami, mais encore d'un poëte.

En résumé, Dondey a eu, sous la vie terne et obscure du dehors, une vie intérieure toute de passion et de poésie. Il a fait de la critique parce qu'on l'a appelé à en faire, et sa critique a son prix, soit en elle-même, soit parce qu'elle contribue à éclairer un moment très-intéressant de l'histoire littéraire de notre époque ; néanmoins Dondey avant tout était poëte. Il l'a été tour à tour pour le public, pour une femme et pour lui-même; car il aimait la poésie de ce « pur amour » des mystiques, qui n'a pas besoin de récompense. La muse l'avait doué; au début, son talent a été reconnu dans un petit cercle de jeunes gens amoureux de l'art comme lui; il a pu croire qu'il irait plus loin. Ses vers, ayant monté jusqu'à Chateaubriand et Béranger, leur ont fait attendre quelque chose; puis il s'est perdu dans l'ombre. Un je ne sais quoi l'empêchait d'entrer en pleine communication avec ses lecteurs, comme dans la vie un je ne sais quoi aussi faisait obstacle à son commerce avec les hommes. Il était aussi trop myope, en quelque sorte, pour voir son public; enfermé dans sa pensée, il ne pénétrait pas jusqu'à celle des autres, et n'avait pas le sentiment des soins à prendre pour mettre son esprit en harmonie avec le leur. Il ne craignait pas de choquer, ou ne s'apercevait pas même qu'il pût choquer. Il ne réussit donc pas du premier coup; n'ayant pas réussi, il ne pouvait trouver d'éditeur pour d'autres vers, et il n'était pas assez riche pour s'en passer. S'il l'avait été, et qu'il eût pu se faire imprimer, peut-être, à mesure que son talent et son âme se développaient, qu'il eût forcé l'attention des critiques, malgré son peu de souplesse et de savoir-faire, et une fois écouté, son talent même serait devenu plus grand et plus pur, par l'influence heureuse du succès, qui d'une part lui aurait donné des forces, et de l'autre lui aurait fait entendre plus distinctement la voix du public.

Au contraire, il a toujours travaillé seul, sans l'applaudissement qui aiguillonne et sans la critique qui avertit. De là les singularités ou les longueurs par lesquelles on est arrêté dans ses vers. Je ne sais jusqu'à quel point ces défauts pourront nuire aujourd'hui encore à l'effet de ses poésies; mais il y a une chose dont je me tiens sûr: c'est qu'on y trouvera des morceaux dont le prix ne sera contesté par aucun juge, et qu'il n'y aura personne pour dire: Celui-là ne valait pas la peine qu'on parlât de lui.

II.

Au moment où j'achève cette Notice, je relis un article sur *Feu et Flamme* qui parut en 1833 dans la *Revue encyclopédique* (tome LIX). Averti par le livre d'Asselineau de l'existence de cet article, je m'y suis reporté, et il me semble qu'il y a quelque intérêt à en parler.

L'article est tout entier dans le préambule et la conclusion ; le reste n'est qu'une suite de citations.

Voici ce préambule :

« Nous avons souvent eu l'occasion de nous élever contre les vaines et dangereuses idées répandues dans ces derniers temps au sujet de la poésie; nous nous sommes plaint de l'immoralité de cet art sans but et de l'absurdité de cette idolâtrie exclusive de la forme. Nous profiterons de l'occasion de ce livre, non point pour renouveler ces critiques, mais seulement pour montrer par quelques citations à quel point d'égarement ces théories peuvent entraîner les âmes trop ardentes et trop abandonnées. On verra quelles passions sociales et quelles vertus demeurent dans les jeunes gens auxquels on a appris à ne rien estimer au delà d'un vers bien ciselé et d'une strophe bien panachée, et une fois jetés ainsi hors de la vie réelle (dont le Génie, suivant la parole du maître, brise les portes avec ses pieds d'acier), une fois lancées ainsi par l'univers sans autre dessein que d'y rencontrer de merveilleuses exaltations pour faire des odes et de pompeuses apparitions pour en nourrir des métaphores, on verra quels rêves étranges les assaillent et les tourmentent. Nous nous abstiendrons donc de toutes réflexions, et nous laisserons le poëte manifester lui-même son sentiment et ses douleurs. Les vers sont en général faciles, et sur tous les points il est aisé de reconnaître la manière de M. Hugo, exagérée et tenue dans l'excès, comme font toujours les disciples. »

Cette dernière phrase est tout ce qu'on trouve d'appréciation littéraire dans l'article, qui n'a qu'un objet moral. L'auteur, qui signe T..., termine ainsi[1] :

« Nous conseillons à nos jeunes poëtes de se méfier des séductions qu'un homme de génie peut souvent exercer, et de ne jamais quitter les choses vraies et sérieusement senties pour se mettre à la recherche des fantômes et des strophes à effet. L'exemple qui se présente à nous dans l'analyse de ce livre est le meilleur que nous puissions citer pour montrer où s'acheminent les talents les plus faciles et les plus clairs, du jour où ils commencent à jeter loin d'eux la réalité de leur patrie et de leur temps, comme chose trop banale et trop vulgaire. »

Voici ce que Dondey répondait à ces reproches trente ans plus tard, dans sa Lettre à Asselineau, en désavouant de bonne grâce certaines excentricités :

1. Il paraît que c'est Jean Reynaud qui signait T ou *Tesner*, anagramme d'*Ernest*, qui était un de ses prénoms.

« Ceux qui pensent que nous vivions dans un certain détachement de la cause populaire se trompent tout à fait. Nous étions républicains pour la plupart... Le brave Petrus était montagnard; le jeune O'Neddy, lui, était girondin (ici vous ne l'accuserez pas d'outrance)... Nous rêvions le règne de l'art, c'est vrai... mais nous voulions encore autre chose. La préface de *Feu et Flamme* énonce des vœux de révolution sociale. Nous avions parmi nous des adhérents du saint-simonisme et du fouriérisme. Aussi O'Neddy, dans le temps, a-t-il été bien étonné quand il s'est vu gourmandé si vertement, dans la *Revue encyclopédique*, pour son malheureux *Pandæmonium*. Il croyait pourtant avoir été d'une précaution oratoire suffisante, en prenant le soin de griser outrageusement ses personnages, avant de les rendre coupables des énormes propos qu'ils débitent. »

Sa défense est bien modeste, et il aurait pu répondre plus hardiment. Il est certain que l'article qu'on a lu est d'un esprit droit, qui s'appuie sur des principes fermes; mais rien ne montre mieux que le bon sens, et les principes ne suffisent pas toujours pour juger l'imagination et la passion, et par conséquent la poésie. Car le critique s'est évidemment trompé en deux points : d'abord quand il a pris pour de pures phrases et de simples effets de style des rêves, des exaltations, comme il dit, que lui-même ne ressentait pas, mais qui n'en étaient pas moins « sérieusement senties » par le poëte, et qui ont été, on peut le dire aujourd'hui, son existence même; ensuite quand il a cru que pour aimer « un vers bien ciselé » et d'une fière tournure, on se condamnait à être indifférent aux passions et aux vertus sociales, « à la réalité de sa patrie et de son temps, comme à chose trop banale et trop vulgaire. »

La vie de Dondey et ses œuvres protestent également contre ce jugement porté sur sa jeunesse. Nul n'a pris plus à cœur les droits de la raison et de la justice et la grandeur de son pays; il était là-dessus en communion parfaite avec ceux qui lui faisaient ainsi la leçon, et ce n'est pas seulement aux littérateurs, c'est aux philosophes et aux démocrates que j'offre cette étude sur un homme dont l'âme et le talent ont appartenu sans réserve à la république et à la libre pensée, et dont la foi et le dévouement n'ont jamais fléchi.

Octobre 1875.

ERNEST HAVET.

POÉSIES POSTHUMES

DE

PHILOTHÉE O'NEDDY

MISTICA BIBLION

ou

LES CARMES

DE LA SECONDE ET DE LA TROISIÈME JEUNESSE

DU VIEUX PHILOTHÉE O'NEDDY

VIDAME DE THYANXES

ANCIEN AUTEUR DE *Feu et Flamme*

(1834-1846)

> Vingt cultes différents,
> Du stupide univers bienfaiteurs ou tyrans,
> Ont passé. Cherchez-les dans la cendre de Rome!
> Mais il reste à jamais au fond du cœur de l'homme
> Deux sentiments divins, plus forts que le trépas :
> L'amour, la liberté, dieux qui ne mourront pas!
>
> LAMARTINE.

PRÉFACE-DÉDICACE

1858

I.

Dans ma prime jouvence, ivre de fantaisie,
De rêves et d'orgueil, — je me crus le pouvoir
De semer, de planter un champ de poésie
Où naîtrait maint bel arbre et mainte fleur choisie,
Et que pas un poëte un jour ne saurait voir
Sans grande estime au cœur, sans quelque jalousie.

II.

Je me mis donc à l'œuvre — en hésitant d'abord,
A l'aspect du terrain que m'assignait le sort.
C'était, sous un ciel morne, une lande sauvage.
Nulle vie alentour. Rien dans le voisinage
Qui pût encourager, protéger mon effort.
Ni cultures, ni toits. Point de mer, point d'ombrage.

III.

Mais je dressai la tête et délibérément
Je tirai vanité de cet isolement. —
C'est bien — fis-je — étant seul, on verra mieux ma gloire.

— Ma gloire! oui, ce gros mot, je le dis bravement;
Et, leurré sans merci des songes de Mémoire,
Je remuai ma terre assez allègrement.

IV.

Or c'était une terre inféconde, pierreuse.
Elle aurait demandé, pour être généreuse,
Qu'on la chargeât d'engrais bien des jours, bien des nuits.
Un tel labeur voulait une main vigoureuse.
La mienne, hélas! n'était qu'ardente et que fiévreuse...
Et puis, il me tardait d'aviser mes produits.

V.

Ce qui vint en premier — fleurs, buissons verts, flots d'herbes
Affectait la puissance et la vitalité.
J'y croyais voir du lustre — à défaut de beauté.
Floraisons, frondaisons mêlaient leurs folles gerbe
Aucuns arbustes nains tâchaient d'être superbes,
Certains cactus prenaient des airs de nouveauté.

VI.

Le ciel, qui, jusque-là, s'était montré lugubre,
Me sembla devenir moins noir et moins méchant,
Son crêpe s'entr'ouvrit. Deux rayons du couchant,
Comme deux longs regards, caressèrent mon champ.
Je crus sentir flotter une brise salubre,
Et l'ouïr dans mes fleurs murmurer comme un chant.

VII.

Faux rayons. Faux zéphirs. — De plus obscurs nuages
S'amassèrent. — Le nord souffla. — Ses sombres rages

De tempête et de nuit vinrent m'environner.
Oppressé, j'entendis, dans mes frêles feuillages,
D'horribles vents siffler, hurler et ricaner,
Des vents d'une furie à tout exterminer.

VIII.

Aussi, lorsque le jour reparut dans ma zone
(Le jour! je devrais dire un crépuscule jaune),
Je pus voir, plus dolent qu'un lépreux sans aumône,
Le sac des arbrisseaux, des plants de mon pourpris.
Un grand nombre étaient morts. Beaucoup pendaient meurtris.
Tous ceux qui n'étaient pas frappés — étaient flétris.

IX.

L'espoir me délaissa. Puis l'orgueil. Puis l'audace,
Mais non la passion. Dans mon âme aux abois,
Elle resta debout, nerveuse, âpre, tenace.
Elle me ramena de force — à cette place,
Où je recommençai l'œuvre plus d'une fois...
Sans meilleure fortune, avec même disgrâce.

X.

Oui, toujours — lorsqu'enfin le sol, dur à s'ouvrir,
Portait une feuillée en humeur de fleurir,
Quand les gazons semblaient s'émailler et verdir, —
Un grand vent s'élevait féroce — un vent d'Erèbe,
Qui foulait sans pitié la flore de ma glèbe,
Comme un tyran vainqueur foule une pauvre plèbe.

XI.

Si j'avais eu des forts le lyrique secret,
Au lieu d'humble bruyère et de faibles arbustes,

J'aurais semé des pins et des chênes robustes,
J'en aurais fait pousser une entière forêt,
Laquelle eût ri des vents sous ses dômes augustes,
Et qui, dans sa puissance, encore les défierait.

XII.

Comme on eût admiré ses solides pilastres !
— Mais en moi, hors de moi, je trouvais l'interdit.
Ma vigueur n'était rien que fièvre, je l'ai dit.
Je n'avais point reçu l'influence des astres.
Mon terroir, jusqu'au tuf, n'était-il pas maudit ?
Tout enfin commandait, assurait mes désastres.

XIII.

Cependant quelquefois, une aube éclaircissait
Mes limbes un instant. Dans mon ciel gris passait,
Plein de lumière, un ange aux sourires splendides.
Vers mes rameaux, son vol alangui — s'abaissait.
Il cueillait une fleur... et, dans ses mains candides,
Comme lui, tout à coup, la fleur éblouissait !

XIV.

Ce n'était qu'un moment, trop rapide — et bien rare.
Mais que sa volupté me remontait le cœur !
Comme j'en bénissais la destinée avare !
Je lui disais : « Tu peux, d'ailleurs, rester barbare.
« Cette félicité compense ta rigueur.
« Tu ne me dois plus rien. J'ai ma part de bonheur. »

XV.

Un autre charme encor — le culte du génie —
Me maintenait stoïque et vaillant à la vie.

— J'allais assidûment contempler les jardins
Que tiraient des sillons d'une terre bénie,
Les maîtres que l'on sait, modernes Aladins,
Au lieu de lampe, armés du luth de Polymnie.

XVI.

J'admirais s'étalant, régnant sous des cieux d'or,
Parterres et massifs, pelouses et corbeilles;
Vergers luxuriants, clairs viviers, riches treilles;
Labyrinthes, grands bois, prés, cascades vermeilles,
— L'orage enveloppait parfois tant de merveilles.
Elles s'en dégageaient plus brillantes encor.

XVII.

Oh! l'admiration!... Dieux! que ce vin de flamme,
En coulant dans mon sang vierge d'envie infâme,
M'illuminait l'esprit, me fortifiait l'âme!
— D'autre part, mon orgueil souriait relevé,
En voyant çà et là ce que j'avais rêvé,
Par les Princes de l'art produit, parachevé.

XVIII.

Mais le sort s'irrita de ma libre attitude
Et de l'heur dont j'avais tout bas le cœur muni.
Le moment vint, terrible, où je tombai puni :
J'attendis vainement, pâle en ma solitude,
Que l'ange visitât mon horizon terni.
L'ange — ô pauvre âme! — avait sombré dans l'infini.

XIX.

Longtemps, plein de stupeur, j'habitai les ténèbres...
Ayant abandonné, sans dessein de retour,

Mon misérable champ si rebelle au labour,
Enseveli, perdu dans mes songes funèbres,
Je ne voyais plus rien de la vie et du jour
Et je n'entendais plus vibrer les noms célèbres.

XX.

Je finis cependant par vivre en cette mort.
Le moyen d'éviter le souffle magnétique
De notre siècle oseur, voyant, démocratique!
L'esprit nouveau revint sur moi — brûlant et fort;
Et, sans rien profaner de mon deuil extatique,
Il sut galvaniser mon cœur paralytique.

XXI.

Bientôt je retournai palpiter dans les rangs
De la foule zélée accourue au passage
Des preux de l'avenir, qui portaient haut l'image
De la dive Équité, méduse des tyrans,
Et qui juraient d'atteindre en penseurs conquérants
L'idéal du poëte et le réel du sage.

XXII.

L'enthousiasme au loin s'étendait — et ces preux
De moment en moment devenaient plus nombreux.
On les applaudissait. On avait l'âme en fête.
On raillait du passé les soldats ténébreux.
D'un espoir infini rayonnait chaque tête.
On savourait déjà l'infaillible conquête.

XXIII.

Il se leva le jour où l'on crut la tenir !
Où le peuple affranchi, dans sa joie et sa force,

Crut pouvoir à son tour le faire retentir,
Ce cri que notre Homère en ses chants fait sortir
Du superbe poitrail de l'Achille de Corse :
— L'avenir ! l'avenir ! France, à toi l'avenir ! —

XXV.

Elle se remontra, la sainte République ;
Et si belle, grands dieux ! sereine, pacifique,
Débonnaire — abdiquant le Delta carnassier,
Rejetant la coiffure écarlate — et la pique,
Et, pour son dictateur et son grand justicier,
Présentant à l'Europe un Barde-Chevalier !

XXV.

Certes, elle commit, dans sa pure victoire,
Des excès de clémence aussi grands — noble erreur !
Que sous les triumvirs ses excès de fureur.
Cette chevalerie expia la Terreur,
— Marchands du temple juif, Thersites du prétoire,
Vous n'effacerez pas cette page d'histoire !

XXVI.

Ses ennemis, alors, l'adoraient à genoux.
Tous, Pharisiens, Docteurs, Scribes, Princes des prêtres,
Plus que les vieux Brutus, en paraissaient jaloux.
Si bien qu'émerveillés, nous disions entre nous :
— « Frères, bénissons Dieu ! Les justes sont les maîtres. »
— Misère ! nous comptions sans les fous — sans les traîtres !

XXVII.

Érostrate et Judas surgirent de l'enfer,
L'un jeta ses brandons. L'autre empoisonna l'air.

Les hiboux de Tartufe, amoncelés sans nombre,
Entre le jour et nous mirent leur masse sombre.
L'étoile du Progrès disparut sous cette ombre:
Et l'Ange-Liberté remonta dans l'éther.

XXVIII.

Mon âme retomba — plus que jamais défaite.
Cependant cet autre ange, il vit! De sa retraite,
Il saura redescendre! Il reviendra vainqueur!
—Mais quand? L'horloge est lente… oh! rageuse langueur.
Ciel! endurer — ce que l'Historien-poëte
Nomme si bien « du temps l'implacable longueur »!

XXIX.

Sevré de mes bonheurs, blessé dans tous mes cultes,
Je m'enfermai farouche en un grand désespoir.
Là, donnant audience à mes regrets occultes,
Je laissai l'un d'entre eux tellement m'émouvoir
Que je cédai, naguère, au souci de revoir
L'infortuné jardin de mes rimes incultes.

XXX.

Or le dieu de l'endroit, ce n'était plus Phébus;
C'était l'affreux Pluton : il y régnait, l'intrus!
Tout était mort. Plus rien des essais de charmilles,
Non, rien. Pas même un brin d'herbe, — un dard de cactus.
Partout en noirs monceaux feuilles sèches, ramilles.
Partout le plus sinistre et morne détritus.

XXXI.

J'en ai mis en réserve un amas. — Pourquoi faire? —
Pour une offrande. — A qui ce présent funéraire?

A des vivants? — Non pas. J'aurais honte et remords.
— A des morts? — En effet, je destine à des morts
L'hommage désolé de ces feuillages morts,
A ceux des miens déjà descendus sous la terre.

XXXII.

Voici donc que je viens, mes trépassés chéris,
Verser sur vos tombeaux ces intimes débris.
Vous qui, pénétrant tout, savez mon âme — Esprits —
De leur triste néant vous n'aurez pas mépris.
Laissez-les, s'enfonçant dans vos calmes abris,
Partager votre paix, dont je me sens épris.

XXXIII.

Moi, vieux rêveur stérile, assis parmi vos pierres,
Je n'ai rien du repos que goûtent vos poussières.
Obstiné, je regarde, en mes tristesses fières,
Si je ne revois pas aux célestes frontières,
Mes adorations premières et dernières,
L'*Amour,* la *Liberté,* sidérales lumières.

Novembre 1858.

UNE FIÈVRE DE L'ÉPOQUE

POËME[1]

1837

Dans ce temps-là (1837), M. de M..., qui semblait alors aimer mes vers (j'étais jeune, je pouvais devenir), fut assez pressant à leur endroit pour avoir communication de ceci. Il se fit fort de le faire mettre à la *Revue des Deux Mondes*. Il avait là, disait-il, un allié puissant. Je demandai qui. Il me nomma Léon Faucher. Ce nom de prose me glaça, et me fit prévoir tout de suite le plein insuccès qui eut lieu.

PROLOGUE

Il est, depuis longtemps, avéré que nous sommes,
Dans le siècle, environ dix mille jeunes hommes,
Qui, du démon de l'Art nous croyant tourmentés,
Dépensons notre vie en excentricités;
Qui, du fatal Byron copiant les allures,
De solennels manteaux drapons nos encolures;
Qui, pour divin mérite et suprême vertu,

---

[1]. Les principaux fragments de cette pièce ont été insérés dans le journal *le Voleur*, en 1841.

Tenant l'aversion de tout chemin battu,
Aimons à signaler comme des phénomènes,
Hors du camp social, nos fronts d'énergumènes;
Esprits de second rang, poëtes incomplets,
Moins artistes, hélas! qu'artistiques reflets;
Qu'aux portes de la gloire, une commune audace,
Inconsidérément, tous à la fois entasse,
Et dont le trop grand nombre entend la Déité
Dire, en lui déniant toute hospitalité,
Que son temple n'est pas une *posada* immonde
Pour ensemble y loger tant de pédestre monde.
Or, chacun d'entre nous, dans sa prose ou ses vers,
A quotidiennement le malheureux travers
De mettre à nu son *moi*, de décrire les phases
De son cœur — d'en trahir les occultes emphases,
De se douloir tout haut, de se vanter tout franc,
Comme un aventurier qui revendique un rang,
Et de vitupérer le sort — dont la malice
Lui refuse l'armure et lui ferme la lice.
A l'excès, pour ma part, j'ai ce tempérament,
Je prends mon *moi* pour thème avec emportement.
Volontiers je traduis, en phrases cadencées,
Le rhythme intérieur du bal de mes pensées.
Quand la lune d'hiver, nonne aux pâles couleurs,
Sur ma vitre, où le nord aime à broder des fleurs,
Fait flotter un ruban de sa blanche bannière,
Et teint de clair-obscur ma chambre sans lumière;
Quand le bruit de Paris, qui lentement s'éteint,
Semble l'accord final d'un orchestre lointain,
En toute liberté, grâce à l'heure discrète,
Ma muse se recueille — et son regard s'arrête
Sur le monde orageux de vagues passions
Dont j'enserre en mon sein les fluctuations.
Et quelquefois, alors, un chant plein de souffrance

Alterné d'espérance et de désespérance,
S'élève du milieu de ce chaos confus,
Et semble en rallier les éléments diffus.

Voici l'un de ces chants : mon *moi*, ma fantaisie,
Ont un fidèle écho dans cette poésie.
Artistes incomplets, mes frères, — puissiez-vous
Y sentir palpiter le mal qui nous tient tous!

CHANT.

I.

Est-ce un pressentiment de mon cœur fataliste
Qui sent venir à soi quelque chose de triste?
Ou n'est-ce que l'effet d'un mal être nerveux?...
—Je ne sais, mais je crains! mais j'ai froid aux cheveux,
Mais toute ma nature est sombre — et mes pensées
Rampent, l'œil sans éclair et les ailes lassées.
L'augurale hirondelle effleure ainsi le sol,
Lorsqu'un orage est près de déployer son vol.
Dois-je conclure, hélas! des transes que j'éprouve,
Que dans ma destinée une tempête couve?
Sur quelle île sans bords, sur quel tranchant écueil
Fera-t-elle échouer ma force et mon orgueil?

Non. Je suis fou. Non, non, ce n'est pas un présage.
Du monde des esprits ce n'est pas un message.
Ce n'est rien qu'une vaine et vague anxiété,
Un trouble sans sujet, sans but, sans vérité,
Un de ces limbes noirs qui circonscrivent l'âme,
Quand l'atmosphère est grise et le soleil sans flamme!
Névrose, maladie, hallucination,
Velléité de spleen et de consomption,

Travers byronien, fantaisie inquiète,
Langueur d'ange déchu, de femme et de poëte!
Oh! je connais ce mal... il énerve toujours,
Dans ses vapeurs de plomb, les plus forts de mes jours.
Au lieu de l'action leur imposant le rêve,
De leur enthousiasme il amortit la séve.
Oh! comme il a souvent décimé, ce vautour,
Les mystiques ramiers de mon jardin d'amour!...
   Si, du moins, je luttais!... si ma jeune énergie
Disputait ma pauvre âme à cette léthargie!...
Mais non. Je cède en lâche... et c'est complaisamment
Que de cet opium je bois l'enivrement.
   Aussi, presque toujours, à l'heure taciturne
Où, fatigué, brisé, j'entre en mon lit nocturne,
Je me surprends à dire, en foulant l'oreiller : —
Mon Dieu! que je voudrais ne pas me réveiller!

II.

   Pourtant, je l'avouerai : chez moi, par intervalle,
Succède à ce languir une ardeur triomphale!
Un orgueil éthéré, dont l'essence de feu
Crée au sein de ma veine un sang de demi-dieu;
Toute mon âme alors superbement se lève,
Tenant sa volonté comme un céleste glaive,
Se manifestant reine, et criant au destin
Qu'à ses ambitions il faut un grand festin!
Alors, en conquérant j'exhausse ma poitrine,
Je darde au ciel mon œil, j'ouvre au vent ma narine,
J'héroïse mon pas comme un roi — comme un fou,
Et comme un bâton d'or je brandis mon bambou.
Tous les instincts fougueux, tous les espoirs ensemble
S'en viennent se grandir dans mon être!... Il me semble
Que Dieu m'a désigné, dès la création,

Pour l'accomplissement de quelque mission;
Que je dois, atteignant une sphère d'élite,
De quelque grande idée être le satellite;
Que je dominerai la foule; — et que *pouvoir*
Sera toujours chez moi le vizir de *vouloir!*

Ah! juvénile oseur! qu'elle est donc insensée
Cette ébullition de ta chaude pensée!
Enfant, garde-toi bien de prendre ce transport
Pour un pressentiment des tendresses du sort.
Garde-toi bien de voir dans ta folle nature
La révélation d'une gloire future.
Va, ces ébranlements dont tes nerfs sont surpris
N'empruntent pas leur cause au monde des esprits
Ce n'est pas, mon rêveur, que ton âme devine
Quel secret la relie à la cité divine...
Simplement, c'est ton corps, obéré de verdeur,
Épanchant le trop plein de sa vitale ardeur.
Ce sont tes vingt-cinq ans qui t'embrasent les veines.
C'est l'électricité des fécondes haleines
Qu'aux végétations départ le renouveau,
Qui fait vibrer ainsi ton cœur et ton cerveau.
C'est ce bouillant bonheur que l'on ressent à vivre,
Ce fier contentement, ce feu qui vous enivre
Lorsque, plein de santé, l'œil pur, le front vermeil,
On traverse un forum inondé de soleil!...

Au reste, le grand vol de cet enthousiasme
Ne plane pas longtemps. Le démon du marasme
A bientôt refoulé dans sa cage d'airain
L'envergure et l'essor de l'oiseau souverain.

Que veut-elle de moi, la puissance invisible
Qui, me persécutant de son souffle invincible,
Me fait tomber ainsi, dans son fantasque jeu,
Du sein d'un lac de glace au sein d'un lac de feu?

III.

— Ce qu'elle veut de toi? que ton âme trop neuve,
Sorte virilement de cette double épreuve.
Ce qu'elle veut de toi? qu'au char de l'action,
Tu t'élances, muni d'une conviction.
Ce qu'elle veut de toi? que ta course opportune
Presse au champ du Réel quelque sainte fortune.
Que ton cœur s'armorie au blason d'une Foi!
Lazzarone, voilà ce qu'elle veut de toi! —

    Réaliser ma vie?... Eh! que veux-je autre chose?
Croit-on que je jouisse en ma torpeur morose?
Croit-on qu'il me plairait d'en expirer martyr?
Ah! si je forme un vœu, c'est d'en pouvoir sortir.
Mais, vrai Dieu, le moyen!... Tout enchaîne ma force,
La *Providence* et moi paraissons en divorce.
    Métaphoriquement, je suis comme un nocher,
Au milieu de la mer, perdu sur un rocher.
Debout dans mon manteau, l'œil plongé dans l'espace;
Fataliste anxieux, j'attends qu'un vaisseau passe...
    Ah! que de mon désir l'opiniâtre aimant
L'attire donc bientôt ce damné bâtiment!
Ah! qu'il vienne, qu'il vienne, et sans retour m'enlève
Aux désolations de cette aride grève!
Fermement je te jure, ô puissance d'en haut,
Qu'à ton aide mon cœur ne fera pas défaut.
Non! lorsqu'en pleine mer, sur la poupe qui vibre,
La chevelure au vent, je me sentirai libre,
Comme un fakir de l'Inde on ne me verra pas
M'asseoir sur cette natte et croiser mes deux bras.
J'agirai. Je ferai savoir à l'équipage
Que j'ai pris mes degrés, que je suis hors de page.
Ou je serai jeté dans un sac à la mer,

Ou, grâce au déploiement de mon vouloir de fer,
Des insignes ravis au pâle capitaine
J'ornerai hardiment ma poitrine hautaine!
J'embrasserai, rival des plus francs écumeurs,
Leur vie aventurière et leurs abruptes mœurs.
Et, lorsque bancs de sable, ouragans, abordages,
Auront bien molesté pont, carène et cordages,
Si je vois que ma nef ne peut surgir au port,
La *Sainte-Barbe* en feu fera sauter mon bord!
Oui; je veux l'action, l'aventure, la lutte!
Puis, l'orgueil du triomphe!... ou l'orgueil de la chute.

. . . .
. . . .

Hâte-toi, hâte-toi! viens, navire sauveur.
Oh! viens, ne laisse pas s'allanguir ma nerveur.
Une heure sonnera dans ma vie — où, peut-être,
D'abandonner ce sol je ne serai plus maître;
Où, lentement usé par la lime du sort,
L'acier de mon vouloir n'aura plus de ressort;
Où, d'un loisir trop long l'engourdissante glace
Fixera tristement mes deux pieds à leur place...
Dieux! si, quand tes marins s'en viendront me chercher,
Comme une huître — j'allais tenir à mon rocher!...

ÉPILOGUE.

Frères, nous avons tort! Frères, il n'est pas chaste
De laisser voir ainsi notre âme en nudité.
Il n'est pas bienséant de venir avec faste
Mettre en relief ainsi notre idéalité.

Toujours, autour de vous, Muses de notre caste,
Du bourgeois contempteur rôde l'hostilité.
Craignez pour vos blasons sa rage iconoclaste.
Craignez pour vos douleurs son incrédulité.

Quel que soit notre mal, il faut savoir se taire.
Il faut savoir sceller, d'un farouche mystère,
De nos jeunes candeurs l'écrin si précieux.

Pour nous transfigurer, attendons que notre âme,
Échappée aux marais, foule d'un pied de flamme
Le sommet des grands monts, premier degré des cieux !

FIN D'UNE FIÈVRE DE L'ÉPOQUE.

ODES ET BALLADES

DE 1835 A 1843

ODE

Toujours,—quand le chagrin m'a frappé de sa flèche,
Quand, fou de désespoir, je suis comme un blessé
Qui, le regard vitreux, la gorge aride et sèche,
Pour un peu d'eau — vendrait son âme en insensé;

Toujours, des villas d'or du mystique royaume,
Un bel ange descend. De son œil surhumain
Tombe sur la blessure une larme de baume...
Et le blessé guéri se remet en chemin.

Oh! que j'ai hâte alors, sauvé par ce dictame,
D'ouvrir tout mon amour comme un vase d'encens,
De prosterner mon cœur, d'agenouiller mon âme,
Et de pleurer des pleurs doux et reconnaissants!

Hélas! pourquoi cet ange, à mes maux si sensible,
N'a-t-il pas obtenu de la faveur du ciel
Le bienheureux pouvoir d'être toujours visible,
Quand il vient m'apporter son amour et son miel?

Pourquoi ne peut-il pas, satisfaisant la flamme
De la dévotion qui me brûle tout bas,
M'apparaître toujours, sous sa forme de femme,
Et toujours s'enfermer dans l'orbe de mes bras?...

LA PLUS BELLE MORT

ODE

Cœurs d'élite et de race,
Qui demandez au sort,
Pour charmer votre audace,
Une héroïque mort;
Non, la mort la plus belle,
Mes frères, n'est point celle
Qui de gloire étincelle
Aux pompes des combats,
Lorsque les clairons sonnent,
Que les sabres résonnent,
Et que les canons tonnent
Sur nos fronts, sous nos pas!

La mort est plus auguste,
Plus sainte, quand il faut,
Pour une cause juste,
Monter sur l'échafaud.
Là, d'abord le courage,
Est pur, stoïque et sage :
L'ivresse du carnage
Ne peut plus la ternir...
Puis, le sang comme une onde,
Baigne, arrose et féconde,
Pour le bonheur du monde,
L'arbre de l'avenir!

Par son calme et sa grâce,
Une troisième mort,

Des deux autres surpasse
Le sublime transport.
C'est le trépas occulte
Qui nous prend, sans tumulte,
Près d'amis, dont le culte
Nous console à genoux,
Et dont la voix fidèle,
Parlant d'âme immortelle,
Dans la sphère éternelle
Nous donne rendez-vous.

Cette pièce et la suivante, sur la demande de feu de Branges, un de mes camarades de la Comptabilité, furent communiquées, en 1841 ou 1842, pour être mises en musique, à M. E. Norblin, violoncelliste de l'Opéra. Résultat nul. Le virtuose eut l'air d'essayer pour la première; mais, quant à la seconde, il la déclara tout d'abord antimusicale.

BONS CONSEILS

ODE

Émules de don Juan, seigneurs et cavaliers,
Dont l'âme aux voluptés sans remords s'évertue,
Du Commandeur de marbre entendez la statue
De son pas large et lourd monter les escaliers.

Disciples du vieux Faust, écoliers, bacheliers,
Qui penchez sur maint tome une face abattue,
Dans les doctes bazars où la lettre vous tue,
Entendez Méphisto rire aux creux des piliers.

Émules de don Juan, à votre dernier jour,
Contre le Commandeur voulez-vous la victoire?
Disciples du vieux Faust, à l'heure expiatoire,
Voulez-vous repousser Méphisto sans retour?

Glorifiez la Muse et soyez de sa cour,
Venez parfois rêver près de son oratoire...
Et ne prenez jamais le ton blasphématoire
Envers la Liberté, le Génie et l'Amour!

LE CYGNE ET L'AIGLE

ODE

D'APRÈS F. W. SCHLEGEL[1]

LE CYGNE.

Parmi les lacs je mène une vie enchantée.
Je sillonne les eaux sans en troubler l'azur.
Mon image, en leur sein doucement répétée,
Flotte sans s'altérer, comme en un miroir pur.

L'AIGLE.

Sur les rocs escarpés j'ai ma demeure altière;
Plus haut que l'ouragan je plane dans les cieux.
Pour les jeux de la chasse et la lutte guerrière,
Je me fie à mon vol puissant, audacieux.

LE CYGNE.

Le bleu du ciel me charme et les senteurs des branches

---

[1]. Voir *l'Allemagne*, de madame de Staël.

M'attirent mollement vers les saules du bord.
Lorsqu'aux parfums du soir j'ouvre mes ailes blanches
Sur les flots empourprés me berce un doux transport.

L'AIGLE.

Ivre de volupté, je déserte mon aire,
Quand la tempête abat les chênes à grand bruit;
Et, d'un accent joyeux, je demande au tonnerre
Si c'est avec plaisir qu'il frappe et qu'il détruit.

LE CYGNE.

Volontiers je me baigne aux sources d'Aonie
Où m'invite en riant le regard d'Apollon.
Reposant à ses pieds, j'écoute l'harmonie
Des concerts de Tempé, le lyrique vallon.

L'AIGLE.

Aux pieds de Jupiter et sur son trône même,
Je règne. De sa foudre il m'a fait le gardien.
Là, si je dors, mon aile a cet honneur suprême
De couvrir l'or sacré du sceptre olympien.

LE CYGNE.

J'élève au firmament un long regard mystique,
Quand, le soir, je contemple en mon nid de roseaux;
Car je sens que je suis — vision prophétique —
L'hôte futur des cieux réfléchis sur les eaux.

L'AIGLE.

Que de fois, m'élançant de quelque cime alpestre,
Mon œil sur le soleil s'est fixé radieux!
Je ne puis m'abaisser à la poudre terrestre,
Je me sens l'allié des astres et des dieux.

LE CYGNE.

A l'heure du trépas, cessant d'être muette,

Ma voix trouve des chants qui se font admirer;
Et c'est un vrai bonheur, pour la mort d'un poëte,
Lorsqu'à la mort du cygne on peut la comparer.

L'AIGLE.

Quand le bûcher antique absorbait dans sa flamme
Les restes d'un héros, d'un sage ou d'un martyr,
De la cendre fumante on voyait la grande âme,
Sous la forme d'un aigle, et surgir et partir!

L'AIGLE ET LE CYGNE EN MÊME TEMPS.

Nous nous verrons comblés de fêtes solennelles,
En arrivant ensemble au céleste séjour;
Car nous symbolisons deux forces éternelles.

L'AIGLE.

Moi, je suis la puissance.

LE CYGNE.

     Et moi, je suis l'amour.

LE RIMEUR TRANSLATEUR.

Or ça, qui pourrait dire aux enfants de la Muse,
Laquelle il faut choisir de ces deux grandes voix?
Si l'on en préfère une, il semble qu'on s'abuse.
J'en conclus qu'il faut être Aigle et Cygne à la fois.

STROPHE

Un arbre immense étend ses ramures fécondes
Sur tout pays peuplé de généreux mortels.
Fouillant au loin le sol, ses racines profondes

Entrelacent leurs nœuds à des rocs éternels.
Son feuillage ne craint nul souffle délétère.
La foudre ne peut rien contre sa majesté.
Pour l'abattre il faudrait bouleverser la terre...
— Cet arbre, c'est la liberté[1].

ODE-BALLADE

Vers la chimère et l'impossible
Vous sentez-vous, ainsi que moi,
Poussé d'une ardeur invincible?
Et, dans la nature invisible,
Votre pensée a-t-elle foi?

Sous les tabernacles étranges
Qu'à son déclin le roi du jour
Forme avec des vapeurs oranges,
Devinez-vous des couples d'anges
Riches de mystère et d'amour?

De la brise aimante et jalouse
Comprenez-vous la passion
Pour l'humble fleur de la pelouse,
Qui lui rend, balsamique épouse,
Une égale adoration?

Au magnétisme des planètes
Aimez-vous à livrer vos yeux,

---

1. Un confiseur, ami des lettres, a daigné imprimer ce huitain parmi les devises de ses bonbons.

ODE-BALLADE.

Lorsque, dans les ombres muettes,
Comme des lampes de poëtes,
Elles se balancent aux cieux?

Dans les aromes que la plaine
Exhale avant de s'endormir,
Des sylphes sentez-vous l'haleine?
Dans le soupir de la fontaine
Entendez-vous l'ondin gémir?

Dans les embrasements de l'âtre,
Dans l'éclair d'un ciel orageux,
Dans les feux nocturnes du pâtre,
De la salamandre folâtre
Savez-vous découvrir les jeux?

Admirez-vous l'œuvre des gnomes,
Les travaux de leurs bras d'airain,
Reconnaissez-vous leurs royaumes,
Quand vous descendez sous les dômes
De quelque profond souterrain?

Lorsque flottent vos rêveries
Sur un sol de lune couvert,
Voyez-vous, au bord des prairies,
Passer, repasser des féeries;
Danser les nains du pays vert?

En songe, aux sphères infinies,
Abîmes autant que sommets,
Dans des tourbillons d'harmonies,
Dans des torrents de symphonies,
Dites, ne roulez-vous jamais?

Enfin — des grands monts, des vallées,
Des forêts, des mers, de tout lieu —
Vous vient-il de ces voix ailées
Qui disent, en notes voilées :
— « Tout vit, tout pense, tout est Dieu ? »

Moi, de ces bizarres mystères
Je suis l'écho religieux.
Souvent, mes rêves solitaires,
Des arcanes Élémentaires
Tentent l'abord prestigieux.

Ce don surnaturel de l'âme,
Je le dois à l'amour puissant
Qui, par les yeux d'un ange femme,
Jadis inonda de sa flamme
Mon cœur alors adolescent.

Les rêveurs qu'amour illumine
Ne contemplent jamais en vain.
Leur esprit volontiers devine,
Les choses d'essence divine,
Parce que lui-même est divin.

L'ARBRE MERVEILLEUX

BALLADE

Il est, aux mers de l'Orient,
Sur les bords d'un îlot riant,
Un arbre unique en son espèce.
Savez-vous quels sont les beaux fruits

BALLADE.

Que le soleil et l'air des nuits
Font venir sous sa feuille épaisse?

Ce sont — ne vous récriez pas! —
Des corps de houris pleins d'appas.
Oui, par Allah! ce sont des femmes!
Des femmes faites selon nous,
Dont le sourire est tendre et doux
Et dont les yeux lancent des flammes.

De leurs cheveux les longs anneaux
Les suspendent aux frais rameaux,
Sous les brises des solitudes,
Qui les parfument mollement
Et qui bercent complaisamment
Les grâces de leurs attitudes.

Lorsque, sur ce rivage heureux,
Quelque navire aventureux,
Dans ses courses, vient faire halte,
Devant nos houris tout d'abord
Du chef et des hommes du bord
Le cœur s'émeut, frémit, s'exalte.

Par Mahomet! tant mieux pour ceux
Qui, défiants ou paresseux
D'admirer de loin se contentent!
Mais bien peu savent retenir
Leur jeune fougue — et s'abstenir
De toucher aux fruits qui les tentent.

Les nymphes de l'arbre sérail,
Comme les perles d'un corail,
Sous leurs mains folles se détachent...
Et, chaque homme ayant fait son choix,

Dans les profondeurs des grands bois
Les couples s'envolent, se cachent.

Sortilége trop inhumain !
Non-seulement, le lendemain,
Nos gens ont énervé leurs âmes ;
Mais, de plus, leurs maudits transports
Ont changé, dégradé leur corps...
D'hommes ils sont devenus femmes !

Ils peuvent, à la vérité,
En pleurant leur virilité,
Être fiers de leurs tendres charmes.
Mais quel malheur de n'avoir plus
La force et les droits absolus
Du sexe qui porte les armes !

Aussi, leurs compagnons, hélas !
Qui ne les reconnaissent pas,
Narguant leur faiblesse sauvage,
D'un rude amour leur font l'honneur,
Et, pour les vendre au Grand Seigneur,
Les réduisent en esclavage[1].

FIN DES ODES ET BALLADES[2].

---

1. Bien entendu, je n'ai pas inventé l'histoire de cet arbre bizarre : c'est une vieille fable encore très-répandue, m'a-t-on dit, parmi le populaire oriental. Il en est parlé dans un livre arabe que l'on m'a montré, lequel, non content de décrire l'arbre aux femmes, en renforce la description d'une gravure abominable qui est censée le représenter.

J'ai envoyé cela (en 1841 ou 1842) au journal *le Voleur*. Je n'en ai pas eu de nouvelles.

2. Ce pluriel de *Ballades,* un censeur pointilleux pourrait bien me le contester. Il n'y a ici qu'une seule ballade. Le ferait-il ? Pardon ! Il y en a une *et demie,* l'avant-dernière pièce étant dénommée *Ode-Ballade :* ce qui justifie très-congrument le pluriel.

A DOUZE ANS

POËME

1839

Presque à la naissance de cette pièce, un ancien ami (qui m'a abandonné, peut-être parce qu'il est trop catholique), m'assura qu'il pouvait la faire insérer à la *Revue de Paris* par l'entremise de M. Didron, l'archéologue religieux. Mais celui-ci refusa de s'entremettre. Ou la chose lui parut trop hétérodoxe, ou, plus vraisemblablement, il ne lui reconnut pas de valeur littéraire.

PROLOGUE

Naguère, au cabinet de lecture — un grand livre
S'offrit à moi. Je lus. Bientôt je fus comme ivre.
C'était le livre dit : *Paroles d'un croyant.*
J'en dévorai d'un coup le texte flamboyant.
Puis, je sortis. — J'avais besoin d'air. Ma pensée
Admirait avec peur. J'avais l'âme oppressée.
« — Quoi! disais-je — en notre âge encor, l'antique foi
« Aurait un tel génie, un si grand cœur pour soi!
« Est-ce croyable?... Mais, si l'Église de Rome
« Veut gravir la hauteur que lui montre cet homme,
« Elle va retrouver son règne d'autrefois;
« Nous, penseurs, nous allons retomber sous ses lois;
« Nos drapeaux vont passer de nos mains dans les siennes
« Et flotter désormais sur les cimes chrétiennes.
« Eh! qu'importe après tout, si, mieux que la raison,
« L'auréole du Christ éclaire l'horizon!
« Et si, plus promptement que la sagesse humaine,

« Aux Édens du progrès l'Évangile nous mène!...
« Allons, je rêve... Au rang de sidéral flambeau
« J'élève un météore. Oui, mais comme il est beau ! »
　Tandis qu'ainsi mon âme et s'étonne et contemple,
Le soir vient et me trouve errant non loin d'un temple.
Par l'immense vitrail, par le porche entr'ouvert,
De grands jets lumineux, des lambeaux de concert,
M'arrivent célestins dans ma profane voie.
Ces rayons, ces accords, que le saint lieu m'envoie,
Ainsi qu'une magie en mon cœur se glissant,
M'imprègnent malgré moi d'un trouble amollissant.
Mes pieux souvenirs d'enfance catholique
M'abordent tour à tour, dans leur grâce angélique.
Je me revois faisant, bambino solennel,
Ma petite prière au giron maternel ;
Puis, couvant tout un jour, de mes grands yeux candides,
Quelque dévot recueil aux images splendides ;
Et puis, me gaudissant devers les reposoirs
Aux belles Fêtes-Dieu, parmi les encensoirs,
Les corbeilles de fleurs, les chants, les croix, les cierges,
Les blancs surplis des clercs, les bannières des vierges,
Épris de ce concours touchant, prestigieux,
Qui pour Diderot même était contagieux,
Je retrouve mon temps de zélé néophyte,
Ce temps où j'honorais tout prêtre et tout lévite,
Mes premiers tremblements dans la confession,
Et ma première extase à la communion.
　Et je traîne au logis cette foule confuse
De fantômes — lesquels font si bien — que ma Muse
Finit par s'émouvoir et par intervenir.
Lasse de regarder mon nocturne avenir,
A ces reflets d'aurore elle sourit moins sombre.
L'alexandrin s'éveille — et le rhythme — et le nombre.
La lyre enfin résonne... et, cette même nuit

J'ébauche, ardent rimeur, le poëme qui suit :

  O vieux Faust, si l'appel de la cloche pascale,
Écartant de ta lèvre une fiole infernale,
A pu mettre en ton cœur, d'athéisme endurci,
Une réminiscence émue — un doux souci
Des longs recueillements que jadis, pure et blanche,
Ton enfance à l'église éprouvait le dimanche;
Si ton aube, noyée en ton passé profond,
A pu de sa lueur atteindre encor ton front;
Est-il donc surprenant qu'un grand livre au saint verbe
M'ait troublé, moi penseur jeune autant que superbe;
Et que, du sanctuaire un souffle, une rumeur,
Venant dans mon chemin, m'ait laissé tout rêveur
Est-il exorbitant que moi, plein de jeunesse,
Je sois pris d'une tendre et lyrique faiblesse
Pour les illusions de mon ciel enfantin?
Mon midi n'est-il pas tout près de mon matin?

CHANT

I.

  C'était au seuil doré de mon adolescence.
J'avais encor, hélas! ma robe d'innocence;
Mon âme fermement croyait en Jésus-Christ;
Rien ne troublait encor ma chair et mon esprit.
La blanche Piété, m'obombrant de son aile,
M'invitait de la dextre à la gloire éternelle,
Dont l'éclat deviné ne me permettait pas
D'honorer d'un coup d'œil les gloires d'ici-bas.
  Or, le premier matin du beau mois de Marie,
Se lève, donnant joie à la terre fleurie.
— J'étais allé, la veille, au confessionnal,
Réciter, plein de peur, devant ce tribunal,

De mes péchés d'agneau le catalogue intègre :
J'en étais revenu la conscience allègre ;
Et béni de ma mère, heureuse en son enfant,
Je m'étais endormi d'un sommeil triomphant. —

 Dans quel divin transport, ce jour-là, je m'éveille !
Ah ! ce jour — de mon cœur doit être la merveille !
C'est le jour, tant voulu par ma longue ferveur,
Où ma pauvre maison doit loger le Sauveur !
Où, dans le sacrement de son Eucharistie,
Pour la première fois je vais goûter l'hostie !
Avec quelle fierté dans l'âme et le maintien,
Je puis dire à présent ? — Monde, je suis chrétien !

 Sur deux files, rangés, nous montons en grand nombre
Au temple — où chaque mère — aimante — nous dénombre ;
Où notre bienvenue à la table des cieux
Nous sourit dans l'accord de l'orgue glorieux ;
Où le soleil, perçant les vitraux de ses flammes,
Donne un baiser de frère aux clartés de nos âmes ;
Où nous sentons enfin, dans l'air et dans les murs,
Errer, flotter, vaguer mille essaims d'esprits purs.
Notre foule à genoux remplit la nef immense.
C'est l'heure. On se recueille... et notre chant commence.
Chant grave, ardent, naïf...

II.

      Tais-toi, Muse, tais-toi !
As-tu la charité, l'espérance et la foi,
Pour oser raconter ces ineffables choses ?
Est-ce avec ton esprit, plein de doutes moroses,
Que tu reproduiras, sans infidélité,
Ce qu'alors j'eus de zèle et de félicité ?
Penses-tu dans tes vers obtenir qu'il revive
Ce jour où du Très-Haut je me crus le convive ?

Peux-tu, la tête en proie au démon d'examen,
Désormais rien comprendre à ce céleste hymen?
Et, quand bien même ici, par l'effet d'un miracle,
Tu saurais peindre au vrai mon bonheur au cénacle,
Ce bonheur infini qui me vint embraser
Quand du Verbe éternel je sentis le baiser,
Ferais-tu partager ton sublime délire
A quelqu'un de ceux-là qui veulent bien te lire?
Non. Ce sont tous mondains, ne t'approuvant un peu
Que grâce à ton oubli des devoirs du saint lieu.
Sous leurs négations et leurs froides risées,
Tes peintures du ciel passeraient méprisées.
Ils traiteraient cela de ridicule émoi,
De retour puéril... — Tais-toi, Muse, tais-toi.

III.

Thébaïdes, couvents, cléricales retraites,
Silencieux reclus, pâles anachorètes,
Hommes et monuments de zèle et de salut,
Chairs et granits toujours vainqueurs de Belzébut,
Virginales maisons, voûtes contemplatives,
Clos, vallons de moutiers aux chastes perspectives,
Épouses de l'Agneau, mystères et candeurs,
Sanctuaires de grâce, humilités, grandeurs,
Qui de l'immonde aspect de nos terrestres fanges
Consolez le regard de la Reine des anges,
Ah! c'est vous seuls — retraits et cœurs d'élection —
C'est vous seuls qui pourriez dans la création,
Avec intelligence et sympathie — entendre
Le récit simple et grand, humble et fier, grave et tendre
De ce que je donnai, de ce que je reçus,
En fait de saint amour, au banquet de Jésus!
Car, pendant ce jour d'or, et durant quelques autres,

Qui suivirent, bien peu nombreux — je fus des vôtres !
Oui, je vous ressemblai, moines de Zurbaran !
J'eus votre fanatisme austère et dévorant.
Oui, je fus comme vous, sœurs de Sainte-Thérèse !
J'eus vos félicités qui font expirer d'aise.
Oui, cloîtres ! je connus vos frissons, vos sueurs,
Vos longs ravissements, vos soudaines lueurs !
J'eus la force et l'amour, la lumière et la flamme
— Les mérites de l'homme et l'élan de la femme !
— N'est-ce pas ? n'est-ce pas, vrais saints, vrais bons, vrais forts,
Nous pouvons l'avouer, nous qui sommes bien morts ;
Vous qui l'êtes selon la chair — moi selon l'âme,
Vous dans votre ciel pur — moi dans mon siècle infâme ;
N'est-ce pas ? nous pouvons le dire — ayant vécu :
C'est de vous morts vainqueurs, c'est de moi mort vaincu,
C'est de nous, c'est du feu de nos charités amples
Qu'ont jailli les meilleurs des mystiques exemples !
C'est de nous que l'athée a su dans ce bas lieu
Ce que c'est qu'adorer, aimer, désirer Dieu !...

IV.

Vous allez détourner et voiler votre face,
Mes anciens compagnons de lumière et de grâce,
Quand je vous aurai dit ce que depuis j'ai fait
De ce pouvoir d'aimer — si profond — si parfait !
Envers le Créateur étrange forfaiture,
Je l'ai porté, livré tout à la créature !
A ses genoux j'ai mis mes contemplations,
Mes ardeurs, mes langueurs, mes vénérations ;
J'ai mis les ostensoirs, les séraphiques vases
Où brûlaient, florissaient mes dévotes extases ;
Et, pour elle, mon culte à ce point zélateur,
A duré plus longtemps que pour le Créateur !

A DOUZE ANS.

Que dis-je? Il dure encore, absolu, fanatique!
Et si, me dérangeant de mon calme sceptique,
Aujourd'hui je rappelle en termes complaisants
Quel saint homme j'étais lorsque j'avais douze ans,
Oh! n'en concluez pas qu'un remords salutaire
A ma conversion prélude avec mystère.
Non, ce n'est point cela. J'ai plutôt le souci
Profane et criminel — de parvenir ainsi
A mieux intéresser l'amour de quelque dame,
Lui donnant à juger combien de trésors d'âme
Au midi de ses jours doit avoir celui-là
Qui, dès sa blonde aurore, en avait tant déjà!

V.

Mais prenons à sa fin cette grande journée
Qui, dans mon passé brille — oasis fortunée.
   Après les derniers chants de l'office du soir,
Dans les derniers parfums qu'exhalait l'encensoir,
Notre abbé catéchiste, homme de noble race,
Prêtre de noble cœur dont bénie est la trace,
Jeune, pâle, animé d'un zèle sans repos,
Se montra dans la chaire et nous tint ce propos:
   — Vous connaissez, sans doute, enfants, ce trait d'histoire:
Quand de la Grèce il eut touché le territoire,
Devant les flots des mers, Xercès complaisamment
De ses flots de soldats fit le dénombrement.
En voyant défiler sa plus belle phalange,
Son orgueilleux bonheur ne fut pas sans mélange.
Un voile de pitié sur son front s'étendit.
Il ne put réprimer quelques larmes — et dit:
« — Oh! mes beaux jeunes gens! oh! la guerre, la guerre!
« Oh! penser que peut-être il n'en survivra guère!
« Que plus d'un, nonobstant sa force et sa valeur,
« Aura d'être vaincu la honte et le malheur!

« Se figurer mourants et morts — sanglants et pâles,
« Des guerriers si vivants, si robustes, si mâles!
« Et se représenter, sur le lieu du combat,
« Près des pauvres chevaux que la mêlée abat,
« Leurs habillements d'or, leurs nobles chevelures,
« Foulés et tout couverts de poudreuses souillures!
« Présages douloureux!... Fortune, vois mes pleurs.
« Ne décime pas trop ces arbres pleins de fleurs.
« Ah! laisse-m'en beaucoup, s'il ne t'est pas possible
« De me les laisser tous, ô Fortune inflexible!... »
— Eh bien! moi, chers enfants, moi qui vous vois partir
En soldats bien-aimés du souverain Martyr,
Pour aller affronter les puissances rebelles,
Je suis comme Xercès. Ma joie et mon orgueil
Sont troublés dans mon sein. J'ai des pensers de deuil.
— Mes bons, mes purs enfants! oh! le monde, le monde!
Faut-il appréhender que, sous sa flèche immonde,
Quelques-uns d'entre vous, du haut des blancs sommets,
Dans les abîmes noirs puissent tomber jamais?
Est-il à redouter qu'un seul de vous faiblisse,
Qu'au choc de la bataille il chancelle et pâlisse,
Que, la lance échappant à sa débile main,
L'immortel d'aujourd'hui soit moribond demain?
Quoi! ce divin amour, dont l'or ceint votre tête,
Ces vertus qui vous font une robe de fête,
Quoi! votre diadème et vos habits sacrés,
Seraient par les démons souillés et déchirés?
Combattez bien, soldats! gardez, doublez vos palmes!...
Mais combattez avec des cœurs prudents et calmes.
Songez que, par la fougue et la témérité,
On se perd tout autant que par la lâcheté;
— Et vous, que sans terreur jamais l'enfer ne nomme,
Protégez, soutenez vos enfants, Fils de l'Homme!
   Ah! vous en sauverez!... Si vous les sauviez tous!

Seigneur, vous le pouvez. Seigneur ! le voudrez-vous ?...
Oui ! j'en veux embrasser la splendide espérance.
Je m'en fie à la grâce, à leur persévérance,
Vous les sauverez tous, ô mon Maître, ô Jésus !
Ils sont tous *appelés* : tous ils seront *élus !*...
   Il dit : (Son adieu tendre à l'âme encor me vibre...)
Nous nous levons contents, fiers comme un peuple libre,
Et nous nous retirons, le cœur tout radieux,
Pendant que l'orgue aussi nous fait d'ardents adieux.

VI.

   Quelques heures après, sous le toit domestique,
Je méditais au lit. Ma gloire eucharistique,
Dans le silence, l'ombre et le recueillement,
M'éblouissait encor plus merveilleusement.
Puis, de la perdre un jour l'épouvantable crainte
Me prenait... J'étouffais d'horreur dans son étreinte !
Si bien que, vers le ciel, ma jeune déraison,
Avec soudaineté lança cette oraison :
— Grand Dieu, qui m'avez fait la grâce la plus haute
En ne dédaignant pas de devenir mon hôte,
Ah ! couronnez votre œuvre en daignant m'accorder
La nouvelle faveur que j'ose demander.
Vous qui prévoyez tout, si, dans les temps à naître,
J'apparais à vos yeux chrétien parjure et traître ;
Si, dans mon avenir, se montre le moment
Où je doive pécher, atteint d'aveuglement,
Ne plus voir le Calvaire et cesser de vous suivre,
Jusqu'à ce moment-là ne me laissez pas vivre !
Tandis que des élus je mérite le sort,
Hâtez-vous, mon Sauveur, de m'envoyer la Mort !...
Qu'elle vienne tantôt — cette nuit — ce soir même
Certes, le désespoir de la mère qui m'aime,

Se manifesterait bien profond — si demain
Pour éveiller mon corps son appel était vain.
Mais sa foi, l'assurant de ma béatitude,
Finirait par changer sa peine en quiétude.
Et vous permettriez qu'une vision d'or
Descendît de vos cieux pour l'apaiser encor ! —
　Là-dessus, m'installant dans une paix auguste,
D'un trait jusqu'au matin je dormis comme un juste.
Quand je me retrouvai — non sans étonnement —
Sur la terre, au réveil — j'en conclus bravement —
Que du sombre avenir je n'avais rien à craindre ;
Que je n'aurais jamais l'affreux malheur d'enfreindre
Les lois du Dieu jaloux ; que je serais toujours
— Vivrais-je un siècle entier — l'homme des premiers jours.
Car il ne me pouvait venir à la pensée
Que ma folle prière eût été repoussée.

VII.

O sublimes erreurs ! blanches illusions !
Vous imposez silence à mes dérisions.
Les entrailles de fer de mon dur scepticisme
S'émeuvent à l'aimant de votre mysticisme.
J'ai cessé de vous croire et de vous réclamer ;
Mais je n'ai point encor cessé de vous aimer.

　Juifs, chrétiens, musulmans, adorateurs des astres,
Fils de Confucius et des deux Zoroastres,
Sectateurs de Brama, païens, — croyants divers
Dont les cultes nombreux bigarrent l'univers, —
Conservez votre foi, conservez vos croyances !
N'ôtez pas le bandeau mis sur vos clairvoyances !
La raison ? l'examen ? ne sont bons qu'à prouver
Qu'en fait de vérité l'on n'a rien su trouver.

ÉPILOGUE.

Quel néant! Mieux vaut donc avoir l'âme établie
Dans le rêve opulent d'une sainte folie.
C'est un sol ferme et sûr qu'une religion!
Mais le doute!... Ah! fuyez sa triste région!
Le doute!... fuyez-le, ce désert sans mirage,
Cet océan qu'agite un éternel orage,
Où c'est toujours en vain qu'on rame avec transport,
Puisqu'il n'a sur ses flots aucune île, aucun port!...

ÉPILOGUE.

Jeune homme, en es-tu là? Par la mélancolie,
Ton cerveau serait-il à ce point surmonté
Qu'il voulût, renégat de sa virilité,
Faire sur la raison prévaloir la folie?

A toute clairvoyance avilie, abolie,
Il faudrait préférer... quoi donc?... la cécité?...
Allons, relève-toi de cette lâcheté!
Arrache de ton luth cette fibre amollie!

Pour ta soif d'idéal et de divinité,
N'as-tu pas le Grand-Tout dans son infinité,
Et, s'il faut un olympe, un ciel à ta manie,

Il en est un qu'admet l'austère vérité :
C'est celui des grands dieux nommés vertu, génie,
Art, gloire, honneur, amour, justice et liberté!...

FIN DE A DOUZE ANS.

TROIS IDYLLES

DE 1835 A 1842

PORTRAIT ROMANESQUE

IDYLLE INTIME

I.

Sans doute, vous avez, dans les contes persans
Admiré comme moi ces grottes enchantées
Qui n'offrent au dehors que rochers grimaçants,
Que végétations débiles, avortées, —
Mais dont l'intérieur, miraculeux pourpris
Abonde en pavillons de nacre diaphane,
En bosquets lumineux semés de colibris,
En fleurs diamantant une opime savane,
En clairs viviers d'argent dont le lustre serein
Miroite sous un ciel magique et souterrain.
Jamais l'orgueil jaloux de ces cavernes-fées
Ne permet au regard du juif et du lépreux
De percer les replis de leur manteau pierreux
Et d'entrevoir l'éclat des mille et un trophées
Dont se trouve investi leur centre bienheureux.
Ce n'est que pour le mage et l'iman qu'elles s'ouvrent
Ce n'est qu'à l'œil béni de ces élus d'Allah
Que du jardin secret les pompes se découvrent :
Leurs pas seuls ont le droit de se promener là.
  Or ceci, bon lecteur, est une parabole,

Que je t'ose donner pour le complet symbole
De l'être d'un poëte, homme fier, brave enfant.
Tu me trouves le ton bien riche et triomphant;
Mais vraiment, des aspects de sa double nature,
Je ne pouvais tracer plus fidèle peinture.
Celui dont je te parle offre dans ses dehors
L'impassibilité du Commandeur de pierre.
Rien d'urbain ne reluit sous sa creuse paupière.
Ses gestes, son maintien, ses membres, tout son corps,
Paraissent négliger, dédaigner d'être accorts.
Mais, sous ce domino farouche, hétéroclite,
Il cache le parfum, la grâce, la beauté
D'un pur enthousiasme et d'une ardeur d'élite,
D'un paradis d'extase et d'idéalité.
Toujours, à l'œil du monde, à son souffle qui tue,
Il prend soin de fermer avec un roc brutal
L'abord de sa pensée, éden oriental.
Il ne montre aux *bourgeois* que des mœurs de statue.
Son âpreté les raille et ne leur daigne point
Déboutonner un seul des crans de son pourpoint.
Ce n'est qu'aux fiers amants de l'idéale sphère,
Aux élus de la muse et de la passion,
Que de son beau jardin de contemplation
Il permet d'aborder la mystique atmosphère.

II.

Voyez-le, mon poëte, assis, plein de langueur,
Sous l'entrelacement d'une ramure opaque.
Son front, qui vers le sol se courbe élégiaque,
Nous dit que sa pensée analyse son cœur.
Un camée (un portrait?), des tablettes ouvertes
Gisent à ses côtés parmi les mousses vertes.
Voulez-vous, avec moi, lire les vers qu'il vient

De tracer sur la page où son crayon repose ?
Peut-être de son cœur saurons-nous quelque chose.
Sonnet... C'est un *sonnet*. Lisons. *Nous verrons bien.*

III.

« De ma fidélité lorsque le jeûne austère
« Se voit récompensé par son embrassement,
« Lorsque mon chaste cœur, sans qu'il se désaltère,
« Boit de ses longs baisers le saint enivrement ;

« Toujours je vous défie, ô femmes de la terre,
« De fomenter jamais pareil embrasement.
« Qu'est-ce que votre amour ? Un sensuel mystère.
« Son amour, c'est un feu né dans le firmament.

« Oui, c'est le feu du ciel. — Oui, tu t'es élancée
« Au delta flamboyant du pourpris éternel !
« Et là, les deux ardeurs, — ton sang et ta pensée —

« (Dieu les encourageant d'un souris paternel)
« Se sont assimilé le plus pur de la flamme
« Dont le Grand-Tout compose et nourrit sa grande âme ! »

PAYSAGES

IDYLLE PANTHÉISTIQUE

I.

Elle et lui cheminaient, l'un à l'autre enlacés,
Par une balsamique et tiède promenade,
Écoutant des oiseaux la vive sérénade,

Et du soir qui venait les soupirs cadencés.
— Un chien monumental, issu de Terre-Neuve,
Leur tenait lieu de page et de cavalcadour. —
Ils se plurent longtemps à côtoyer un fleuve
Dont mille verts buissons rehaussaient le contour.
Leurs yeux chargés de rêve, épris de solitude,
En admirant le clair et mobile trésor
De l'eau qui souriait avec mansuétude,
Avisèrent une île — admirable décor,
Tout feuillage, herbe et fleurs—corbeille séraphique—
Où le soleil couchant, satrape magnifique,
Faisait splendidement ruisseler tout son or.

II.

Une île !... Ouvre ton âme, ô poëte ! — Les îles
Furent de l'idéal en tous temps les asiles.
Dans l'océan païen je vois briller Délos
Et sur les flots chrétiens je vois régner Pathmos.
Une île d'aloës, de myrtes et de baume
De la blonde Vénus était le doux royaume.
Une autre île, aussi belle, avait dans son giron
Titania la fée et le sylphe Obéron.
Le monde antique est fier de ses blanches Cyclades;
Et le monde gothique a ses vertes Orcades.
Donc, ici-bas, toujours les esprits et les dieux
Pour demeure ont élu des îlots radieux.
La forme d'île est sainte et riche de mystère.
Elle n'existe pas seulement sur la terre;
Elle déploie encor aux mers du firmament
Sa beauté, sa magie et son recueillement.
Nous bénissons la nuit, lorsque, grâce à ses voiles,
Se produit à nos yeux l'archipel des étoiles. —
. . . .

Le couple cependant fait signe au batelier,
Qui transporte dans l'île infante et cavalier.
. . . .

III.

Or, la nuit, survenue avec ses pierreries
Et sa brise qui flotte ainsi qu'un encensoir,
Dressait complaisamment son dais plein de féeries
Sur nos deux promeneurs qui, pleins de rêveries,
Laissaient leurs yeux vaguer et leurs pas nonchaloir.
Par les clairs des rameaux, la lune, au pied des arbres
Descendait en rubans, en nappes de clarté,
Qui, du morne gazon rompant l'obscurité,
De loin leur paraissaient des moires et des marbres.
La rosée effilait sur leurs jeunes cheveux
Son abondant collier de fraîches gouttelettes;
Et l'odeur, que le vent prenait aux violettes,
De sourdes voluptés trempait leurs sens nerveux.
Mille douces rumeurs, mille charmants murmures
Montaient des eaux—tombaient des airs et des ramures,
Les suivaient dans leur voie et formaient alentour
Comme une symphonie offerte à leur amour.

IV.

Sous les grands pleurs d'un saule, au bord de la rivière,
Dans un bien-être vague, ils allèrent s'asseoir;
Ils pouvaient, de ce lieu, contempler tout entière
La campagne endormie au manteau brun du soir.
Près d'eux, leur terre-neuve, au bas d'un large groupe
D'arbustes épineux croisant leur densité,
D'un air tout magistral établi sur sa croupe,
D'un chien de bronze avait l'impassibilité.

Devant eux, dans les flots, tremblait le simulacre
De la lune aux yeux d'or, au visage de nacre.
Au lointain, sur les monts d'un bleu vague et changeant
Moutonnait un essaim de nuages d'albâtre;
Et de longs murs ourlaient, de leur ligne grisâtre,
L'un des pans fastueux de l'horizon d'argent.
Puis au milieu, c'étaient des collines, des plaines,
De vignes et de blés magnifiquement pleines;
Des vergers, des jardins, des cadres d'espaliers;
Des sources, des lavoirs où flottaient les planètes;
Des roches que drapaient des caftans de halliers;
Des maisons de plaisance aux blanches colonnettes,
Aux terrasses de marbre, aux sveltes escaliers,
A droite enfin, brodé comme un tapis moresque,
Dormait le déploiement d'un spacieux marais;
Et l'on voyait, à gauche, un manoir pittoresque
Dresser ses vieilles tours sur de vieilles forêts.

v.

Mais qu'importe aux faveurs de nos amants mystiques,
A leurs pensers de flamme, à leurs rêves profonds,
L'éclat du paysage et ses beautés plastiques?
Il leur faut de plus purs et de plus saints rayons.
Il leur faut l'invisible aux charmes magnétiques.
Par delà les couleurs, les formes et les sons,
Les entraîne un torrent d'ardeurs panthéistiques...
Ils voudraient pénétrer jusqu'aux orbes sacrés
D'où la vie absolue incessamment ruisselle,
Marier les transports de leurs cœurs enivrés
Aux palpitations de l'âme universelle,
Et du vrai sanctuaire entrevoir les degrés!
— Esprits! rendez pour eux vos voiles diaphanes.
Esprits! de tels amants ne sont pas des profanes.

C'est leur droit d'admirer l'ordre immatériel.
Tous ceux qui de l'amour ont surpris les arcanes,
Sont, comme Prospéro, les maîtres d'Ariel...
L'amour — comme la mort — donne les clefs du ciel.

AMOR DUPLEX

IDYLLE MYSTIQUE

Des nains du pays vert j'entends vibrer le cor.
Soudain je m'aventure en un beau rêve d'or.

J'erre au sein plantureux d'un val plein de lumière.
J'arrive sur le bord d'une immense rivière,
L'eau rit sous le soleil. Ses radiations
M'entourent mollement de leurs séductions.
Un bateau svelte est là : j'y monte et le délie,
Et, le livrant au cours de cette onde assouplie,
Les yeux demi-fermés dans un demi-sommeil,
Je m'étends sous l'éclat du firmament vermeil.
Autour de moi, bientôt les argentines vagues,
Se prennent à jaser; parmi leurs propos vagues
Je recueille ceux-ci : « Vois-tu ce franc rêveur
« Qui de nos bercements recherche la faveur?
« Regarde dans son cœur : deux chastes noms de femmes
« Y vivent couronnés de parfums et de flammes.
« — Deux noms en même temps? Ce jeune chevalier
« Possède un cœur bien large et bien hospitalier!
« — Qui? lui? scinder sa foi? morceler sa tendresse?
« Il n'adore et ne sert qu'une seule maîtresse!
« Il n'a qu'un seul amour! sa mystique fierté
« Ne saurait concevoir l'amour sans unité.

« — Elles sont deux pourtant. — Oui, mais ce couple étrange,
« Dans sa dualité ne forme qu'un seul ange.
« C'est un myrte céleste incessamment vernal,
« Avec sa fleur naissante au pistil virginal.
« — Allons, vagues mes sœurs, conduisons sa gondole
« Dans l'île où maintenant règne sa double idole.
« Donnons-lui du bonheur pour tous ses sombres jours
« A ce rimeur pensif qui nous aima toujours.
« Sa lyre dans le deuil fut trop longtemps muette.
« Que la félicité le refasse poëte! »
   Et les vagues en chœur me poussent doucement
Vers l'île que ma fée emplit d'enchantement.
Déjà l'esprit des fleurs que m'apporte la brise,
Annonce à mon amour cette terre promise,
Comme ces chauds parfums qui vinrent autrefois
Révéler la Floride au glorieux Génois ;
Déjà de ses forêts jusqu'à moi l'ombre flotte ;
Et l'un de ses ramiers, en guise de pilote,
Vient s'abattre à mon bord. La joie au sang me bout.
D'un sursaut dans la nef je me dresse debout.
— Sous un plane doré par le soleil d'automne,
Une blanche beauté qui semble une madone,
Et qui porte comme elle un fruit du ciel au sein,
M'apparaît... Tout mon cœur murmure un hymne saint,
Car il a reconnu sa coupe d'ambroisie,
Son double lys de paix, d'amour, de poésie...
Et, soudain, m'élançant aux gazons de l'îlot,
Je reçois dans mes bras l'ange — avec l'angelot.

FIN DES IDYLLES.

SONNETS

TROIS LIVRES (DE 1834 A 1846)

> Ne ris pas des sonnets, ô critique moqueur !
> Par amour autrefois en fit le grand Shakespeare.
> SAINTE-BEUVE.

LIVRE PREMIER

I.

LES DEUX LAMES[1]

Un montagnard avait une excellente épée
Qu'il laissait se rouiller dans un recoin obscur.
Un jour elle lui dit : — Que ce repos m'est dur !
Guerrier, si tu voulais !... Ma lame est bien trempée.

Dans tes rudes combats, sur la côte escarpée
Elle vaudrait, au bout de ton bras ferme et sûr,
Les autres espadons qui brillent sous ce mur.
Pourquoi seule entre tous est-elle inoccupée ? —

Je suis comme ce glaive et je dis au destin :
Pourquoi seul de mon type ai-je un sort clandestin ?
Ignores-tu quelle est la trempe de mon âme ?

---

1. Imprimé en mars 1839 avec de monstrueuses fautes typographiques, dans un journal à 6 francs par an, qui s'intitulait : *Revue du Grand Monde !*

Elle pourrait jeter de glorieux reflets,
Si ta droite au soleil faisait jouer sa lame !
Elle est d'un noble acier !... Destin, si tu voulais !...

II.

MOROSOPHIE.

Quand on a dans le cœur simplesse de colombe,
Prudence de serpent doit ceindre ce trésor.
— Pour les corps trop parfaits, pour les vénustés d'or,
Il faut un long manteau qui du chef aux pieds tombe. —

Tous les gomorrhéens ne sont pas outre tombe.
Malheur aux beaux enfants qui, novices encor,
Tout nus, hors du gymnase, ont risqué leur essor !
Bientôt sous l'œil des boucs leur chasteté succombe...

Dans l'antre social, clairvoyance de lynx,
Majesté d'hiérophante et mystère de sphinx,
Doivent garder, vêtir et voiler le poëte.

Ce triple talisman le peut seul protéger
Contre mainte harpie, ardente à dégorger
Son fiel noir — sur sa lampe et dans sa cassolette.

III.

SUPERSTITION.

Oui, dans notre temps même, on peut bien s'effrayer
— Me disait le marquis — du fatal nombre *treize*.

Voyez quatre-vingt-*treize,* en son cours meurtrier,
Roulant vos Girondins avec mon Louis Seize !

Et puis mil huit cent *treize* où l'aigle a dû plier
Au vent continental chargé de haine anglaise !
A Berry qu'advient-il, un *treize* février ?
Il tombe poignardé par une main française !

Un *treize* avril, naguère, en nos troubles civils,
Des soudards trop armés, vainqueurs lâches et vils,
N'ont-ils pas égorgé des citoyens sans armes ?

Las ! c'est encore un *treize* avril — néfaste jour ! —
Qu'elle m'a repoussé, malgré mes sombres larmes,
L'orgueilleuse beauté dont j'implorais l'amour.

IV.

DÉCLIN PRÉCOCE.

L'arbre de ma jeunesse a senti de sa force,
Au feu des passions, les éléments tarir.
Sous la menteuse ampleur de son altière écorce,
Bien peu de séve encor se meut pour la nourrir.

Vainement l'esprit lutte, en vain l'âme s'efforce
De tout reprendre en moi, de tout reconquérir.
Mon être, hélas ! contient cet absolu divorce :
Une âme qui veut vivre, un corps qui veut mourir.

Que demande cette âme à ce corps qui décline ?
N'a-t-elle pas chez lui préparé la ruine ?
N'a-t-elle pas été son incessant bourreau ?

La voilà tantôt veuve et seule, la superbe !
Il est constant, selon le moderne proverbe,
Que la lame a fini par user le fourreau.

v.

LE RÉEL ET L'IDÉAL [1].

L'île est pleine de nuit. La lune, qui se lève,
Entrecoupe d'argent le feuillage et le sol.
Deux cavaliers sont là qui respirent la sève
Que roule du printemps le souffle tiède et mol.

Ils sont assis aux pieds des arbres de la grève ;
Et tous deux, au chant d'or du fervent rossignol,
Se plaisent à mêler, l'un, le vague d'un rêve,
Et l'autre, la vapeur d'un cigare espagnol.

Tandis que le second, d'un air de sybarite,
Humant la volupté de son fin cigarite,
De la création semble peu soucieux.

Le premier de son cœur livre à Dieu le théorbe...
Et l'élan de son âme éperdûment s'absorbe
Dans les fleurs, dans les bois, dans l'onde et dans les cieux !

1. Envoyé, en 1839, au journal *le Cabinet de lecture*. Non inséré.

VI.

BOUTADE.

Çà, je suis de ta Muse un des plus francs amis.
Viens donc un peu me lire, ô barde psychologue,
Pour à ma nuit d'amour me faire un beau prologue,
Les vers tout récemment par ta Muse commis.

Mon débonnaire accueil sur l'honneur t'est promis.
Allons, que je t'entende, en fougueux néologue,
Des mots qui font la roue enfler le catalogue !
Que j'admire ton vol d'oseur et d'insoumis !

Pourvu que de tes vers les sonores saccades,
Imitant la grandeur du rhythme des cascades,
Flattent ma somnolence et mon *far-niente,*

Pourvu que, figurant mainte fusée opime,
Leur flamme à mon regard joue avec rareté, —
Je prônerai ton œuvre et la dirai sublime !

VII.

DOLÉANCE[1].

O forêts d'Orient, dont les grottes sont fées,
M'ouvrirez-vous un jour la paix de vos replis ?

1. Imprimé en novembre 1839 dans le *Cabinet de lecture.*

Entendrai-je dans l'air chanter vos bengalis,
Et sous l'herbe gémir vos sources étouffées ?

Verrai-je se mouvoir les vaporeux trophées
Que roule sur vos fronts le souffle des esprits ?
Sentirai-je glisser, sur mes nerfs bien épris,
De vos puissants parfums quelques chaudes bouffées ?

Comme une plante, hélas ! qui, dans un froid caveau,
Languit loin du soleil et loin du renouveau,
Dans l'orbe citadin ma pauvre âme s'étiole.

Monde fallacieux ! permanent carnaval !
Je m'éteins sous tes pieds — comme la luciole
Sous les pieds des troupeaux qui parquent dans le val !

VIII.

REMERCIEMENTS.

Si modeste qu'il soit, chère sœur, ton pinceau,
Il n'en a pas moins su, dans tes mains studieuses,
Me copier au vif une page, — un morceau
De ramure et de ciel aux touches radieuses.

Moi qui n'ai pas un bout de terre et d'arbrisseau,
Pas de mousse où bercer mes heures soucieuses,
Je pourrai, contemplant ce verdoyant monceau,
Me rêver possesseur de forêts spacieuses.

Oui, grâce à ce feuillage où l'air semble frémir,
A ce bosquet si plein qu'on y voudrait dormir,
Je pourrai, sans quitter la grand'ville où nous sommes,

Sans bouger de ma chambre et du coin de mon feu,
Me délassant le cœur du théâtre des hommes,
Voir, sentir, adorer la nature de Dieu !

IX.

PATHOLOGIE.

J'enferme, quoique jeune, en mon corps tourmenté,
Un mal latent et sourd, une fièvre punique,
Qui tarit lentement, comme un air volcanique
Le réservoir profond de ma vitalité.

Cependant je parais plein de solidité ;
Mon embonpoint me donne un galbe monastique ;
J'ai le col d'un taureau, la carrure athlétique,
Toute l'hypocrisie, hélas ! de la santé.

Tant mieux. Par là j'échappe à la pitié banale ;
Quand je dis que je souffre, un sourire signale
Le démenti formel dont je suis revêtu.

O bourgeois, qui niez que sous le mal je rompe,
Mon masque de santé plus sûrement vous trompe,
Que ne m'abusent, moi, vos masques de vertu !

X.

DON GIOVANNI.

Un soir, aux Italiens, dans une loge obscure,
Elle et lui, de *Don Juan* attendaient l'ouverture.
Il se mit à lui dire, à l'oreille, les vers
Où le nerveux Musset chante le grand Pervers.

Elle, à son tour, bien bas, de sa voix jeune et pure,
Lui conta le beau conte où l'ardente figure,
Entre Hoffmann et Mozart, passe pleine d'éclairs.
— Puis, l'orchestre éveillé répandit ses concerts. —

Nos amants, de la sorte, eurent deux francs poëtes
Pour initiateurs, pour féconds interprètes,
Emmi tout le divin du sublime opéra,

Et l'Amour, dont la loi réglait toutes leurs fêtes,
Bénit de ses rayons, de ses parfums sacra
L'ample contentement que l'Art leur inspira.

XI.

TROUBLE MENTAL.

Il est — le croirez-vous? — des dates et des nombres,
Dont l'aspect me remplit d'un épouvantement
Que ma raison railleuse attaque vainement.
C'est une impression pareille aux terreurs sombres

Que le pâtre, attardé proche de saints décombres,
Éprouve quand il voit — ou croit voir follement —
Devers lui défiler et glisser lentement
Des groupes vaporeux de fantômes et d'ombres.

Un cafard me dirait : — « C'est le Dieu des chrétiens
Qui, fâché de t'entendre en ergoteur impie
D'incrédules propos semer tes entretiens,

Et voulant, esprit fort, que ton orgueil s'expie,
Donne ainsi pour esclave à tant d'absurdités
Ta créance — rebelle aux saintes vérités ! »

XII.

SONNEZ TROMPETTES.

En gagnant le matin ma geôle — Il n'est pas rare
Que je chemine avec un gros de fantassins
Qui vont, musique en tête... et lorsque la fanfare
S'élance des clairons, des cors et des buccins,

Un magique transport me prend — et me sépare
De ma vulgaire vie aux ennuis assassins.
Je vibre. J'ai les nerfs glorieux. Je m'empare
De cent rêves de pourpre accourus par essaims.

Je crois voir... non, je vois — des lices alhambresques,
Des paladins menant des jeux chevaleresques,
Devant des balcons d'or pleins de filles de roi.

Splendide galerie et fulgurante arène !
Double Éden de victoire et d'amour — qui m'entraîne !
Bientôt je suis en selle au milieu du tournoi.

FIN DU PREMIER LIVRE DES SONNETS.

SONNETS

LIVRE SECOND

I.

EN ESPAGNE.

Penchée à ce balcon, Dieu ! qu'elle est pâle et belle !
L'œil du jour, dont les cils ne sont pas clos encor,
Se complaît à lui faire un large nimbe d'or.
On dirait une sainte au fond de sa chapelle.

Qu'elle était noble, en chasse, hier, au son du cor !
L'autre soir, au grand bal, quel charme émanait d'elle !
Elle rendrait constant le plus grand infidèle.
Don Juan, s'il la voyait, tournerait au Lindor.

Certe, une jalousie incessante, éternelle,
Alarme salutaire, alerte solennelle,
De cette sénora doit troubler le sénor !

Ah ! nuit et jour qu'il veille et reste en sentinelle !
J'en connais de ces preux dont l'ardeur criminelle
N'a qu'un rêve et qu'un but : — Lui voler son trésor.

II.

EN ITALIE.

Voyez! c'est une femme au zénith de la vie,
Déployant tout l'éclat d'un magnifique été;
Blanche d'une blancheur, belle d'une beauté
A faire d'un salon le temple de l'Envie!

Svelte comme un palmier des archipels d'Asie;
Noirs cheveux; col de reine artistement sculpté;
Voix d'or; pied d'ange; œil noir; mollesse; majesté;
Démarche d'Orient semant l'air d'ambroisie!

Tout dit qu'elle renferme en son sein d'Astarté
Deux cœurs: l'un pour l'amour — l'autre pour le génie.
Elle a tout: grâce et force, et charme et vénusté.

La superbe Clorinde et la tendre Herminie
Semblent avoir doué sa nature bénie,
Celle-ci de langueur — celle-là de fierté.

III.

DUALITÉ[1].

L'amour, c'est le soleil — le soleil d'Orient.
— Tantôt de ses rayons l'aménité sereine.

[1]. Imprimé dans mon roman *le Lazare de l'Amour*, qui a été publié en 1843 par le feuilleton du journal *la Patrie*.

Engendre une oasis, un Éden souriant,
Où tout le peuple fée accourt avec sa reine.

Tantôt sa cruauté de torride sultan
Crée un désert tout fauve, un océan d'arène,
Que de l'affreux simoun, second Léviathan,
Bouleverse à plaisir la rage souveraine.

Oui, voilà bien l'amour ! le dur, le tendre amour !
Oromaze. — Arimane. Heur, malheur tour à tour.
Calice de poison — coupe d'électuaire.

Qu'il faut d'enthousiasme et de témérité
Pour soulever tes plis, voile du sanctuaire
Où luit fatalement cette Dualité !...

IV.

BILLET.

A rêver ta présence et ton rayonnement
J'ai dépensé le temps que j'avais pour t'écrire.
Il me faut ajourner le soin de te décrire
Les fêtes de mon cœur sous ton gouvernement.

Que ma Muse, du moins, avec recueillement,
Posant en croix ses bras sur sa modeste lyre,
S'en vienne devant toi qui régis son délire,
Faire, tendre vassale, un agenouillement.

Parmi ses oraisons jamais en pourra-t-elle
Trouver une assez pure, assez sacramentelle
Pour honorer le jour, le jour plein de bonheur,

Que, prenant en amour la pauvre créature,
Malgré son indigence et malgré sa roture,
Tu t'élevas au rang de ta dame d'honneur?

V.

INSULA SACRA.

Oh! que pour notre amour tu fus bien inspirée,
Lorsque tu proposas de cacher notre essor
Dans cette île de fleurs, qu'arrose de son or,
Le soleil qui sourit de la voir si parée !

Ta beauté, de feuillage et d'azur encadrée,
M'apparaît plus touchante et plus divine encor.
Ainsi que le Sauveur aux sentiers du Thabor,
Te voilà dans ta gloire, ô ma transfigurée!

Quel air de paradis dans ces ombreux séjours!
Voudrais-tu pas, chère âme, y demeurer toujours?
Ah! que n'ai-je en féerie une voix souveraine !

A l'instant surgirait de ce sol enchanté,
Trois tabernacles d'ange : un pour toi, douce reine,
Un pour la poésie, un pour la liberté.

VI.

ACTIONS DE GRACES.

Il me faudrait sculpter quelque sonnet dantesque
Pour te bien faire voir l'abîme gigantesque,
Le gouffre de douleur où je roulais perdu,
Quand vers moi ton amour sauveur est descendu !

Que n'ai-je le pouvoir, l'éclat chevaleresque,
D'un pair de Charlemagne ou d'un prince mauresque ?
Je voudrais, je saurais, d'un génie assidu,
Maintenir à tes pieds le règne qui t'est dû !

Ah ! la Muse et l'empire ! en vain mon cœur les rêve...
Je n'ai rien que l'amour qui me brûle sans trêve,
Pour te bénir — étoile — infante de l'éther —

Qui produis dans mon sort telle métamorphose
Que, pour moi, du supplice éclôt l'apothéose,
Solime de Sodome, et le ciel de l'enfer !

VII.

MADONNA COL BAMBINO.

Du temps que je croyais aux dogmes catholiques ;
Que mes pensers d'enfance, ardemment ingénus,
Admettaient le pouvoir des saints et des reliques ;
Que j'allais des autels baiser les marbres nus ;

Parmi les beaux tableaux des grandes basiliques,
Celui que j'adorais, que je priais le plus,
C'était la vierge blanche aux voiles angéliques,
Dans ses bras maternels portant l'enfant Jésus.

Et — bien que maintenant les doctrines sceptiques
Aient guéri mon cerveau des rêves ascétiques;
Bien que j'ose nier la Vierge et les élus,

J'ai toujours néanmoins des tendresses mystiques
Pour une femme assise en des prismes confus,
Qui tient un nouveau-né dans ses bras fantastiques.

———

VIII.

MÉDITATION.

Nous nous étions assis sous la verte coupole
D'un grand bosquet de pins, dans une nécropole,
Hors des ris et des pas du promeneur banal.
C'était vers le déclin d'un beau jour automnal.

Au penser de la mort notre ardente parole,
Du penser de l'amour mariait la corolle.
Loin de subir du lieu l'effroi morne et fatal,
Notre âme en liberté rêvait son ciel natal.

Ma compagne me dit ces choses solennelles :
— « D'aimer et de mourir admires-tu l'accord?
Ah! ce sont là, vraiment, deux forces fraternelles!

« Car pour nous élever, d'un plein et sûr effort,
« De cette terre aux cieux, nous n'avons d'autres ailes
« Que celles de l'amour et celles de la mort! »

IX.

PROTESTATION.

Amie, osez-vous bien, vers la forêt du Doute,
Descendre nonobstant ma foi de chevalier?
Ah! dans ce bois perfide à l'endormeuse voûte,
Sais-tu pas que tout arbre est un mancenillier?

Mais toujours, mais toujours à toi mon âme est toute,
A ton âme voulant servir de gondolier,
Jusqu'à ce que la nef, où notre amour fait route,
Du palais des Esprits touche enfin l'escalier!

Mais dans ma passion — feu qui ne peut décroître,
Comme un moine en extase au profond de son cloître,
Je m'absorbe, adorant, contemplant nuit et jour!

Ne méconnaissez pas, ô blanche Notre-Dame,
Ce fidèle à vos pieds versant son cœur de flamme!
Bénissez, bénissez ce moine de l'amour!...

X.

ADORO TE!

Pétrarque en toi, mon lys, retrouverait sa Laure,
Pour la grâce rêveuse et la noble bonté;
Dante, sa Béatrix, pour l'idéalité,
Et Tasse, — pour l'orgueil enfin, — sa Léonore.

Tu les vaux toutes trois... peut-être plus encore!
Quand chez toi resplendit pareille trinité,
Faut-il donc que misère et que débilité
Soient le partage, hélas! du rimeur qui t'adore!

Mais, va, si je n'ai pas la lyre, — j'ai le cœur.
Sans cesse, devers toi, je mène un divin chœur
De contemplation et de graves tendresses.

Va, si tu sais, ma fée, en attributs charmants,
A toi seule valoir au moins les trois maîtresses,
En amour, à moi seul, je vaux les trois amants!

XI.

ALBA DIVA.

La liberté, chère ange, est plus qu'une princesse,
Plus qu'une impératrice et reine... Elle est déesse.
Elle plane, elle règne, au sein de l'éther pur.
Un chœur d'étoiles d'or l'encadre dans l'azur.

Qu'elle lance aux tyrans la foudre vengeresse
Ou qu'elle envole un barde à ses fils en détresse,
Elle est toujours sereine ; et le progrès futur
Est constamment visible en son œil calme et sûr.

Lorsque mon rêve ardent la demande aux étoiles,
Lentement à ma vue elle sort de ses voiles.
Plus je regarde et plus mon âme est à genoux.

Car... (ne fronce donc pas ce beau sourcil jaloux)
Car je te trouve en elle. Oui, ta beauté suprême
La revêt. C'est ton air, ta forme. C'est toi-même !

XII.

SPLEEN.

Mes intimes douleurs, surtout celles d'amour,
Dans mon cœur ont le sort des femmes de l'Asie.
Sous les lois du harem elles y font séjour.
Prison. Mystère. Ainsi le veut ma jalousie.

Quand parfois elles sont dehors — l'œil du giaour
Ne peut pas m'inspirer de sombre frénésie ;
Car elles ont un voile impénétrable au jour,
Le voile du symbole et de la fantaisie.

Celui qui songerait à l'ouvrir tant soit peu,
Celui-là je le hais, je le tiens pour infâme !...
Que, — si j'ai des amis, — nul d'entre eux ne réclame !

Non, non, je ne saurais, sur mes rêves de feu,
Sur les pleurs de mon cœur, les fièvres de mon âme,
Souffrir d'autre regard que le regard de Dieu!...

FIN DU SECOND LIVRE DES SONNETS.

SONNETS.

LIVRE TROISIÈME.

I.

LA PETITE ET LA GRANDE MORALE.

La vertu! la vertu! sophistique néant!
Thèse collégiale! oratoire fumée!
Que sans doute il est bon que la plèbe charmée
Honore à deux genoux, l'œil d'extase béant.

Mais l'homme fort s'en raille... Est-ce que du géant
La carrure jamais pourrait être enfermée
Dans le haubert chétif qu'endosse le pygmée?
Est-ce que dans un verre on mettrait l'Océan?

Le larron de mouchoir et le coupeur de bourse,
Le vieux juif, dont les biens dans l'usure ont leur source,
Sont d'éternels objets de réprobation.

Sur tous les volereaux chacun crie : anathème!
— Mais l'on hisse au pavois de l'admiration
Le brigand de haut lieu qui vole un diadème!

II.

LA VRAIE NOBLESSE.

Ils vont criant partout, blêmes, la larme à l'œil :
« — Toute aristocratie est morte... Hélas! quel deuil! »
Mes maîtres, jugez mieux. La vôtre est au cercueil;
Mais la nôtre est debout, pleine d'un saint orgueil.

La nôtre, entendez-vous? Sur votre blason fruste
Elle a posé le pied. C'est la noblesse auguste
Du penseur, du poëte, au cœur simple et robuste,
Cherchant le vrai, le beau, n'adorant que le juste.

Notre aristocratie, à nous, verse le jour.
La Raison, notre reine, a pour tenir sa cour
Trois astres : l'Équité, la Liberté, l'Amour.

Oui, sachez-le, bourgeois, financiers, diplomates!
Les nobles, maintenant, les vrais aristocrates,
Les vrais patriciens — ce sont les démocrates!

III.

A LAMARTINE[1].

DÉPUTÉ DES CHAMBRES DE LOUIS-PHILIPPE.

Roi de mystérieuse et sainte mélodie,
Pourquoi mêler la terre avec le firmament?

---

1. Envoyé au journal *l'Écho français*, en 1841, et très-probablement non inséré.

Pourquoi te fourvoyer dans ce lourd parlement,
Du forum des latins vénale parodie?

Ton blason de poëte, en cette comédie,
Ne l'exposes-tu pas à quelque détriment?
Entends ces baladins traiter insolemment
Tes concerts de frivole et creuse psalmodie!

Va, remonte à la sphère où naissent tes chansons.
O le plus idéal de nos modernes cygnes,
Cesse de profaner tes célestes insignes!

Que ton beau vol t'enlève à ce ramas d'oisons
Qui ne savent que boire au limon du Pactole
Et qu'on ne verra pas sauver le Capitole!

IV.

MIRABEAU [1].

On dit que, dans l'alcôve où ce fauteur d'orage
Agonisait — malgré son âge encor puissant —
Parce que sa nature, hyménée incessant
De vice et de vertu, de grandeur et de rage;

Son orgueil, Sinaï toujours incandescent;
Ses amours de lion, ses douleurs d'aigle en cage;
Ses grands coups de cognée à l'arbre du servage,
Hélas! avaient tari le plus pur de son sang,

---

1. Imprimé dans le journal *le Voleur*, en juillet 1841.

On dit qu'un noble enfant cria : — « Fendez ma veine.
Que tout mon jeune sang, transfusé dans la sienne,
De ses jours précieux ranime le flambeau ! »

A quoi le moribond fit en hochant la tête :
— « Je ne reprendrais là qu'une vie incomplète ;
Ton sang ne serait plus le sang de Mirabeau !...

---

v.

MARAT.

Qu'on ouvre à deux battants Bedlam aux lunatiques
Qui voudraient dans l'Olympe asseoir l'ogre Marat.
Que cet homme ait été plus fou que scélérat,
C'est tout ce que j'accorde à leurs cris fanatiques.

Mais, vrai Dieu ! dans l'azur des lumineux portiques,
Hisser ce roi du meurtre aux haillons d'apparat !
Ériger en lion cet immonde verrat !
L'introniser parmi les grands tribuns antiques !

Parle, bon La Palisse, oracle familier !
Dis que pour tout regard tant soit peu régulier
Les égouts ne sont pas à la hauteur des cimes.

Dis encor qu'un bourreau n'est pas un chevalier ;
Et que *rage* et *courage,* — à peu près homonymes —
Ne sont pas, et jamais ne seront synonymes !

VI.

DANTON.

Danton!... quel nom!... quel bruit! quel retentissement!
Il vous emplit le cœur de tocsin, de tonnerre.
On pense ouïr gronder un écho du cratère...
Un grand bois néméen... quel plein rugissement!

Hélas! fut-il toujours lion? L'affreux moment
De septembre, — qui vit le lion populaire
Se transformer en tigre à force de colère —
Ne l'a-t-il pas vu — lui — tigre pareillement?

Doit-on le condamner? — Ciel! pourrait-on l'absoudre?
— *La Patrie en danger* voulait des coups de foudre.
Courbez donc un Titan sous le niveau commun!

Pourtant l'âme du sage, incertaine et troublée,
Dans l'histoire, aux côtés du colossal tribun —
Voit Némésis trop nue et Thémis trop voilée.

VII.

LES GIRONDINS.

Votre gloire m'exalte, hommes de la Gironde!
Votre vertu me charme, ô tribuns généreux!
Vous êtes mes héros, mes paladins, mes preux.
Contre vos noms encor la Montagne en vain gronde...

Dans les âpres combats livrés à l'ancien monde,
Tout en vous produisant justiciers rigoureux,
Vous avez su garder, en sages vigoureux,
La sainte horreur du sang, du fanatisme immonde.

A vos fiers sentiments de purs stoïciens
J'aime vous voir mêler des goûts patriciens.
Athènes vous sourit, Florence vous approuve.

Vous avez des regards, des gestes, des maintiens,
De grands rayons — qui font que chez vous l'on retrouve
Les chevaliers d'Artus et les premiers chrétiens.

VIII.

ENCORE DANTON.

C'est plaisir de savoir que ce Titan vainqueur,
Dont la tonnante voix déifiait l'audace,
Avait une âme tendre, aimait d'amour tenace,
Et, sous son ire, était magnanime en son cœur.

Le Livre de Merci garde aux feuillets d'honneur
Son vœu : — N'aurons-nous pas un comité de grâce ? —
Et son mot : — Il vaut mieux, quand le sort nous surpasse
Être guillotiné qu'être guillotineur. —

Dans son premier hymen quelle ivresse ample et forte !
Absent, sa femme, hélas! meurt.—Quel deuil le transporte!
Il revient. — La nuit règne. — Au cimetière il court.

Fougue étrange! il déterre, il embrasse la morte...
— Et l'enclos funéraire entendit jusqu'au jour
Ce bon lion rugir de douleur et d'amour.

IX.

LES TRIUMVIRS.

Terrible trinité : le maigre Robespierre
Entre le beau Saint-Just et l'infirme Couthon,
Trois hommes? non, trois sphynx — de fer, d'airain, de pierre,
Dévorant léopards, lions — même Danton !

O problème! Allier à la grandeur austère
De vertus qu'envieraient l'un et l'autre Caton,
Un fanatisme noir qui fait trembler la terre,
Et qu'au fond de l'Érèbe applaudit Alecton !

Mais ne tolérons pas que de la bourgeoisie
L'hypocrite sagesse informe et sentencie
Contre ces hauts Nemrods, ces chasseurs de Tarquins.

Cela ne sied qu'aux fils de la démocratie.
Silence donc, silence, ô bourgeois publicains!
A nous seul de juger ces grands républicains!

X.

LA GRANDE ASSEMBLÉE.

Sénat de dictateurs, Convention sublime,
Des fils de la Raison concile solennel,
Au grand commencement, ton verbe impersonnel
A dompté le chaos, a fécondé l'abîme !

Ta gloire — formidable autant que magnanime —
Semble, en nous dirigeant vers l'éden du Réel,
La colonne éclatante et sombre — qu'Israël
Avait pour se guider vers les champs de Solime !

Ceux qui veulent ne voir en toi qu'un parlement,
Sont dans une ample erreur : tu fus un élément...
Comme le feu central qui détruit et qui fonde.

C'est ce qui t'absoudra, chez la postérité,
De n'avoir pu mener, sans ruine profonde,
Le renouvellement de notre humanité.

XI.

MÉHUL ET BOÏELDIEU.

Assurément l'orage est un grand virtuose ;
Et c'est avec bonheur que l'on se sent frémir,
Quand ses puissantes mains font gronder et gémir,
Sous leur arpégement, son clavier grandiose.

Mais après ce concert, qui rend pâle et morose,
L'âme tout effarée aime à s'épanouir
Au bruit de sons plus doux, tels qu'en peut faire ouïr
L'oriental Bulbul à sa reine la Rose.

— Ainsi, quand Boïeldieu nous vint après Méhul,
Ce fut comme la voix de l'amoureux Bulbul
Succédant aux accords d'un sublime tonnerre.

Après le barde altier le charmant troubadour.
On était oppressé des sombres chants de guerre ;
On ouvrit tout son cœur aux joyeux chants d'amour.

XII.

LA SÉRÉNADE[1].

D'APRÈS UHLAND.

« — Quelle mélodieuse et tendre sérénade
« Contraint si doucement mon sommeil à finir ?
« Mère, ouvrez la fenêtre et, sur la promenade,
« Voyez quel amoureux si tard peut se tenir. »

« — Je ne vois rien, ma fille... Ah ! pauvre enfant malade,
« Tâche de te calmer et de te rendormir.
« Nul cavalier, t'offrant son luth et sa ballade,
« Ne vient sous ton balcon préluder et gémir. »

---

1. Inséré dans l'illustre *Revue du grand Monde*, en même temps et avec les mêmes infortunes typographiques que le sonnet de *Deux Lames*.

« — Ce n'est pas un concert de terrestre harmonie ;
« Ce sont les chœurs du ciel et les harpes de Dieu.
« Ils m'invitent, ma mère, à leur fête infinie.

« Mon bel ange gardien, de sa droite bénie,
« Me montre en souriant les splendeurs du saint lieu.
« Mon âme ouvre son aile... Adieu, ma mère, adieu.

FIN DU TROISIÈME ET DERNIER LIVRE DES SONNETS.

PRÉFACE ET ÉPILOGUE

DE

L'HISTOIRE D'UN ANNEAU ENCHANTÉ

ROMAN DE CHEVALERIE[1]

PRÉFACE

DU ROMAN DE L'ANNEAU

A l'aspect imprévu d'une préface en vers,
Bon lecteur, j'en suis sûr, te voilà tout morose :
« — Ha ! dis-tu, si déjà les préfaces en prose,
« Abusant de leur droit d'assommer l'univers,
« Ne craignent pas de joindre à leurs mille travers
« Celui de prendre un ton lyrique et grandiose ;
« De gravir les Hauts-Lieux pour y prophétiser ;
« De créer, d'expliquer des arcanes, des mythes ;
« De réglementer l'homme et Dieu — de s'épuiser
« En emphases sans but, en fougues sans limites ;
« Que dira, que fera, qu'osera celle-ci ?
« Oui ! que seront les vers si la prose est ainsi ?
« Les vers ! dialecte inné du rêve et du symbole !
« Dont le suprême objet, l'unique mission,
« Est d'outrer, d'exhausser, de doubler l'hyperbole !

[1]. Imprimé en 1842 avec le susdit roman.

« D'exagérer enfin l'exagération !... » —
Tout beau, seigneur lecteur, calme-toi, je te prie!
Ta crainte est sans raison; sur mes alexandrins
Daigne attacher des yeux moins durs et moins chagrins;
Ils vont bourgeoisement, sans airs de seigneurie,
Sans se faire le char de quelque théorie,
Sans tambours triomphaux, sans clairons souverains,
Abdiquant volontiers leur droit d'être rhapsodes;
Rien chez eux ne ressemble au grand faste des odes;
Nul somptueux manteau ne leur charge les reins.

 Au reste, ne voulant doter ce péristyle
Que d'un bref exposé de l'œuvre que voilà,
Je ne sais pas comment je pourrais trouver là
Motif à bruit pompeux de donnée et de style,
Matière à monument; car, il n'est question
Que d'une fable, hélas! bien frivole et futile,
Que d'un humble roman dont la narration
Le dispute en folie à sa conception.

 Ah! si c'était, lecteur, un de ces romans graves,
Soldats de la Justice et de la Vérité,
Dont l'éloquence lime avec ténacité
Les préjugés d'airain, les antiques entraves,
Qui garrottent le corps de la société, —
Un de ces grands romans qu'on dit humanitaires,
Penseurs, néo-chrétiens, moraux, utilitaires;
Si c'était un de ceux dont le culte savant,
Des gothiques tombeaux nous déchiffrant les dalles,
Ressuscite les mœurs et la foi féodales,
Le blason, le missel, la dague, les sandales,
Le moine, le seigneur, le château, le couvent;
Si c'était un de ceux qui, d'un œil sympathique,
S'évertuant à lire au livre énigmatique
Des deux sphinx qu'on appelle et la *tête* et le *cœur*,
Veulent faire aux bourgeois goûter le *genre intime*,

(Ce pauvre genre auquel les feuilletons en chœur
Naguère ont refusé l'honneur de leur estime); —
Tu pourrais craindre alors qu'orgueilleux préfacier,
J'osasse me construire un portique princier!
  Mais non; que ton esprit nullement ne s'effare;
Je ne peux ni ne veux entonner de fanfare,
Mon conte n'ayant pas d'autre prétention,
Dans son étrangeté que le bon sens condamne,
Que celle de paraître, à l'instar de *Peau d'âne*,
Une chose amusante en fait de fiction.
Oui, mon but, mon dessein, mon vœu, c'est qu'il amuse:
D'aucun autre souci je n'ai troublé ma Muse:
Modeste, j'ai voulu donner tout simplement
Aux *Mille et une Nuits* un bout de supplément.
Donc, c'est une insolite et fantasque épopée;
C'est, — en pleine chimère, — une franche équipée,
Une œuvre invraisemblable, un essor turbulent,
Une course au clocher, sans cordeau, sans balustre...
Puisse au moins quelque peu de verve et de talent
Sur le style et la forme avoir jeté du lustre!
  Or, si mon jugement faisait loi, — je dirais
Qu'en fait d'art fabuleux et de système épique,
On doit trouver cent fois, mille fois plus d'attraits
A la course au clocher qu'à la course olympique;
Qu'il faut un bras plus ferme et de plus sûrs jarrets,
Qu'il faut être doué d'un cœur plus impavide
Pour lancer son cheval au profond des forêts,
A travers les rochers ceints d'un brouillard livide,
Par delà les buissons, par delà les guérets,
Aux bords étroits, glissants d'un précipice avide,
Et parmi les hasards, les piéges d'un marais, —
Que pour faire voler un char dans la carrière,
Sur l'arène aplanie, au long de la barrière.
  — Et je crois que mon dire en sa témérité

De mes contemporains serait assez goûté ;
Surtout des jeunes fils qu'on voit par myriade
Parodier l'humeur du fol Alcibiade.
Je devrais m'arrêter : ce propos devient long.
Pourtant mon dernier mot, l'ai-je dit? Vraiment non
Je me confesse à toi, sire lecteur, mon maître.
Je ne t'ai pas parlé très-franchement peut-être
Quand je t'ai déclaré, d'un air victorieux,
Que le livre présent n'a rien de sérieux.
A travers son parlage aux recherches frivoles,
Sous ses légèretés, d'ailleurs point malévoles,
Quelques traits, je l'avoue, éclatent par moments
De généreux pensers et de fiers sentiments.
On y sent résider quelque mélancolie ;
Quelque raison remue au fond de sa folie.
Parmi ses riens moqueurs volontiers se fait jour
Le langage sacré du véritable amour.
Les plis capricieux de sa robe moresque
Couvrent les battements d'un cœur chevaleresque.
Du moins (car je dois être un peu plus humble ici),
J'ai fait tous mes efforts pour qu'il en fût ainsi.
J'ai voulu, j'ai tâché qu'une idéale flamme
Pénétrât dans ce conte et lui fît comme une âme.
  Petit livre, à quoi bon tout ce bruit et ce feu?
Pourquoi tant marchander ta vie, ô petit livre?
Lorsque je sais, hélas! que tu vivras si peu !
Lorsque je ne sais pas même si tu dois vivre !
Les prélats, les docteurs de nos grands feuilletons,
Te voudront-ils admettre à leur bénin baptême?
Où sont, pour t'y mener, tes parrains, tes patrons?
S'il te faut t'en passer, tu seras anathème !
Étouffé de silence... ou lapidé d'affronts !
  O mon pauvre canot, si tu n'as pas d'étoiles
Crois-en de ma raison le pronostic amer

Jamais tu ne pourras, avec ta faible voile,
De la publicité gagner la haute mer.
A peine est-il sensé d'entrevoir l'espérance
Que les préfets du port, émus de tolérance,
Te permettront, chétif, de séjourner deux jours
Sans craindre des rivaux la jalouse algarade,
Parmi les canotins dont l'immense concours
Incessamment encombre et voile aux yeux la rade.

<small>L'alinéa qui est entre deux crochets est inédit. L'auteur l'a supprimé à l'impression. Pourquoi? Il n'en sait plus rien.</small>

ÉPILOGUE

DU ROMAN DE L'ANNEAU.

Il est un rêve d'or qui parfois me console
De l'oubli qui t'attend, ô ma fable frivole!
De l'oubli sans réveil où tu seras demain. —
   C'est par un soir d'été, sous le beau ciel romain.
J'avise, dans l'éden d'une villa de marbre,
Une dame et son page assis au pied d'un arbre.
Le page, à la faveur des derniers feux du jour,
Vient de lire à sa fée, à sa dame d'amour,
Ce conte où j'ai parlé d'amour et de féerie.
Tous les deux, l'âme émue et la voix attendrie,
De leur assentiment me prodiguent l'honneur.
On a tant d'indulgence aux sphères du bonheur!
   Quand ils ont bien fêté, bien béni le poëte,
Une extase les prend — lumineuse et muette —
Dans laquelle l'amante — au doigt du fier amant
Qui triomphe à genoux — passe un anneau charmant.

Puis entre eux s'interpose une flamme, un mystère.
Flamme qu'il faut voiler, mystère qu'il faut taire...
Comme on voile les dieux, comme on tait leurs grandeurs,
Car la Muse et le Prêtre ont les mêmes pudeurs.

Puis le nuage tombe — et le couple se lève...

Respirant des grands bois la balsamique séve,
Ils marchent au hasard par les sentiers ombreux.
A travers le réseau des taillis ténébreux,
Au bord de l'horizon la lune, qui se penche,
Les veille et leur sourit comme une dame blanche.
Enlacés l'un à l'autre, ils vont légèrement...
Tels que deux séraphins qui — daignant un moment
Fouler notre humble sol — sentent toujours leurs ailes.
Leurs yeux à chaque instant croisent leurs étincelles.
Volontiers — de sa voix d'azur — la Marchesa
Brode un motif de Webre ou de Cimarosa...
La voilà qui se tait, bienheureuse d'entendre
Le page qui lui dit ce sonnet grave et tendre :

« Je possède un anneau dont l'or, divin miroir,
« Absorbe ma pensée et mon cœur et mon âme.
« C'est un beau talisman de sympathique flamme
« Que je tiens de l'amour d'une fée à l'œil noir.

« Je possède un anneau dont le chaste pouvoir
« Rend laide à mes regards toute autre que ma dame
« Et fait qu'elle à son tour pour moi seule étant femme
« Mes seuls embrassements la peuvent émouvoir.

« Je possède un anneau dont la sainte féerie,
« De mes songes d'amour et de chevalerie,
« A su réaliser tout l'idéal orgueil.

« Je possède un anneau !... — Si l'on vient me le prendre,
« Quand je serai couché dans la nuit du cercueil,
« Je ressusciterai pour me le faire rendre ! »

FIN DE LA PRÉFACE ET DE L'ÉPILOGUE.

TROIS ÉLÉGIES
(1840-1841)

MÉDAILLE NAPOLÉONIENNE
ÉLÉGIE ÉPIQUE

I.

LA FACE.

La fortune et le vent, de leur meilleure haleine,
Ont soufflé. La frégate aborde Sainte-Hélène. —
Tous, prince et matelots, volent au monument.
— On ouvre le cercueil. — Immense étonnement !
Sainte extase ! Le corps de l'empereur sublime,
Prisonnier du trépas, n'en est point la victime.
Le ver a respecté son front olympien.
D'un vivant qui sommeille il a tout le maintien :
Fermeté de contours, souple vigueur de pose.
Au bivac, sous la tente, on croirait qu'il repose ;
Car, il est tout botté ; car, le voilà couvert
De son habit des camps, de l'uniforme vert ;
Car, sa main, du réveil semblant préoccupée,
Pour la saisir à temps, se tient vers son épée.
Sait-il qu'en ce moment, s'il entr'ouvrait les yeux,
Sur sa tête il verrait le soleil et les cieux ?

Sent-il, penchés sur lui, ces visages de France
Qui le pleurent avec des larmes d'espérance ?
Quand il n'a rien d'un mort pour la difformité,
Est-ce qu'il en aurait l'insensibilité ?
Non. Son âme, en montant vers la cité suprême,
A laissé dans son corps une ombre d'elle-même,
Un don mystérieux de penser, de sentir ;
Privilége de saint, partage de martyr.
Et — vous le comprenez — cette ombre de son âme,
Plus que notre âme entière a de force et de flamme !
Il vous sent là, Français, votre empereur et roi !
Il vous regarde faire, et murmure à part soi :
— « La France a donc vaincu récemment l'Angleterre,
« Pour qu'ainsi mes enfants m'ôtent de cette terre ;
« Et, devant le départ de mon joyeux cercueil,
« Fassent de mes geôliers fléchir le lâche orgueil ? » —
Cette idée, au sommet d'un bonheur grandiose
Le ravit. C'est pour lui plus qu'une apothéose.
  Il est à bord.
        On part.
                L'empereur, l'océan,
Échangent un adieu de géant à géant.
L'un prend congé du haut de son calme génie ;
L'autre, du plus profond de sa sombre harmonie.

II.

LE REVERS.

Loin, dans la pleine mer, un flot plus amoureux
Que les autres — se heurte au vaisseau généreux.

Il serpente à ses flancs, il l'étreint, il le baise,
Or, c'est un flot qui vient d'une plage française.
Le mort l'a reconnu. « Flot fidèle, dit-il,
« Toi que rend si content la fin de mon exil,
« Flot qui m'aime, apprends-moi ce que ma délivrance
« A demandé de sang et d'efforts à la France.
« N'est-ce pas, on triomphe? on a battu l'Anglais
« C'est mon fils, n'est-ce pas, qui trône en mon palais! »
Le Flot, d'un air chagrin, semble baisser sa crête,
Et se vouloir plonger au fond du gouffre. — « Arrête,
« Messager de malheur! Parle, et ne cèle rien.
« Sais-je donc pas souffrir? Allons, j'écoute. Eh bien? »
— « Majesté — dit le Flot tout bas — le roi de Rome
« Est sous un marbre, à Vienne, endormi du grand somme.
« Un d'Orléans, un fils du duc Égalité,
« Occupe votre place — avec peu de fierté.
« L'Angleterre est debout. Sa gloire est florissante.
« Elle n'est point vaincue. Elle est toute-puissante.
« Si vous nous revenez, c'est qu'elle l'a permis.
« Le Français et l'Anglais maintenant sont amis. »
Le mort, mieux que jamais, est glacé dans sa bière.
La honte a dévoré sa joie et sa lumière.
« Quoi! plus de fils! dit-il. Quoi! plus d'aigle à présent!
« Quoi! de l'Anglais aux miens je serais un présent?
« Qu'est-ce que j'entrevois? Mais, si, par la Tamise,
« Au sein de mes États ma rentrée est permise,
« C'est que j'y dois subir de nouvelles douleurs,
« Des malheurs s'égalant à mes anciens malheurs!
« C'est que peut-être, hélas! je dois voir la patrie
« A genoux dans la fange, et déchue, et flétrie!
« C'est que plein d'étrangers railleurs — son horizon
« Me fera regretter celui de ma prison!
« Oui, si de Sainte-Hélène Albion me renvoie,
« C'est qu'un plus sombre écueil est au bout de ma voie.

« Seigneur, ne pouvez-vous m'accorder le bienfait
« D'oublier, d'ignorer, de mourir tout à fait?... »

A BORD DE LA FRÉGATE.
ÉLÉGIE HÉROIQUE.

I.

Pendant que Roi bourgeois, Ministres, Parlement,
Tout l'ordre officiel, tout le gouvernement,
Gens qui d'abord avaient en crânes mis leurs feutres,
Reculent, mendiant la paix comme des pleutres,
Et laissent l'Autrichien, le Russe, l'Osmanli,
L'Anglais — se ruer tous contre le vieil Ali;
Pendant que notre France encastrée en sa honte,
N'espérant plus qu'un jour son astre enfin remonte,
Siffle, bafoue, et traîne au bourbier du mépris
Le nom des zélateurs de la paix à tout prix,
— Un des fils de Philippe est en mer — qui ramène
Sur son vaisseau — le mort captif à Sainte-Hélène.

II.

Que dit-on? que fait-on, sur ce haut bord? — Holà,
Muse! un coup de magie... et montre-nous cela.

La mer; la pleine mer. Un bon vent dans les voiles.
La nuit. Le ciel et l'eau rivalisent d'étoiles.
Rumeurs dans l'équipage. A bord point de sommeil.
Avec les officiers le prince est en conseil.
A leurs regards sa main présente et développe

Des journaux de Paris, des messages d'Europe,
Qu'en masse il a reçus d'un léger brigantin
De notre Saint-Malo — rencontré le matin.
Ces papiers prouvent tous que la foi britannique
N'a pas encor cessé d'être une foi punique.
Le traité de juillet, le déloyal traité,
S'y produit commenté, discuté, détesté!
Un murmure d'airain de ces feuilles s'exhale...
Partout la *Marseillaise* y gronde colossale!
Nos officiers, le cœur ivre de ce tocsin,
D'un poing tout frémissant se compriment le sein.
Le courroux tremble et rit sur leur lèvre hautaine.
Leur œil fond en éclairs. Alors, le capitaine:
— « N'en doutons pas, messieurs! Déjà notre pays
« Venge exemplairement ses nobles vœux trahis.
« A l'heure où nous parlons, la Méditerranée
« De nos vaisseaux tonnants est partout sillonnée.
« Oh! je connais mon père! A cette heure, on combat.
« On canonne l'Anglais, on l'aborde, on l'abat!
« Contre toute l'Europe, avec chevalerie,
« On protége, on soutient l'Égypte et la Syrie!
« Ah! le vieux Méhémet, politique prudent,
« Ne sait pas choisir mal ses amis d'Occident...
« Veillons. Préparons-nous. Nos chers voisins, sans doute,
« En force, dans ces mers, vont nous barrer la route.
« Laisser Napoléon revenir à bon port!
« Nous donner un tel chef!... Oh! comme ils auraient tort!
« C'est pour mieux nous jouer qu'ils ont feint de le rendre.
« Soyons certains qu'ils vont tâcher de le reprendre.
« Quelle sainte fortune à nous se vient offrir!
« Français, vous comprenez? Plutôt que de souffrir,
« Qu'aux mains de ces Judas le corps sacré retombe
« Nous nous réfugierons avec lui dans la tombe...
« Nous nous ferons sombrer!... »

III.

                    Spectres des matelots
Que jadis le *Vengeur* a laissés sous les flots,
Vous qui, pour honorer la France démocrate,
Avez fait ce que dit ce jeune aristocrate,
Vous voilà réveillés, héros! Vous vous dressez
Sur l'Océan qui houle — et vous applaudissez!
Portez, portez ce verbe à la Mère-Patrie.
Que ce soit comme un baume à sa fierté meurtrie.
Faites-le retentir dans les cœurs mécontents,
Ce verbe qui console et venge en même temps.
Que partout on oppose — avec rire et colère —
Le fier honneur du fils à la honte du père.
Que les fronts du pouvoir s'en couvrent de rougeur...
— Soufflez dans ce clairon, fantômes du *Vengeur!*

    Quant à moi, je l'avoue, à cet accent stoïque,
Mon être est parcouru d'une flamme héroïque;
Si bien que je surprends mon cœur républicain
En admiration pour le fils de Tarquin[1].

LA NUIT.

STATUE DE MICHEL-ANGE.

ÉLÉGIE ARTISTIQUE.

Un matin, Michel-Ange, errant à l'aventure,
Dans une basilique où régnait sa sculpture,

---

1. Note de 186...
    Sainte Vierge! appeler Tarquin ce bon Philippe!
    Faut-il qu'à cet excès la rime s'émancipe?
    Et puis, que signifie — Oh! quel remords plus tard! —
    L'anathème aux Tarquins lorsqu'on chante César?

Contemplait, d'un regard sévère et paternel,
Sa dernière statue, image grande et rare,
Sombre femme endormie éclose en plein carrare,
Représentant *la Nuit.* — Le maître solennel
Vit sur le piédestal quelques rimes tracées...
Il lut. C'étaient des vers du poëte Strozzi.
On sait que Michel-Ange était poëte aussi.
A son tour, sur la pierre, il mit de ses pensées.
— Cette double légende on vous la donne ici. —

VERS DE STROZZI.

La Nuit, qui t'apparaît plongée en un doux somme,
Est l'œuvre de la main d'*un Ange* — non d'un homme.
Elle vit — quoique marbre — et parce qu'elle dort.
Veux-tu qu'elle s'éveille? Il n'y faut point d'effort.

RÉPONSE DE MICHEL-ANGE.

Il me plaît de dormir. Il me plaît d'être marbre.
Tant que d'un plat tyran dure l'affreux pouvoir,
Le mieux, c'est de ne pas sentir — de ne pas voir...
Christ est là. Qu'on me laisse en repos sous son arbre.

———

Ils ont tant de beauté, ces accents florentins,
Que même sous ma rime ils ne sont pas éteints;
Leur mode intérieur est tellement sonore
Que, sur mon luth débile, il vibre et règne encore.
Posez un trait divin sur un arc faible et mol:
Le trait part de lui-même; on reconnaît son vol.

O Florence, ô déesse, ô Pallas d'Ausonie!
Qu'il fait bon l'évoquer, ton antique génie!
Effleurés de son souffle, émus de sa vigueur,

Nous secouons un temps notre morne langueur ;
Caressés du reflet de sa clarté salubre,
Nous marchons moins hagards dans ce siècle lugubre ;
Et nous rouvrons notre âme à l'espoir clandestin
De mettre un jour à sac tout le camp philistin.

   Oh ! quelle vision, que la libre phalange
Que mènent dans l'histoire et Dante et Michel-Ange !
Chœurs des fiers citoyens. Maestri radieux.
Statures de héros. Galbes de demi-dieux.
Saints apôtres de l'art. Tribuns de flamme et d'ombre.
Actions sans mesure — et chefs-d'œuvre sans nombre.
Drame immortel — faisant, pour la vieille cité,
Vivre un enthousiasme imbu d'éternité !

   Reviendra-t-il cet âge, où la foule elle-même
Cherchait dans l'idéal son lot, son bien suprême ;
Où l'art semblait (c'était l'instinct universel)
Nécessaire — non moins que le pain et le sel !

   Où sont les beaux combats de ces temps énergiques ?
Je ne veux pas parler des révoltes tragiques,
Des luttes, des grands chocs de pape et d'empereur,
Où maint Brutus mêlait sa stoïque fureur.
Non. J'entends seulement ces sublimes batailles
Que les géants de l'art gagnaient sans funérailles ;
Ces joûtes du génie, où les rivalités
Au lieu de morts semaient des immortalités ;
Ces assauts de lumière, où les nobles émules,
Étaient des Apollons plutôt que des Hercules ;
Où le grand Michel-Ange et le pur Raphaël
Confondaient la splendeur de leur sceptre éternel ;
Où le renom de Dante et celui de Pétrarque
Dans la gloire traitaient de monarque à monarque ;
Où ce gladiateur ardent — le Cellini,
Poussait comme un dieu Mars au fier Bandinelli.

   Aujourd'hui, nous avons encore d'amples luttes,

De fulgurants conflits, d'olympiques disputes.
Nous voyons nos croquants, nos ogres financiers,
Nos grands Shylocks, joûter d'appétits carnassiers.
Chaque antichambre auguste est pleine de bélitres
Rivalisant de croix, de crachats et de titres.
Devers sultan Budget, nombre de bas coquins
Mènent, entre deux eaux, des tournois de requins.
C'est — dans le haut négoce — un concours d'escalades,
Une émulation de piéges, d'embuscades,
Une *course au clocher* frisant, rasant les lois,
Au clocher de la honte... et le chauve bourgeois,
Qui n'a pas un regard pour la lice artistique,
Admire avec ferveur ces combats de boutique.
L'artiste est désormais primé par le marchand;
Et le chiffre est plus fort que la ligne et le chant.

FIN DES ÉLÉGIES.

MOSAIQUE

DE 1835 A 1842.

FRAGMENT INDIEN.

Près des bords du grand fleuve est l'illustre cité
Dont l'aïeul des géants traça l'immensité.
Son circuit n'est pas moins de cent jours de voyage.
Ses portiques au ciel montent d'un seul étage.
Pour emplir jusqu'aux bords son cercle de fossés,
A peine le grand fleuve aurait de l'onde assez.
Faites de métal pur, ses murailles d'enceinte
L'ornent comme un collier de prêtresse et de sainte.
Des cèdres, des palmiers, de jaillissantes eaux
De ses maisons de jaspe encadrent les arceaux ;
Les sons d'une musique aux doux et tendres charmes
Et les résonnements grandioses des armes,
De ses marbres émus s'élevant tour à tour,
Lui font comme une voix d'héroïsme et d'amour.
Sans interruption, ses places et ses rues,
De beaux lions privés, de chars, sont parcourues ;
Sans cesse, pèlerins, trafiquants, messagers,
En grand nombre venus des pays étrangers,
La visitent, portés sur de hauts dromadaires ;
Dans tous ses carrefours dansent des bayadères ;
Et de ses temples d'or le faîte radieux
Chaque soir retentit du bruit du pas des dieux.

Partout, dans la tiédeur de ses nuits constellées,
Banquets d'hommes heureux, chantantes assemblées,
Désirs, plaisirs, parfums, joyaux étincelants.
Personne dans ses murs ne vit moins de mille ans.
Vœux, prières de flamme, encens de sacrifices,
Émanent sans repos de tous ses édifices.
Sa garde est confiée à des chefs triomphants
Qui trônent dans la gaze aux dos des éléphants.
Enfin, de purs esprits dans de saints corps de prêtres,
Daignent la gouverner, lui tenir lieu de maîtres.
 Et dans le déploiement de toutes ces grandeurs,
Dans le rayonnement de toutes ces splendeurs,
Réside un calme immense, une paix infinie,
Un ordre inaltérable, une entière harmonie,
Un suprême avant-goût de la sérénité.
Que respirent les Dieux dans leur éternité.

―――――

FRAGMENT ÉGYPTIEN.

. . . .
. . . .

Au retour d'Osiris, Typhon, de sa stature
Mystérieusement fit prendre la mesure,
Et fit faire un cercueil dont les dimensions
S'adaptaient à merveille à ses proportions.
Par l'ordre du perfide, un artisan célèbre,
Dans les quatre parois de ce meuble funèbre,
Encastra des panneaux d'un luxe magistral.
Là, vivaient, ciselés dans l'or et le cristal,
Des serpents, des festons, d'étranges figurines,
Des licornes, des sphinx, des floraisons marines,

Des triangles sacrés, de divins médaillons,
Qui, comme des soleils foisonnaient de rayons.

Il convie Osiris aux pompes d'une fête.

Dans un grand pavillon, qui, de la base au faîte,
Est largement drapé d'un glorieux velours
Dont on a broché d'or les pans vastes et lourds,
Sous l'étincellement qui pleut des lampes vives,
Le festin, fleuronné de plus de cent convives,
Avec tous ses parfums, ses nectars, ses joyaux,
S'inaugure aux accords des théorbes royaux.
 Caressant à part soi sa perfidie insigne,
Typhon baise la main de son frère...
 A ce signe,
La voûte s'est scindée, et, tout resplendissant,
Le coffre merveilleux sur la table descend.
 On admire son faste — et chacun se récrie
Sur le parfait travail de son orfévrerie.
Tous disent que jamais dans un cercueil si beau,
Grand-Pontife ou Grand-Roi ne fut mis au tombeau.
 Alors Typhon : — « Seigneurs, écoutez ce que j'offre !
« Ma libéralité fera don de ce coffre,
« Qui n'a pas sous le ciel de rival en splendeur,
« A celui dont la taille aura même grandeur. » —
 Ces mots sont applaudis de la foule enchantée.
Mais l'épreuve est en vain par maint seigneur tentée.
Tous elle les signale ou trop longs ou trop courts.
Cependant Osiris restait hors du concours...
Lorsque l'interpellant, la reine d'Éthiopie,
Jalouse de hâter la catastrophe impie :
 — « Eh bien ! qu'attendez-vous, prince ? De spectateur,
« Ne songez-vous donc pas à devenir acteur ?
« Serait-ce que jouer avec les funérailles,

« D'une secrète peur troublerait vos entrailles! » —
 Osiris, déployant un gracieux dédain,
Se couche tout entier dans le cercueil...
                              Soudain,
On pousse, on ferme, on cloue à grand bruit le couvercle..
De vingt lames de bronze on l'entoure, on le cercle...
Et, tandis que la nuit leur prête son rideau,
Les traîtres dans le Nil vont jeter ce fardeau.

FRAGMENT MOYEN-AGE.

. . . .
. . . .
Nous étions tout un peuple — un jour à l'abbaye
De Saint-Or, par qui Rome est si bien obéie.
Là nos chefs et barons nous avaient rassemblés
Pour mettre le salut des vignes et des blés
Sous la protection de la douce madone.
On chantait la grand'messe, et — que Dieu me pardonne —
On était au moment de l'élévation.
La foule, prosternée en adoration,
Sentait passer, de joie et de respect transie,
Sur ses fronts qui pliaient le souffle du Messie.
Deux hommes, cependant, deux membres de ce chœur,
Quoique présents de corps, étaient absents de cœur.
Le premier, c'était moi, le second, lui — le traître...
Or, le secret penser qui dédoublait mon être,
C'était un vouloir âpre, un besoin singulier
D'espionner la foi du dévot templier;
De surprendre en son geste, en ses traits — quelque signe

Qui vint justifier la répugnance insigne
Que pour lui, dès longtemps, sans démêler pourquoi,
Mon esprit étonné ressentait malgré soi.
Donc, pendant que sur nous planait la sainte hostie,
Je tenais du regard sa personne investie...
Très à loisir vraiment, grâce à l'humble maintien
Que présentait alors chaque front de chrétien.
Je le vis qui riait, d'un rire de bohême,
Sur un livre qui n'est que luxure et blasphème,
Dont l'auteur est Pétrone, un vieux ribaud romain?
Ce tome remplaçait le bréviaire en sa main.
Dites : comprenez-vous l'horreur d'un tel cynisme!
Sous le toit de Jésus fêter le paganisme!
Et caresser, devant l'agneau de chasteté,
Abominablement le bouc d'impureté!

. . . .
. . . .

Quel sacrilége!... à quoi pensait donc le tonnerre
De garder dans la nue un repos débonnaire!...

. . . .
. . . .

Ce nouveau déicide en mon entendement
Causa tant de tumulte et d'épouvantement,
Que je ne voulus pas prendre sur moi d'en faire
La révélation. J'allai, touchant l'affaire,
Consulter un abbé, docteur et professeur,
Lequel à cette époque était mon confesseur.
Il ne fut pas d'avis de rompre le silence.
— « Laissez Dieu punir seul sa païenne insolence. »
Me dit-il : « Ce n'est pas à l'homme à venger Dieu.
« Ah! si d'autres témoins que vous, dans le saint lieu,
« Avaient vu — si le crime eût engendré scandale —
« Nul doute que, malgré sa grandeur féodale,
« Malgré sa qualité d'illustre chevalier

« Du saint Temple — il faudrait hautement publier
« La honte du coupable et crier anathème
« Sur qui parjure ainsi les vœux de son baptême !
« Mais puisqu'heureusement rien ne fut aperçu
« Que du Ciel et de vous — laissons dans leur insu
« Les autres assistants, les clercs, même les proches
« De l'impie... Espérons qu'aux déchirants reproches
« Que fait la conscience, intime justicier,
« Il n'opposera pas toujours un cœur d'acier.
« N'attirons pas sur lui la colère des hommes.
« Il les aime peut-être... Énigmes que nous sommes !
« Bon nombre d'entre nous, dont l'élan contempteur
« Dans l'incrédulité brave le Créateur,
« Sont toute bienveillance envers la créature.
« Oui, ce contraste est vrai. D'une double nature,
« Subissant à la foi l'un et l'autre penchant,
« Tel homme est un athée — et n'est pas un méchant. »

FRAGMENT CABALISTIQUE.

. . . .
. . . .

Oui, Forces et Vertus des temps mystagogiques,
Toutes je vous rencontre en mes veines magiques,
Si je me reproduis ; c'est en Deucalion.
Si je massacre — c'est en néméen Lion.
Si le rire me prend, c'est en franc Démocrite.
Si jamais je pleurais, je serais Héraclite.
Si je veille, c'est en Argus. — Et si je dors,
C'est en Dieu du sommeil. Si je hurle et je mords,
C'est en Cerbère. — Si, d'une aile triomphale,

J'atteins la région de l'air — c'est en Dédale.
Si je reste, c'est en dieu Terme. — Si je prend
Le manteau du départ, c'est en vrai Juif errant.
Si j'appelle, c'est en stentor. — Si je regarde,
C'est en Basilic. — Si je chante, c'est en Barde.
Si je parle et me tais, c'est en Oracle, en Sphinx.
Si je vois, si je lis dans les cœurs — c'est en Lynx.
Si j'embaume et reluis, c'est en autel de fête.
Si je bénis, si je maudis — c'est en prophète.
Si je contemple, c'est en Fakir lévantin !
Si j'ordonne, si je défends — c'est en Destin !

(D'après Cyrano.)

FRAGMENT CHRÉTIEN.

. . . .
. . . .

Du sein de Régina, qui brise un dernier râle,
L'âme sort — puis s'envole... Or, sur son cheval pâle,
Était non loin le roi des Épouvantements...
Il la saisit, malgré ses longs gémissements.

. . . .
. . . .

   Le cheval monte — monte — et son essor avide
S'empare avec fureur des saharas du vide ;
S'aventure à travers des groupes de Babels,
Des mers de l'inconnu monstrueux archipels ;
Franchit cent tourbillons, cent trombes, cent orages,
Cent gorges de chaos où vaguent des mirages ;
Et partout l'ample deuil d'une profonde nuit
— Reflet du cavalier — le précède et le suit.

L'âme, en passant auprès des pudiques Étoiles,
Les voit, à son aspect, sous de funèbres voiles,
Se dérober le front ; puis, elle les entend,
A leurs chants de bonheur faisant trêve un instant,
Prendre une voix lugubre, amère, consternée,
Pour se dire : — « Pleurons ! car cette âme est damnée ! »

Le cheval monte encor, laissant bien loin, bien bas,
Le peuple sidéral sous le vol de ses pas.
Il bondit de hauteur en hauteur — d'orbe en orbe.
Dans chacun des élans de sa course — il absorbe
Un espace qui vaut, tant il s'ouvre géant,
Mille fois notre terre avec notre océan.

Sur un soleil éteint, dont fume encor la crête,
A la fin le voilà qui se pose — et s'arrête...
Bien ! dit le cavalier. Bien. C'est ici le lieu.
— Où sommes-nous ? dit l'âme. — Au tribunal de Dieu. —

La pauvre âme, qu'étreint l'immensité sans borne,
Autour de soi prolonge un regard lent et morne.

Tout en haut, dans l'éclat d'un brûlant Sinaï,
Sous un dais que le nom du grand Adonaï,
Sainteté fulgurante, à son faîte décore,
Un triangle plus saint, plus fulgurant encore,
L'amour du bienheureux, la haine du maudit,
S'élève, se déploie, et règne et resplendit.
Sept Esprits vêtus d'or, — debout contre les rampes
Du marche-pied divin — veillent comme sept lampes...
Et l'immortalité des grâces de leurs corps
Exhale incessamment parfums, rayons, accords...
Bien bas dans l'infini — plus bas que notre Monde —
L'orifice d'enfer, dardant sa flamme immonde,
Comme un vaincu rongé d'impuissante fureur,
Rit d'un rire distors plein de rage et d'horreur.

Le Prince de l'Orgueil, le Père de la Fraude,
Volumineux serpent sur ses bords glisse et rôde...
Du regard qu'autrefois sa chute lui donna,
Il regarde, il convoite, il couve Régina ;
Et, la considérant comme sa juste proie,
Semble en jouir d'avance, et siffle — affreux de joie.
   Entre la région du pourpris éclatant,
Et le point ténébreux où l'âme en peine attend,
Un archange surgit, pâle — et dresse en silence,
De l'Équité de Dieu la terrible Balance.
Dans le plateau sénestre, il met le poids fatal
De tout ce qu'ici-bas Régina fit de mal.
Il pose dans le dextre, avec un soupir sombre,
Ce qu'elle fit de bien... poids léger comme une ombre.
Aussi, voit-on céder, sous le plus faible effort,
Le plateau de la vie au plateau de la mort.
   — « Puisque mon Équité, dit le Triangle austère,
« Éprouve, en la pesant, cette âme trop légère,
« Que du Livre de vie on retranche son nom,
« Et qu'elle soit jetée au gouffre du Dragon ! » —

Et déjà sombrement l'archange ouvrait le Livre ;
Et le nom sous sa plume allait cesser de vivre ;
Quand, du fond de l'Éther, une voix de douleur,
Tout à coup s'éleva.
              — « Seigneur ! Seigneur ! Seigneur !
« Laissez, laissez monter jusqu'en votre lumière
« D'Octobrin votre enfant la plaintive prière.
« Grâce pour la damnée ! O vous, Marie, ô vous,
« Mère des affligés ! de vos pleurs aidez-nous.
« Grâce ! j'offre mon sang. Victime expiatoire,
« Je ferai, s'il le faut, mille ans de purgatoire ! » —
   Alors du Paradis sourirent les clartés ;
Et le triangle dit à l'Archange : — Arrêtez ! —

Et l'on vit doucement la prière du Juste
S'élever jusqu'auprès de la Balance auguste;
Puis, de l'Archange, ému, baisant le bleu manteau,
Fouler à deux genoux le funeste plateau...
Tout soudain, la Balance est mise en équilibre
Et Dieu dit :
   — « Nous changeons notre arrêt. L'âme est libre,
« Elle va retourner au milieu des mortels.
« Il lui sera facile, à l'ombre des autels,
« D'épurer sa nature en contemplant le Père,
« Le Fils et l'Esprit-Saint. Notre Marie espère
« Que le bien d'un seul coup enlèvera le mal,
« Quand nous la reverrons devant ce tribunal. » —

Dans le Ciel, à ces mots, les Élus applaudissent,
Tandis que, dans l'Enfer, les réprouvés maudissent...
Et l'heureuse Prière, ange aux blancs vêtements,
Va prendre aux mains du roi des Épouvantements
L'âme qu'elle dérobe à la mort éternelle;
Se plait à l'olombrer de l'amour de son aile;
Lui répète à l'oreille, en sons mélodieux,
Le chârme de l'arrêt miséricordieux;
L'emporte aux régions de rêve et de mystère
Par où de l'Empirée on descend à la Terre,
Et lui cache l'aspect des monstres surhumains,
Des chaos, des Babels qui sèment les chemins.
Cette fois, plus de deuil, plus de frissons funèbres!
Plus de spectre farouche enfantant les ténèbres!
Notre blanche Prière, en son vol plein d'ardeur,
Partout mène avec elle un cercle de splendeur.

Aimables cette fois, les pudiques Étoiles
N'ensevelissent plus leur beauté sous des voiles.
Sur un mode imprégné de grâce et de douceur,
Elles chantent ces mots : — « Régina, chère sœur!

« Gloire au Juge éternel! Bénissons la sentence
« De la miséricorde... Adieu. Fais pénitence. » —

(A l'exception des quatre premiers vers, ce morceau a été imprimé avec mon conte *l'abbé de Saint-Or*, dont il fait partie, au feuilleton du journal *l'Estafette*, en octobre 1839.)

FRAGMENT DRAMATIQUE.
LE PREMIER MONOLOGUE DU 24 FÉVRIER.
DRAME ALLEMAND DE WERNER

L'intérieur d'une misérable chaumière dans les Alpes. — Il est nuit. — La scène n'est éclairée que par une morne lanterne posée sur un escabeau. — Vent formidable, pluie, éclairs et tonnerre.

GERTRUDE, seule, assise devant un rouet.

Onze heures!... Et Conrad qui n'est pas de retour!
Cependant il s'est mis en route au point du jour...
— Quel vent rude! On ne sait s'il pleure ou s'il ricane.
Comme il bat le vieux roc où tient cette cabane!
Quelle rage! On croirait que le bras d'un démon
Le veut lancer, ce roc, à la tête du mont;
Comme autrefois Conrad osa lancer la hache
Au front de son vieux père... Ah! ce sang qui nous tache,
Ne peut-il se laver!... Doit-il toujours crier?...
C'est juste à cette époque... Oui, c'est en Février
Que du vieillard on a fendu la tête blanche...
— Où donc est mon mari? Pourvu qu'une avalanche
Ne l'ait pas entraîné!... je n'attends que malheur.
Je ne rêve que mort et deuil. — J'ai froid, j'ai peur...
— Fantôme du vieux père errant dans les tempêtes,

Ta malédiction s'accomplit sur nos têtes.
Pas un morceau de pain dans toute la maison !
Dans ce poêle en ruine, hélas ! pas un tison !
Rien que la pauvreté, la faim — oui, la faim blême !
On ne trangresse pas en vain le quatrième
Des saints commandements. — Qu'est devenu ce fils
Dont l'enfance un instant nous consola jadis ?
Tout jeune il s'est enfui de ce sanglant repaire,
Meurtrier de sa sœur, et maudit par un père
Sur lequel pèse aussi la malédiction...
Race prédestinée à la damnation ! —

(Elle se lève.)

Jésus ! ma pauvre tête est ce soir bien morose.
Je suis souvent ainsi... Bah ! chantons quelque chose.
On prétend que chanter donne du réconfort,
Lorsque la conscience a l'aiguillon trop fort.

(Elle chante.)

D'où vient le sang qui rougit ton épée ?
Edgar, Edgar ! — J'ai tué le vautour
Qui dévorait les ramiers de la tour.
C'est de son sang que ma lame est trempée...

La vilaine chanson !... Dieu, c'est justement l'air
Que fredonnait Conrad en aiguisant le fer...
Horreur ! quel est ce bruit ?... On frappe à la fenêtre...
Quoi ! si tard ?... Il faut voir... C'est mon mari, peut-être.
Non. C'est un vieux hibou qui s'attache aux barreaux.
Et dont les grands coups d'aile ébranlent les carreaux.
Comme il a peur ! sans doute, il veut fuir la tempête.
Demandez-moi pourquoi cette sinistre bête
Plonge ainsi dans mon œil l'éclat de son œil rond !
Est-ce à moi qu'elle en veut ? — Ces oiseaux-là, dit-on,
Alors qu'un être humain va devenir cadavre,
Viennent le pénétrer d'un regard qui le navre...

Eh bien, soit : que je meure. Il est temps, mon vieux corps
D'aller te reposer au froid pays des Morts.
— Mourir? Non! non! plus tard.— Comme l'on devient sombre
Lorsque l'on rêve au bruit de l'ouragan dans l'ombre!
Chansons de ma jeunesse, auriez-vous le pouvoir
De soustraire mon âme à ce vertige noir?

(Elle chante.)
Le paysan n'est pas un gentilhomme.
Le paysan n'est rien qu'un paysan.
Pour son labeur, la plus chétive somme
Doit lui paraître un gain satisfaisant.
Le paysan n'est pas un gentilhomme,
Le paysan n'est rien qu'un paysan.

Le paysan, s'il possède une blouse,
Doit se trouver assez riche en habits.
S'il peut cueillir les fleurs de la pelouse,
Il ne doit pas envier les rubis.
Le paysan, s'il possède une blouse
Doit se trouver assez riche en habits.

Cet air est monotone et triste comme un psaume.
Ma voix sourde ressemble à la voix d'un fantôme...
Le Fantôme!... Où trouver des charmes contre lui,..
Hélas! le chant pour moi ne peut rien aujourd'hui.
(On frappe rudement à la porte.)
— Ah! qu'est cela? qui frappe ainsi? Dieu me protége!
Si c'était le vieillard!...
(Elle hésite, elle recule.)
Je frissonne... Ouvrirai-je?...
Allons, du cœur! Le feu du ciel n'est pas sur moi.
(Elle va vers la porte.)

C'est mon mari, sans doute... Ouvrons...
(Elle a ouvert.)
Enfin! c'est toi!

FRAGMENT HUMORISTIQUE.

DÉBRIS D'UNE PRÉFACE DE ROMAN.

. . . .
Je songe qu'en mon livre il est certains passages
Qui n'ont point le bonheur d'être infiniment sages;
Qui, ne prenant souci de l'enfer ni des cieux,
Présentent des tableaux vraiment licencieux.
C'est très-mal, je l'avoue....Aussi, je crois entendre
Le rogue état-major du camp de la vertu
Déjà m'admonester dans un style peu tendre :
— « Malheureux, qu'as-tu fait? Démon! ne pouvais-tu
« Amuser tes lecteurs de façon mémorable,
« Sans demander au vice un concours déplorable?
« La verve libertine est-elle un talisman,
« Un charme — indispensable au succès d'un roman?
« Ça, tu n'espères pas — tu n'as pas le délire
« D'espérer — que jamais les mères, les époux,
« A leurs douces brebis permettent de te lire :
« Les pasteurs au bercail n'amènent pas les loups.
« Tu n'as sans doute écrit tes scandaleuses pages
« Qu'à l'effet de complaire à des vauriens de pages,
« A tous ces jeunes fous, ces lions, ces rêveurs,
« Qui du pervers don Juan singent la fantaisie,
« Effarouchent dans tout la saine bourgeoisie,
« Criblent le pauvre hymen de sophismes railleurs,

« Embrouillent d'arguments et de doutes infâmes
« La grande question de la vertu des femmes,
« Se vantant de jouer leurs rôles sans souffleurs,
« Et d'être assez vaillants pour siffler les siffleurs!
« Certes, à voir combien ta licence est extrême,
« Combien ta muse abonde, excelle en traits maudits,
« On aurait quelque droit de te prendre toi-même
« Pour un membre zélé de ce corps de bandits. »
   Sur ce point, mes Catons, le dehors vous abuse.
Vous me frappez à tort de ce blâme éclatant.
Gens d'armes aveuglés, votre coup d'arquebuse
Immole un catholique au lieu d'un protestant.
Je suis un cavalier pur de libertinage.
C'est un culte pour moi que la femme et l'amour.
J'ai la fidélité d'un preux du moyen âge.
Les bonnes vieilles mœurs en mon cœur font séjour.
Si ma raison caresse un peu le scepticisme,
En revanche mon âme est toute au mysticisme.
Je suis tel. Je veux tel être à mon dernier jour.
— Ici, je vous surprends un rire dérisoire
Qui témoigne, ô censeurs, que vous n'en croyez rien.
Il est assurément difficile de croire
Qu'un poëte, fauteur d'un type Arimanien,
Qu'un fougueux romancier coupable d'une histoire
Où le mal insolent se gaudit dans sa gloire,
Ait un cœur si candide et si chaud pour le Bien.
Et pourtant c'est encor plus vrai qu'invraisemblable.
Oui, chez moi, l'*homme* est fils d'Ormuz — et l'*écrivain*
D'Arimane est enfant. Je tenterais en vain
D'expliquer ce mystère... il est inexplicable!
Il est également peu noble — et j'en rougis.
Comment puis-je endurer — quand j'ai par la sagesse
Tous mes comportements si volontiers régis, —
Que mon cerveau s'adonne à tant d'impure ivresse,

Et qu'à ce point, chez moi, grâces à ma faiblesse,
La *folle du logis* soit maîtresse au logis!...
　Ma foi, je ne sais pas pourquoi tant je demande
A l'époque — *pardon de la liberté grande.*
Sont-ils donc si méchants les Catons d'aujourd'hui?
Eh non! Je suis certain que, malgré ses sornettes,
Mon conte sera lu par des gens fort honnêtes.
Leurs tolérants loisirs, je les attends pour lui.
Vous, Mesdames, j'attends, j'espère aussi les vôtres;
Vous lirez mon roman. Vous en lirez bien d'autres!
Si vous le condamnez, c'est qu'il vous ennuiera,
Et non pas que son ton vous scandalisera.
Pardieu! je voudrais voir les charmantes lectrices,
Dont la pudeur soutient si bravement le choc
Des excentricités de monsieur Paul de Kock,
Se faire contre moi prudes accusatrices,
Lorsque leur estomac supporte ce gros vin;
Lorsque le rigorisme assez peu les gouverne
Pour leur laisser en paix goûter le plaisir fin
De contempler les mœurs des loustics de caserne,
Et le bon gros amour des filles de taverne.
Que ce serait bouffon, si leur lèvre soudain
Osait avec dégoût repousser mon Falerne!
Si de leur chasteté l'hypocrite dédain
Allait répudier mon monde libertin
Où l'aristocratie avec le luxe alterne,
Où l'archange Astarté trône sur le satin!...
　D'ailleurs, tous les héros que j'admets sur ma scène
N'ont pas l'œil infernal et la démarche obscène.
Si je fais voir l'enfer, je montre aussi le ciel.
Sur le volcan d'Éros ouvert profond et vaste,
Je fais luire un delta d'amour mystique et chaste.
Je n'ai pas Caliban sans avoir Ariel.

. . . .

SONNET TOMBÉ D'UN ROMAN.

Pour voir dans mon sentier les rets de ces sorcières,
Mylord, de votre éveil je n'avais pas besoin.
Dès longtemps, ma prudence et ma colère ont soin
D'épier fil à fil leurs trames carnassières.

Grâce au bon ange à qui je dois mes jours prospères,
Absent comme présent, je puis, ferme témoin,
Pénétrer leurs complots, surveiller de très-loin
Leur antre tout grouillant d'aspics et de vipères.

Mais si je circonviens de mon ressentiment
— Blocus mystérieux — ces mégères impies,
Jamais de leurs fureurs je n'ai d'étonnement.

Sachant qu'il fut toujours dans les mœurs des harpies
D'aimer à maculer, de leur fiel écumant,
Tout festin de héros, de poëte et d'amant.

DISTIQUE SUR UN PARAPLUIE A ÉPÉE.

Quoi! dans un parapluie indigne — un noble acier
Une âme de héros dans un corps d'épicier?

DISTIQUE SANS TITRE.

Que — trouvant clos pour moi les sentiers des sommets-
Je tombe esclave — soit: officieux — jamais!

FIN DE LA MOSAIQUE.

LES
TABLETTES AMOUREUSES
DU
VIDAME DE TYANNES

RHAPSODIES
DE 1838 A 1846

PROLOGUE.

Elle était un beau soir chez lui. — Dieu, flamme, autel!
Culte vrai de l'amour! plus d'un pauvre mortel
Passe et meurt sans en rien soupçonner, même en rêve.
— Or, pendant un moment de séraphique trêve,
Par la chambre, elle allait, cherchait, voulant tout voir.
Sa curieuse main sortit d'un vieux tiroir
Quelques feuillets... C'étaient des vers de lui pour elle.
— Bon. J'emporte cela. — Ces rimes, chère belle?
Mais ce n'est pas fini! — Soit. Je les aime ainsi.
— Rends-les-moi! — Je les tiens, je les garde. Merci. —
  Déjà, du coin de l'œil, elle avait lu, sur place,
Ce sixain qui formait comme un bout de préface :

Amants orientaux, que vos sélams de fleurs
Me rendent donc jaloux! L'accent de leurs couleurs,
La voix de leurs parfums, que je vous les envie!
Et que je donnerais de mon sang, de ma vie,
Pour savoir aux genoux de l'ange que je sers,
Comme parlent vos fleurs, faire parler mes vers!

Contente, elle baisa cette première page,
Et puis serra le tout au golfe du corsage.
Je vous laisse à penser si l'amant fut charmé
De voir loger ses vers dans ce nid bien-aimé.

Au delà de minuit, rentrée en sa demeure,
Sans souci du repos que lui conseillait l'heure,
Elle lut d'un seul trait, avec des yeux fervents,
Sur les feuillets conquis, tous les carmes suivants :

(Le sixain a été imprimé dans le conte le Lazare de l'Amour (1842).
Plusieurs passages des morceaux qui suivent ont une certaine affinité
avec la prose dudit conte.)

LES RHAPSODIES DU VIDAME.

Va, tu ne connais pas, tu ne peux pas connaître
La somme de beauté contenue en ton être.
Je ne la connais pas moi-même. — Chaque fois
Que — béni du pouvoir céleste — je te vois —
Dans les perfections dont je te sais pourvue,
Je démêle toujours quelque grâce imprévue.
Sans jamais dévier d'un naturel parfait,
Ta personne a toujours quelque nouvel attrait.

Ta beauté! quand lirai-je au complet ce poëme?
Au charme heureux et pur de demeurer la même,
Tu joins, pour mon ivresse et mon ravissement,
Un don miraculeux de renouvellement.
Tu réunis en toi, comme autant de trophées,
Les prestiges épars dans mille et une fées;
Aussi, quand je t'enlace et t'étreins comme un fou,
Quand, débordant de feu, je délire à ton cou,
Quand ma lèvre — parmi les lis — se précipite,
J'ai d'impossibles vœux... Mon baiser se dépite,
De ne pouvoir frapper, presser en même temps
Tout cet ensemble cher de trésors palpitants!

———

A la campagne, au sein d'un sylvestre domaine,
Sans toi, j'ai donc passé toute l'autre semaine.
— S'il est bon de s'aimer sous la feuille et le ciel,
En revanche, qu'il est mauvais, triste et cruel,
De supporter tout seul l'enivrement de vie
Dont, au plein des forêts, on a l'âme envahie!
Que faire alors du flot de rêve et d'idéal
Qui vous vient assaillir? Que tout ce bien fait mal!
Oui, sans toi, la nature et me gêne et me pèse.
Sa riche solitude à mon cœur est mauvaise,
Lorsque je n'y vis pas avec toi, mon seul Dieu.
Je n'en puis soutenir l'effervescent milieu.
Ses forces, qui me sont — avec toi — des délices,
Me deviennent — sans toi — de monstrueux supplices.
. . . .
Et toujours, et toujours la blanche vision
S'évadant de mes bras avec dérision!
Tant de flèches de flamme en vain vers toi lancées,
Et si barbarement contre moi repoussées!...

O désirs, souvenirs, transports, fièvres, regrets !
Oh ! comme vous hantez, vous troublez les forêts !
Oui, les bois font aimer. Sitôt que, sous leurs dômes,
On pénètre — un essaim de rhythmes et d'arômes,
Dans leur vapeur — leur frais réseau — leur demi-jour,
Vaguent pour vous induire en orageux amour.

. . . .

———

Il est bien vrai que si jamais, d'une autre femme,
Je prenais et serrais la main — pour un infâme
Tu devrais me tenir ; car, j'aurais médité
A loisir et longtemps cette infidélité ;
Car, cela marquerait chez moi — pleine traîtrise,
Et non entraînement des sens, — et non surprise.
Ton amant, sur ce point, maître de ses esprits,
Ne peut être jamais entraîné ni surpris.
Personne plus que moi, devers les autres femmes,
N'est tranquille, placide, abstrait, exempt de flammes ;
Non, personne, pas même — écoute, j'en suis sûr ! —
Le prêtre le plus chaste et l'ange le plus pur.
Au monde, il n'est que toi (crois en mon cœur fidèle)
Il n'est que ta présence idéale ou réelle,
Que ton aspect charmant, que ton cher souvenir,
Qui puisse m'émouvoir, qui fasse en moi surgir,
Non-seulement le plus dévorant incendie,
Mais même la plus douce et vague rêverie.

———

Quand, au soir des splendeurs d'un grand jour tout à nous,
A tes pieds m'asseyant, tes adorés genoux
Reçoivent mollement et soutiennent ma tête

Qu'a pâlie un bonheur effaçant toute fête ;
Quand ta main, séparant le flot de mes cheveux,
Y plonge, et me remplit d'un bien-être nerveux ;
Quand, les yeux demi-clos, comme un enfant qu'on berce,
Je souris aux parfums que ta beauté me verse ;
Lorsque ta voix m'effleure, et que de ses accents
Le charme éolien coule dans tous mes sens ;
Lorsqu'en rêve pensant l'ouïr et te répondre,
Mon être vaguement dans le tien veut se fondre ;
Quand tout ce qui rayonne et s'exhale de toi,
Ainsi qu'une atmosphère, ondule autour de moi,
Et que, mystère saint — mon cœur qui s'en pénètre
Me paraît tout ensemble et mourir et renaître ;
Quand, de ton pur esprit, feu d'astre, éther serein,
Une suprême ardeur, un calme souverain,
Descendant à la fois sur mon âme — l'imprègnent
De leur hymen étrange où mes langueurs se baignent ;
— Alors, ô mon amour, alors je me repais
De souvenir, d'oubli — d'enivrement, de paix ;
Je trouve, en une seule, en une même extase ;
Ce qui me rafraîchit avec ce qui m'embrase ;
Alors, ô mon étoile, alors, mon firmament,
Je crois tenir, avoir, — j'ai bien réellement —
Cette chose idéale aux dieux seuls dévolue,
Le repos infini dans la vie absolue !...

———

Eh ! oui, jaloux. Je suis très-jaloux. C'est flagrant
Et ce sentiment-là n'est pas réputé grand,
Je le sais trop. Chez moi pourtant il ne résulte
Que d'un feu grand et noble, et d'un immense culte.
Comment, mon Dieu ! Comment ne pas être jaloux

D'une amante aussi belle!... oh! je jure à genoux
Que je ne me saurais repentir de ce crime.
Ne pardonner sera d'autant plus magnanime.
   Ciel! comment supporter, tolérer froidement
Qu'un œil d'ange, où m'a lui le céleste moment,
Qu'une bouche adorée, ineffable calice,
Où des baisers du cœur j'ai bu le saint délice,
Parfois jette un sourire à quelqu'indifférent!...
Sourire banal — soit; mais encore enivrant...

———

Ainsi, je t'ai juré que mon philosophisme
Ne pousserait jamais jusques à l'athéisme ;
Et que le songe d'or de l'immortalité
Jamais par ma raison ne serait molesté,
Mais je le vois : tu n'es qu'à demi-satisfaite.
Cette promesse-là, tu crois que je l'ai faite
Rien que pour t'agréer... comme on émet souvent
Une parole en l'air pour flatter un enfant.
Moi, si peu coutumier de parole légère,
J'en userais pour toi, sur un tel point? Non, chère.
Ce que je t'ai promis, très-fort sera tenu.
Un vœu de toi! D'ailleurs, troublé de l'inconnu,
Dès longtemps de ma foi ce grand principe est maître,
Qu'une âme immense emplit l'infinité de l'être ;
Que tout pense — tout corps, toute forme, tout lieu ;
Que Dieu renferme tout, que tout renferme Dieu.
Vois-tu, je suis de ceux qui ne peuvent pas croire
Que la pensée — un bien qui prime et passe en gloir
Les beautés, les splendeurs, les miracles divers
Que paraît contenir le visible univers —
Habite seulement dans la machine humaine.
Et n'ait pas l'infini, l'absolu pour domaine.

Je ne saurais par suite admettre que l'amour,
Plus grand que la pensée, et versant plus de jour,
Ne soit qu'un accident, organique étincelle,
Et ne gouverne pas la vie universelle.
. . . .
. . . .
Or, si l'univers pense — et s'il aime surtout —
Voilà Dieu constaté : l'athéisme est à bout;
Donc, à tes pieds divins, reine — l'amour achève
De prouver à mon cœur que Dieu n'est pas un rêve.

———

Je suis jaloux de toi (n'entre pas en pitié!)
Non-seulement d'amour; mais même d'amitié.
Est-ce que tu pourrais, toi — sans souffrir dans l'âme —
Me voir l'ami — le simple ami d'une autre femme?
Moi, je ne te verrais qu'avec rage et tourment,
Pour un autre homme — un calme et neutre sentiment.
Déjà, déjà j'endure un mal inexprimable,
Quand, pour un autre, il sied que l'on te voie aimable...
Ah! c'est que tout de toi m'est si délicieux,
— Je ne dis pas ton saint amour, joyau des cieux —
Mais ta noble amitié, ta beauté familière,
Ton charme, ton accueil, ta grâce singulière;
C'est que je couve tant ce trésor célestin,
Que si tu sembles près d'ôter à mon festin,
Au profit d'un passant la plus chétive miette,
Il fait noir tout à coup dans mon âme inquiète...

———

Tiens, je voudrais avoir sur toi, chère beauté,
Sur ton sort, sur ta vie et sur ta liberté,

Tous les droits sociaux dont l'Europe et l'Asie
Ont armé des maris l'immonde jalousie!
Je voudrais les avoir tous — pour m'en dépouiller,
Pour les honnir — pour les flétrir — pour les souiller,
Pour donner à mon cœur cette joie infinie
De mettre sous tes pieds leur lâcheté punie!...
Oui, je voudrais me voir prince mahométan
Pour livrer aux valets mon harem de sultan...
Ou plutôt pour laisser la grandeur de ton âme
Faire un sort de chrétienne à chaque pauvre femme ;
Et pour scandaliser et mon peuple et ma cour,
Par un schisme inouï : l'unité dans l'amour!

———

Or ça, ne t'ai-je pas un peu persuadée?
L'as-tu toujours autant, cette vilaine idée,
Que l'absence m'ébranle, et pourrait bien — sinon
Changer mon cœur — du moins rendre mon sang félon;
Qu'aux veines de tout homme Éros est invincible;
Que la fidélité des sens — est impossible
A tout jeune amant plein de flamme et de vigueur,
Quand d'une longue absence il subit la rigueur?
Les hommes — disais-tu — même pris d'amour tendre,
Sont fougueux, violents, ne savent pas attendre.
Leur sang fauve, hanté de sauvages désirs,
Les subjugue, et les pousse à d'aveugles plaisirs.
— C'est ton arrêt. — Pourtant, vois donc parmi les prêtres :
Il s'en trouve qui sont de leur chair assez maîtres
Pour n'enfreindre jamais, malgré leurs sombres feux,
Le plus terrifiant des monastiques vœux.
Ma seule aimée, on est si fort contre soi-même,
Lorsque d'une foi sainte on a l'arme suprême!
Ne me connais-tu pas une religion

Qui vaut, pour me garder, plus qu'une légion?
— Là-dessus, vers mon cœur, ta tête sérieuse
S'incline, pour me dire à voix mystérieuse,
Que tu sais m'excepter; que, depuis plus d'un jour,
J'ai prouvé que je suis un bon prêtre en amour. —
Tu crois en moi. C'est bien. — Mais si j'ai le mérite,
— En fait de chasteté — d'être comme un lévite,
Ce mérite est pour moi plus aisé que pour lui.
Il est tenté souvent, dans son claustral ennui.
Je ne le suis jamais. Non, jamais le tumulte
De mes sens ne s'égare en dehors de mon culte.
Les fougues, les ardeurs qui s'emparent de moi,
Ne parlent que de toi, ne demandent que toi.
Que ta sécurité devienne donc parfaite.
On ne saurait sans lutte encourir de défaite.
Mon vœu se garde seul. Je n'y fais pas d'effort.
De mon cœur, de mes sens, rien ne trouble l'accord.
 Mais le bon moine, hélas! quand un vent de fournaise
A sa robe s'enroule, oh! que son vœu lui pèse!
Comme il souffre! combien lui coûte sa vertu!
Il restera vainqueur, mais vainqueur abattu!
Aux désirs révoltés l'assiégeant en furie,
Il jette avec effroi l'exorcisme, — il leur crie :
— « Fuyez, fuyez, démons. Laissez-moi! vous voulez
« M'entraîner aux enfers sur mes serments foulés.
« Par le saint nom du Christ, lâchez votre victime!
« Loin, loin! Retirez-vous pourvoyeurs de l'abîme! »
 Moi, lorsqu'un beau nuage amène à mes côtés
Les spectres lumineux des jeunes voluptés,
J'accueille leur empire avec béatitude,
Et je leur dis : — « Restez, charmez ma solitude!
« Oh! restez, triomphez, prenez-moi, visions,
« Qui, venant me parler de ses perfections,
« Me rendez bien heureux d'être pur et fidèle!

« Visions, qui savez récompenser mon zèle,
« En me restituant ces fortunés transports
« Dont je tressaillerai jusque parmi les morts !
« De l'absence par vous que le deuil se dissipe.
« Sur mes bonheurs futurs faites que j'anticipe.
« Que mon être par vous rentre en possession
« De ce qu'elle a fait mien dans sa dilection.
« Mettez bien sa brûlante et ravissante image
« Entre mes bras chargés de délire et d'orage.
« Sur son sein que j'évoque, emparadisez-moi !
« Que, croyant expirer sur sa lèvre en émoi,
« Mon pénétrant baiser, de sa chère âme avide,
« Ne s'aperçoive pas qu'il se meurt dans le vide !
« Faites si bien enfin que sa blanche beauté
« Me soit palpable et vive en ma félicité,
« Et que, pensant tenir sa personne réelle,
« Mon cœur divinisé fonde et s'abîme en elle ! »
. . . .
. . . .
 Mon bon ange peut voir à cet embrasement,
Que si la dure absence ouvre au fidèle amant
Un désert tout de sable, aride, âpre, sauvage,
Ce n'est pas cependant un désert sans mirage.

 Quand un billet de toi m'arrive et dit :
        — « Ce soir,
« Pauvre ami, sans témoins nous ne pourrons nous voir.
« J'ai du monde. Mais viens, je t'en prie ! Être ensemble,
« Même sous l'œil d'autrui, c'est toujours, ce me semble,
« Un grand bonheur. » —
      Alors, tout près de t'accuser,
Je froisse le papier que je devrais baiser ;

Un sourire mauvais voltige sur ma lèvre;
Le doute me travaille, et le dépit m'enfièvre.
— Elle n'aura pas fait tout ce qu'elle aurait dû.
Subir ce monde! Encore un beau soir de perdu!
Il aurait fallu... mais on est calme, on est tiède;
On ne sent qu'à demi l'ardeur qui me possède.
Elle insiste, je crois, pour que je vienne... Eh bien,
Je n'irai pas!... Mon cœur, à moi, veut tout ou rien! —
    Pour mieux persévérer dans ce dessein farouche,
Je m'enferme parmi mes livres... je m'abouche
Avec certains auteurs disant beaucoup de mal
Des femmes, de l'amour, de Dieu, de l'Idéal.
Mais je m'efforce en vain de suivre une lecture.
L'attention m'échappe, et le spleen me torture
Mes agitations d'esprit gagnent mon corps.
Je ne puis demeurer. Je me lève, et je sors.
    Je vogue dans la ville... Où vont mes pas! qu'en sais-je?
Que l'été brûle l'air, qu'il fasse un temps de neige,
Je n'en aperçois rien. La fièvre me conduit.
En maint endroit banal j'erre jusqu'à la nuit.
    Or, quand la ville enfin d'ombre est toute couverte,
Je me réveille... Alors, je trouve... (oh! découverte
Qui rabat mon orgueil et confond ma raison!)
Que je suis dans ta rue et devant ta maison.
Ému tout à la fois de plaisir et de honte,
Je me consulte — et puis... et puis, j'entre et je monte...
Cependant qu'aux abois ma pauvre dignité,
S'efforçant de sauver un reste de fierté,
Me fait jurer tout bas d'être froid, sardonique,
Sombre comme un Lara, comme un sot britannique.
Mais j'entends frissonner ta robe... Mais ta voix,
Charme absolu, m'arrive au cœur! Mais je te vois!...
Je sens alors combien ton génie est mon maître;
Mes vilains *diables bleus* sont prompts à disparaître;

Et cet heur souverain de vivre dans ton air
En ineffable paix change mon trouble amer.
Être là — près de toi — t'aimer — te voir — t'entendre —
T'éprouver bonne, aimable — et te deviner tendre!
Mon cœur sourit — et j'ai des regards indulgents
Pour mes bourreaux, ces trois ou quatre braves gens
Innocemment venus mutiler ma soirée.
Ils n'ont guère soupçon de notre amour sacrée.
Parlant peu, ne laissant percer qu'un doux respect,
Ce n'est pas moi, chétif, qui leur serais suspect,
Toi, cependant, à qui nul penser mien n'échappe,
Tu m'avertis, d'un mot dont la bonté me frappe,
Que mon ennui méchant qui vient de s'envoler,
Ton cœur me le pardonne, et veut m'en consoler.
Dans un pur idéal ton âme épanouie,
Visible seulement à mon âme éblouie,
Met son zèle à fêter, sous des voiles discrets,
Le passé, l'avenir de nos bonheurs secrets.
O rhythmes saints! donnez des lys, donnez des palmes,
Pour les apaisements, les douceurs, les grands calmes,
Que mon ange, exerçant son mystique pouvoir,
Sur mes esprits comblés fait descendre et pleuvoir!
— Ta vive causerie où règne un goût sans tache,
Où le grand — sous l'aimable et le léger — se cache,
S'étudie à choyer mes thèmes favoris :
Tu tiens à me montrer combien tu les chéris,
Combien ta jeune ardeur vénère mes prophètes,
Mes penseurs et mes preux — surtout mes chers poëtes.
Sans déranger ta grâce et ta simplicité,
Tu sais glorifier la sainte liberté;
Et, des bons visiteurs charmant la béotie,
Tu leur fais tolérer le mot *démocratie*.
D'enthousiasme enfin, de foi, d'opinion,
Ton âme avec la mienne est en communion..

Il me faut mille efforts pour comprimer l'envie
De te bien embrasser, ô ma céleste vie!
Je me tiens, je me tais... — voilant — non pour tes yeux
L'excès de mes bonheurs... savourant de mon mieux
Un vaste enivrement de gloire intérieure,
Et ne concevant pas de volupté meilleure.
  Hélas! l'heure le veut : je pars — et le premier.
Mais ton magique amour m'a refait tout entier.
Mais, plein de toi, la nuit ne me paraît plus sombre.
D'adorables lueurs m'escortent parmi l'ombre.
Et je marche imprégné de l'air de ta beauté,
Et j'emporte avec moi ton électricité.
Dans mes sens, ton parler, tes regards, tes sourires,
Flottent, reflets divins, chantent comme des lyres.
Je vais transfiguré, renouvelé. Mon corps
A de nobles nerveurs, d'harmonieux ressorts.
Il est sûr (ô vraiment lyrique extravagance!)
Que j'ai pris comme un bain de suprême élégance,
Que je suis dégagé de mes vulgarités,
Et tout à fait pétri d'angéliques fiertés.
Ma nymphe, tu connais ce vent d'apothéose
Qui nous investit l'âme et la fait grandiose,
Quand nous venons d'ouïr Mozart ou Rossini,
Ou de lire les vers d'un preux de l'infini.
Eh bien, ce qui m'enlève est plus immense encore,
C'est un plus grand coup d'aile, un hymne plus sonore...
Je vibre enveloppé par ce souffle vainqueur;
Et d'instants en instants, pour alléger mon cœur,
Je confie à la nuit ce cri de joie extrême :
— Qu'elle est belle et charmante! et grande!... Oh! que je l'aime!...

Toi seule! C'est écrit. Toi seule! rien que toi!
Nul autre n'a régné, ne régnera sur moi.

Personne avant, personne après. Jamais personne.
Mais vivrai-je après toi? — De terreur, je frissonne,
Quand je viens à songer à la honte, au remords,
Qui me pénétreraient tout entier, âme et corps,
Si j'accordais aux soifs que ma jeunesse endure
Un seul apaisement infidèle et parjure!
J'anéantirais là — je le pressens trop bien —
Notre bonheur... le mien plus encor que le tien!
. . . .
. . . .
Mais un charme est sur moi — lequel si fort me lie,
Qu'il me rend impossible une immonde folie.
. . . .
. . . .
L'idée, ô mon beau lys, de toucher seulement
Ta robe — de presser ta main un seul moment —
Cette idée, entends-tu? pour mon âme recèle
Un bien si merveilleux qu'elle supprime celle
De toute volupté sans mesure et sans fin
Aux bras d'une autre fée, en un séjour divin.

 Que de fois, à tes pieds, devisant dans la fête
De nos belles amours — je t'ai dite parfaite!
Mais parfaite en tous points, sans l'ombre d'un défaut!
Eh bien! — cette louange — en conscience, il faut
Que je la modifie; elle n'est pas exacte.
Sur ce point capital, ici, je la rétracte.
Dame, qui possédez cent belles qualités,
Je vois une pénombre au sein de vos clartés.
— Toi, dont la beauté pure, admirable, céleste,
De l'éternel Artiste est l'œuvre manifeste;
Qui reflètes ensemble, en la carnation,

La vermeille Sicile et la blanche Albion ;
Dont la forme, aux contours dignes d'exquise étude,
Mêle en un riche accord sveltesse et plénitude ;
Dont la grâce de cygne aux galbes amollis
De ta robe elle-même anime tous les plis,
Dont la voix, modulée au timbre d'Ausonie
Dans le plus vague accent se révèle harmonie ;
Toi, qui ne peux venir ou passer quelque part
Sans troubler, sans charmer tout cœur et tout regard ;
Toi dont l'entendement, l'immortelle nature,
De fabrique éthérée et de fine culture,
Entretient, sous l'abri d'une fière pudeur,
Un familier commerce avec toute grandeur ;
Toi, dont j'appellerais l'âme vraiment royale,
Si ce mot voulait dire et sublime et loyale ;

. . . .
. . . .

Quel prince, quel infant, quel brillant cavalier,
Quel beau seigneur as-tu choisi pour cavalier ?
Le plus noble, le plus charmant, le plus insigne,
De vivre ton esclave à peine serait digne.
Voyons, ce grand élu, qu'est-ce ? — Un franc plébéien,
Qui vient de rien, n'est rien, ne sera jamais rien ;
Un songeur, étonné, tant l'orgueil le domine,
De n'être pas de ceux que la Muse illumine.
Si je peignais celui qui t'a fait déroger...
Mais, pour l'amour de toi, je le veux ménager.
Par bonheur, on l'ignore. Autrement que de blâme !
O scandale ! être prise uniquement par l'âme !
Couronner un amant neutre en fait de beauté,
De richesse et de nom ! Rien pour la vanité !
Dieux ! quel choix malhabile et quel goût dérisoire !
Ainsi, fortune, honneur, grand air, puissance, gloire,
N'ont pas besoin pour toi d'accompagner l'amour.

A lui seul — pour ton cœur de sainte — il fait le jour.
Ah! défaut merveilleux, splendide, incomparable,
Qui, plus que mille attraits, rend ma dame adorable!
Ombre qui reluit plus qu'un faisceau de rayons!
— Mais je traduis bien mal mes vénérations.
J'appelle ombre et défaut (bizarre ingratitude!)
Le principe et la fin de ma béatitude!
C'est lumière, plutôt; c'est divine vertu.
Oui, de divinité ton cœur est revêtu,
Puisqu'en métal superbe il change un humble argile.
Tu ressembles vraiment au Dieu de l'Évangile;
Car enfin, du chétif, du moindre, du dernier,
Il te plaît comme à lui de faire le premier!

———

Non, je ne puis — malgré tes logiques alarmes —
Penser qu'un dénoûment et de sang et de larmes
Attende notre amour, dans l'avenir obscur.
De ces pressentiments chassons le vol impur.
Tous deux simples et bons, des plus nobles idées
Nous avons constamment nos âmes possédées.
Nous vivons, nous sentons, nous palpitons en Dieu.
En nous vibre un écho de son verbe de feu.
Comment permettrait-il qu'un spectre aux yeux funèbres
Changeât notre lumière en sanglantes ténèbres?
. . . .
. . . .
Mais surtout, mon amour, jamais ne laisse en toi
Le doute pénétrer, s'essayer contre moi.
Que si trop loin de nous l'espérance s'envole,
Reste ferme — sieds-toi toujours sur ma parole ;
Embrasse, étreins toujours ma foi de chevalier.
De bronze est l'escabelle — et d'airain le pilier.
Attends les lâchetés les plus olympiennes

Du sort, des dieux, des saints — avant l'ombre des miennes.
Te souvient-il qu'un soir, tous deux longeant les murs
D'un promenoir aimé — sous des arbres obscurs,
Nous souriant dans l'ombre et mêlant nos voix basses
Aux parfums, aux rayons qui semaient les espaces,
Ensemble nous formions le souhait de pouvoir
Tout recommencer — tout reprendre — tout ravoir
Du merveilleux passé de notre amour, — tout, même
Les heures de tourment, les jours de peine extrême,
Et l'attente et l'absence aux dédales perdus,
Tout ! jusqu'aux désaccords, jusqu'aux malentendus ?
Ah ! c'est qu'un seul des biens si fugitifs, si rares,
Qu'arracha notre amour à nos destins avares,
C'est qu'un seul de ces biens vaut plus, a plus de poids
Que toutes les douleurs, tous les maux à la fois,
Et possède, contient, dans sa riche substance
De quoi défrayer d'heur la plus longue existence !
. . . .
. . . .
Saints transports, qui faisaient ton front pâle et riant,
Et qui nous revêtaient comme d'un orient !
Larmes sourdes du cœur au feu d'amour taries !
Effluves d'idéal ! Tourbillons de féeries !
Prismes de l'inconnu ! Magnétiques éclairs !
Anéantissements dans les divins éthers !
Ma nymphe, mon autel, mon triomphe, ma reine,
Dis : quelle volupté profonde et souveraine !
Blanche fée, oh ! c'était pour toi comme pour moi !
Dieux ! que j'ai donc senti, brûlé, vécu par toi !...
Oui, par toi me voilà (qu'on m'admire et m'envie !)
Sûr de ne pas mourir ayant manqué la vie !
Et j'oublierais jamais ce que j'ai vénéré,
Ce que j'ai possédé, ce que j'ai dévoré ?
Allons, tu sais trop bien que le feu de mes veines

S'en nourrit; que ma chair et mon âme en sont pleines;
Que tout le mouvement de mon cœur en est fait,
Que tout mon être enfin n'en est plus que l'effet!...

ÉPILOGUE.

La dame qui lisait, dans sa veille charmante,
Ces tronçons de poëme, avec des yeux d'amante,
Était — sachez le bien — supérieure en tout,
Femme de clair esprit, de grand sens, de vrai goût;
Prisant la Muse — mais ne daignant guère lire
Que ce qui provenait des maîtres de la lyre;
Ayant plus de critique et de discernement
Que vous-même, ô lecteur, phénix d'entendement!
Eh bien, ces vers — nommés à bon droit rhapsodies —
Lui plaisaient, la charmaient comme des mélodies...
Elle les trouvait pleins d'un rhythme ardent, vainqueur;
Les douant, sans songer, du rhythme de son cœur,
Elle croyait les voir surabonder de flamme;
Chimère, elle y versait le foyer de son âme.
Avec eux et par eux, vers l'idéal sommet,
Elle pensait monter... — Cher lecteur, elle aimait.

POST-SCRIPTUM.

Janvier 1859.

L'autre nuit, sous ma lampe, énervé de tristesse,
Je tenais dans mes mains ces pages de jeunesse...
Oh! comme j'étais sombre! oh! comme j'étais seul!
Dans mon cerveau flottait une image au linceul;
Puis, un coteau brumeux, plein de funèbres arbres,
De longs saules baisant des croix, drapant des marbres.

J'écoutais ce penser, qui m'habite et me mord :
— Être mort dans la vie et vivre dans la mort ! —
Et je disais, sondant le mystère où tout tombe :
— Où donc est le repos s'il n'est pas dans la tombe ?
. . . .
. . . .
Et je tâchais de faire un ordre à ces feuillets,
Reliques de roman, mystérieux billets,
Dont le style poursuit le beau — qui se dérobe,
Mais où la passion parle, sincère et probe.
Et les vers défilaient sous mes yeux pris de pleurs,
Comme dans un herbier des cadavres de fleurs.
Ces cendres remuaient, me brûlaient, quoiqu'éteintes.
Nous échangions tout bas de sympathiques plaintes.
Je baisais maint passage en superstitieux.
Pourtant, à l'épilogue, un ris silencieux
Au lecteur — de la part d'un rimeur philosophe
Me gagna : je trouvais bizarre une apostrophe
Qui, dès ce temps lointain, savait très-bien déjà
Que l'ombre réclamait ses vers — surtout ceux-là ;
Et qu'il n'était pour eux d'autres lecteurs possibles
Que les dieux, les esprits, les morts, — les invisibles.

  A peine avais-je ainsi pensé — qu'il me sembla...
Ah ! personne pourtant, personne n'était là !
Il me sembla — charmé de deuil — navré de joie —
Entendre le frisson d'un vêtement de soie —
Et le soupir d'un sein gonflé d'émotion.
Ces plis frôlés, ce bruit de respiration,
C'était tout contre moi... Je tremblais comme un saule...
Je sentis regarder par-dessus mon épaule.
Une haleine offensa ma joue — et je surpris
Comme un toucher vivant parmi les cheveux gris.

FIN DES RHAPSODIES.

ADDITION

AUX

VIEILLES RIMES DUDIT CHEVALIER

LA LÉNORE DE BURGER[1]

MISE EN RIMES FRANÇOISES

PAR L'ABBÉ D*** DE S***, ANCIEN JOURNALISTE

LÉNORE.

I.

Au premier rayon matinal,
Lasse d'un long rêve infernal,
De son lit s'élance Lénore :
— O Wilhelm! ô mon fiancé!
Es-tu parjure ou trépassé?
Puis-je, hélas! t'espérer encor? —

A la guerre il était allé;
Et depuis n'avait consolé
D'aucun message son amie.

---

[1] Nota. — Cette pièce, ébauchée en 1829, a été reprise et complétée douze ou quinze ans après.

Les rois font la paix cependant.
Chaque armée alors en chantant
S'en retourne dans sa patrie.

Sur les chemins, de tous côtés,
Jeunes et vieux se sont portés,
Pâles d'espoir, à leur rencontre.
Plus d'une avise un front chéri,
Mais à Lénore, au cœur marri,
Nul Wilhelm, hélas! ne se montre.

En vain, blême, la fièvre au sang,
Elle monte, elle redescend
Les rangs joyeux de cette foule.
Pas de Wilhelm! plus d'amoureux!
Pleine de sanglots douloureux,
Elle tombe à terre et s'y roule.

Sa mère, accourue à ses cris,
Sa pauvre mère en cheveux gris,
Dans ses bras tremblants la relève :
— Ayez pitié de nous, Seigneur!
Donnez, donnez un peu de trêve
Aux déchirements de son cœur.

II.

— Il est mort! Il est mort!... oh! ma mère, ma mère!
Ah! périsse le monde et tout ce qu'il contient.
Moi, si bonne chrétienne, et lui, si bon chrétien,
Qu'avions-nous fait à Dieu? Pourquoi tant de misère?

— Ta peine, enfant, me fait mourir.
Résignons-nous. Dieu règne. Il sait ce qu'il ordonne.

Implore-le. Jamais il ne nous abandonne,
Jusque dans les enfers il peut nous secourir.

  — Il m'a pourtant abandonnée.
Oh! ma mère, les morts sont morts. Tout est fini.
La mort, voilà mon lot, voilà ma destinée.
Viens, trépas, viens. Mon cœur te dira : Sois béni.
  Que je voudrais n'être pas née!

  Flambeau de ma vie, éteins-toi.
  Que je meure dans les ténèbres!
Menteuse est l'espérance, inutile est la foi.
Enveloppez mon âme, horreurs des lieux funèbres!
Dieu n'a pas de pitié. Malheur, malheur sur moi!

— Seigneur, contre ma fille et ses plaintes coupables,
  Oh! n'entrez pas en jugement.
Dieu sauveur, pardonnez à son égarement.
Daignez ne point compter ses blasphèmes damnables.
  Lénore, pauvre folle, dis :
N'est-ce donc pas assez que ton bonheur sur terre
  Soit brisé comme verre?
Veux-tu donc perdre encor ta place en paradis?

  — L'enfer? le ciel? qu'est-ce, ô ma mère!
  Le ciel, je l'avais avec lui.
  Sans lui, j'ai l'enfer aujourd'hui.
  Dévore-moi, douleur amère!
  Flambeau de ma vie, éteins-toi.
  Que je meure dans les ténèbres!
Enveloppez mon âme, horreurs des lieux funèbres!
Dieu n'a pas de pitié. Malheur, malheur sur moi!

III.

La malheureuse ainsi, contre toute prudence,
Blasphème le Très-Haut, maudit la Providence.
Dans les emportements d'un délire assassin,
Elle se tord les bras et se meurtrit le sein.
De son sort éternel sa mère tourmentée,
Pour aller à l'église en pleurant l'a quittée.
Elle est seule. Il fait nuit. La lune au front blafard
Brille, et jette en sa chambre un étrange regard.

Mais voilà qu'au dehors, sur le pavé qui tremble,
Elle entend le galop d'un cheval... Il lui semble
Que devant son logis s'arrête un cavalier...
Il a mis pied à terre... Il monte l'escalier...
Ciel! à travers sa porte, une voix mâle et douce,
Comme un souffle d'automne affaibli dans la mousse,
Après qu'à petit bruit la sonnette a tinté,
Fait cet appel d'amour à son cœur transporté :

— Es-tu là? Veilles-tu? Dors-tu, chère Lénore?
De ton pauvre Wilhelm as-tu mémoire encore! —

Folle de joie, elle ouvre, et jette ses deux bras
Autour de l'écuyer qui revient des combats.
Elle étreint son armure :
                          Est-ce toi, ma lumière?
Toi, vivant? De la tombe as-tu brisé la pierre?
Je veillais, je pleurais. Sans toi, j'avais l'enfer.
J'ai le ciel avec toi. Ça, ton habit de fer,
Ote-le. Viens t'asseoir au foyer qui pétille.

— Non. Je pars. Je t'emmène. Allons, prends ta mantille.
Du pied heurtant le mur hennit le destrier.

L'éperon qui résonne appelle l'étrier.
Chausse-toi. Viens en croupe. Il faut, puisque l'on m'aime,
Pour le lit nuptial partir à l'heure même :

— Entends-tu dans les bois gémir la bise?
                                        — Enfant,
Laisse dans la forêt, laisse mugir le vent.
La nuit est pure. Aucuns nuages aux voûtes bleues.
Hâte-toi. Nous avons à faire au moins cent lieues.
— Quoi! si tard? Minuit sonne.
                            — Oh! l'heure est bien ainsi.
— Comme ton lit de noce est loin!
                              — Oui, loin d'ici.
— Est-il beau?
            — Non. Ce n'est qu'une simple couchette:
Quatre planches avec une double planchette.
Il est dans un abri sûr, calme et ténébreux.

— Pour deux a-t-il assez de place?
                                — Assez pour deux.
Viens, viens. Gagnons là-bas, là-bas, dans l'herbe verte,
La chambre nuptiale : elle attend, fraîche ouverte. —

Ils sont en selle. A peine atteint de l'éperon,
Le cheval noir s'élance... On dirait l'aquilon...
La mère, qui revient et qui les voit partir,
En fait d'incident noir ne sait que pressentir!

IV.

Ils allaient, ils allaient d'un galop plus rapide
Que l'élan fabuleux du centaure intrépide.
            Cheval et cavalier

D'un ouragan d'enfer semblaient avoir les ailes,
Et les pierres jetaient des torrents d'étincelles
      Sous les pas du coursier.

Oh! comme, à droite, à gauche, autour d'eux s'envolèrent
Les coteaux et les bois, les plaines et les monts!
Comme, alors qu'ils passaient, sourdement s'ébranlèrent
      Les lourdes solives des ponts!
— Lénore a-t-elle peur? La lune est froide et belle.
Hurrah! les morts vont vite. A moi, démons, à moi!
Te font-ils peur, les morts? Trembles-tu, ma fidèle?
    — Ah! laisse en paix les morts. Tais-toi.

    — Quel est ce chant lugubre? Écoute.
    C'est le chant des psaumes plaintifs
    D'un convoi qui longe les ifs
    Plantés sur le bord de la route.
    Le cercueil marche, soutenu
    Par quatre épaules musculeuses,
    Entre les files onduleuses
    Des clercs à l'œil morne, au front nu.

    Holà! spectres, lutins, fantômes,
    Ne parodiez plus le deuil;
    Cessez de profaner les psaumes,
    Jetez aux vents ce faux cercueil.
    Compagnons que l'enfer protége,
    Derrière nous faites cortége,
    Viens, chantre! viens avec le chœur.
    A ma noce je vous invite.
    Accourez tous, accourez vite!
    Et flattez-moi d'un chant moqueur. —

      L'infernale colonne

Derrière eux s'échelonne
A ces commandements.
Les secousses funèbres
Emplissent les ténèbres
De senteurs d'ossements...
Et ses voix sépulcrales
Entremêlent des râles
Et des ricanements.

Et toujours ils allaient d'un galop plus rapide
Que l'élan fabuleux du centaure intrépide.
Cheval et cavalier
D'un ouragan d'enfer semblaient avoir les ailes,
Et les pierres jetaient des torrents d'étincelles
Sous les pas du coursier.

Oh ! comme les rochers, les montagnes, les grèves,
Les lacs et les forêts, les bourgs et les cités,
Pareils aux vains tableaux qui glissent dans les rêves,
Disparaissent des deux côtés !
— Lénore a-t-elle peur ? La lune est froide et belle.
Hurrah ! les morts vont vite. A moi, démons, à moi !
Te font-ils peur, les morts ! Trembles-tu, ma fidèle ?
—Ah ! laisse en paix les morts. Tais-toi.

— Vois-tu gambader ces squelettes
Le long de ces gibets maudits ?
Le bruit de leurs os de bandits
Semble un concert de castagnettes.
Au reflet du morne croissant,
Ils dansent autour de la roue ;
Et leur main folâtre secoue
Des linceuls mouchetés de sang.

Ah! j'aime ces allures vives,
Ce mouvement dans le trépas.
Is feront d'aimables convives!
Nous les invitons, n'est-ce pas?
Ici, troupe vile et damnée!
Dansez la danse d'hyménée.
Hurrah! suivez-nous en chantant.
Je mène vers ma couche humide
Ma fiancée encor timide...
Pour la noce l'on nous attend. —

    Et les esprits en foule,
    Comme une mer qui houle,
      A leur suite amassés,
    Vont troublant leurs oreilles
    D'aigres clameurs, pareilles
      Aux cris des vents glacés,
    Quand, parmi les décombres
    Des monastères sombres,
      Ils luttent courroucés.

Et toujours ils allaient d'un galop plus rapide
Que l'élan fabuleux du centaure intrépide.
    Cheval et cavalier
D'un ouragan d'enfer semblaient avoir les ailes,
Et les pierres jetaient des torrents d'étincelles
    Sous les pas du coursier.

Oh! comme s'enfuyaient, se dérobaient dans l'ombre
Les sites que la lune éclairait à leurs yeux!
Comme le pâle essaim des étoiles sans nombre
    Glissait rapidement sur eux!
— Lénore a-t-elle peur? La lune est froide et belle,
Hurrah! les morts vont vite. A moi, démons, à moi!

Te font-ils peur, les morts? Trembles-tu, ma fidèle?
— Ah! paix aux morts. Tais-toi. Tais-toi.

v.

— Mon noir, plus vite! Allons! courage.
Hâte-toi, mon cheval sans mors.
L'air du matin m'effleure. Hurrah! mon noir, fais rage!
Déjà le coq s'éveille en un lointain village.
Mon noir, mon noir, plus vite! Hurrah! double d'efforts!
Bien, bien. De vos sapins je vois l'obscur feuillage.
Finie est notre course. Oh! faire un tel voyage
En une heure! Ils vont vite, ils vont vite, les morts! —

Ils font halte, sur la colline,
Devant une grille d'airain.
Le cavalier, de sa houssine,
Y frappe... On leur ouvre soudain,
Parmi les croix, parmi les marbres,
Sous le deuil et les pleurs des arbres,
S'achève le galop fatal.
Au centre du grand cimetière,
Dans une lugubre clairière,
Le couple descend de cheval.

Bon Dieu! l'affreux miracle! oh! l'horreur se complète.
Près d'une fosse ouverte, en un hideux squelette,
S'est changé tout à coup le sombre cavalier.
Dans ses os décharnés le vent joue et murmure.
Il n'a plus pour manteau, pour glaive et pour armure,
Qu'une faulx et qu'un sablier.

Le cheval noir se cabre... et, vomissant du soufre,
Avec fracas s'abîme aux profondeurs d'un gouffre.

Sous des linceuls traînants l'herbe haute se froisse.
O Lénore, ton cœur palpite avec angoisse
  Entre la vie et le trépas !

La lune était voilée, et l'ombre était profonde.
Autour d'elle les morts dansèrent une ronde,
En lui psalmodiant ces lamentables mots :
— Voilà, voilà le prix de ton blasphème infâme.
Puisse Dieu satisfait ne pas plonger ton âme
  Dans une éternité de maux !

FIN DE LÉNORE.

ÉPILOGUE GÉNÉRAL

LE CUL-DE-JATTE

(1863)

> C'est moi-même, Messieurs, sans nulle vanité.
> MOLIÈRE. — *Le Misanthrope*, acte V.

I.

Dans un repli de haie, au bord de la grand'route,
Établi sur son torse, arc-bouté de ses bras,
Il réside, humble et fier. Quand il ne rêve pas,
Quand ses yeux ont assez de l'éternelle voûte,
D'un air ardent, avide, il regarde, il écoute
Les entiers, les complets, leurs travaux, leurs débats.

II.

Lui, fier !... Oui, par instants, sa mine devient haute.
On sent qu'un grand démon de superbe — est son hôte.
On dirait qu'il est fort et qu'il ose braver.
Mais qu'un rustre, un quidam se mette à l'observer,
Il rougit, il pâlit, pauvre nain, pris en faute,
Et vite en son néant il sait se retrouver.

III.

Sa mutilation, d'où vient-elle? On ignore
S'il naquit invalide ou s'il l'est devenu :
Quelques-uns, lui trouvant des airs de méconnu,
Pensent qu'il a dû, jeune, être assez ingénu

Pour monter sans école un fougueux cheval more.
Qui vous l'aura jeté par terre — et court encore.

IV.

Que ce soit par sa faute, ou que ce soit le sort,
Envers les gens pourvus d'une complète vie,
Il est, sachez-le bien, pur de haine et d'envie.
Il s'abstient des vœux noirs du faible pour le fort.
Que dis-je? Il est heureux, il a l'âme ravie,
Il applaudit tout franc, admire avec transport,

V.

Lorsque, par le chemin, passent, vifs et robustes,
Bien découplés, surtout bien jambés sous leurs bustes,
De parfaits cavaliers sur d'excellents chevaux.
Pour peu qu'ils aient dans l'œil l'éclair des temps nouveaux,
Il prétend voir en eux des vaillants et des justes,
Courant pleins d'énergie à quelques saints travaux.

VI.

« Çà, mes fils, poursuivez la véritable gloire.
« Surgissez, redresseurs. Luttez en paladins.
« Couvrez les ténébreux de flamboiements soudains.
« Semez les dévouements. Au bien seul faites croire! »
C'est ainsi qu'il exhorte et pousse à la victoire,
— Comme s'ils l'entendaient — ces brillants pèlerins.

VII.

Il fait plus. De leur course à tel point il s'enivre
Qu'il pense être des leurs. Quel rêve! Il croit les suivre,

Et, comme eux, s'élancer. Par monts, par vaux, il court.
Centaure irrésistible, il prend part, il concourt
A la grande aventure, au triomphe. Il secourt,
Il répare, il console, il relève — il délivre !

VIII.

Dieux ! Dieux ! dans l'action jeter, plonger son cœur !
Dans l'arène arborer les belles théories
Des cénacles penseurs et des chevaleries !
Pour la justice et pour l'amour — être vainqueur !
Des mages du progrès s'ouvrir l'auguste chœur !
Au grand pacte final convier les patries !

IX.

C'est alors que, dressant son chef transfiguré,
Luit hautain son regard, et vibre altier son verbe !
C'est alors que le tient son démon de superbe !
Mais le réveil est prompt. Alors, tout effaré,
D'une vergogne amère il se sent pénétré.
Il voudrait se cacher, disparaître sous l'herbe.

X.

Quand ainsi le réel de nouveau le flétrit,
N'eût-il que des amis pour témoins, — il lui monte
Au visage une pourpre aussi vive, aussi prompte
Que si des Philistins voyaient, raillaient sa honte.
Méconnaissant, hélas ! l'amitié qui guérit,
Il soupçonne, il est sûr qu'au fond de l'âme — on rit.

XI.

Il a, pour surmonter ces pudeurs douloureuses,
Un philtre souverain : c'est l'indignation,
Ce sont les beaux courroux, les colères heureuses,
Qui s'emparent toujours des âmes généreuses
Au lâche aspect du *mal* en pleine ovation,
Et du *bien* lapidé — navré d'abjection.

XII.

Il serait libre et fort, que l'ire, dont le charge
L'immonde de cela, l'horrible de ceci,
Ne se produirait pas dévorant plus de marge ;
Qu'il n'obéirait pas d'une façon plus large
Au besoin de honnir tout infâme — au souci
D'appeler sur tout monstre un destin sans merci.

XIII.

Que, sur quelqu'insolent et princier véhicule
— Litière ou palanquin — viennent à passer là
Falstaff avec Tartuffe, en habit de gala,
Notre nain vous les toise avec un œil d'Hercule,
Et, sans craindre un moment de sembler ridicule,
Contre eux de l'honnête homme il pousse le holà !

XIV.

Qu'à l'horizon lointain de longues funérailles
Serpentent exhibant les attentats d'un roi,
Il forge un anathème au feu de ses entrailles,
Et c'est redoutant peu que l'on raille sa foi

Qu'il profère en son coin le sombre *hors la loi*,
Le cri dantonien des saintes représailles!

XV.

Vainement il se voit regardé de travers.
En vain, à ses côtés, certains ont l'air de dire:
« Vieux fou! vieil impuissant! que te sert de maudire?
« Que peut faire ta rage aux tyrans, aux pervers?
« S'ils savaient que pour eux, dans ta tête à l'envers,
« Se dresse maint gibet, — daigneraient-ils en rire? »

XVI.

Fou? Peut-être. Impuissant? Il ne l'accorde pas.
Il croit que tous les cris des âmes soulevées
Par les méchantes mœurs des castes dépravées,
Par les viles torpeurs des plèbes énervées,
Par les fraudes, les sacs, les monstrueux trépas,
Les lâches coups de ceux d'en haut sur ceux d'en bas,

XVII.

Il tient que ces haros des bons sur tous les crimes,
Qu'ils émanent des plus obscurs, des plus infimes,
Des grabats, des fossés, de l'exil ou des fers,
Loin d'être de vains bruits s'éteignant dans les airs,
Ou des voix se perdant au vague des déserts,
Vont, avec les grands pleurs, les râles des victimes,

XVIII.

Former les réservoirs d'où partent les typhons,
Les trombes, les simouns, les ouragans profonds,

Que la dive Équité — quand l'heure sonne — envoie
Faire, aux endroits maudits de notre humaine voie,
Parmi les nations de misère et de proie,
Des bouleversements terribles — mais féconds..

XIX.

Vous voyez qu'il admet du divin, du céleste.
La justice idéale est réelle à ses yeux.
D'elle non-seulement il est servant pieux,
Mais encor de ses fils, de ses saints, de ses preux.
Il est clair qu'entre eux tous, il exalte, il atteste
Monseigneur don Quichotte et le grand comte Alceste.

XX.

A propos de ces noms, je ne puis m'empêcher
De trahir un secret qu'il n'a dit à personne,
Un rêve où sa raison se plait à trébucher,
Un mirage d'orgueil où son cœur s'abandonne...
La chose est en deux points curieux à toucher.
D'abord, il s'imagine, — hélas! qu'on lui pardonne! —

XXI.

Que si le très-noble *homme aux rubans verts,* demain,
En berline, fuyant l'indigne genre humain
Pour se réfugier dans la probe nature,
Devers son pli de baie arrivait d'aventure,
Il ferait, l'avisant, arrêter sa voiture,
Et, grave, en descendrait pour lui serrer la main.

XXII.

Secondement, son âme au vertige adonnée,
Se figure que, si l'amant de Dulcinée,
Sous l'armet de Mambrin et sur sa haquenée,
Plein d'ardeur héroïque et d'amoureux ennui,
Au gré de sa monture et du ciel, — aujourd'hui,
Suivait cette grand'route, il viendrait droit à lui;

XXIII.

Et — (fiction versée et bue à pleine coupe!) —
L'appellerait *cher frère,* et d'un bras vigoureux
Tout à fait étonnant chez ce vieux valeureux,
L'enlèverait du sol, et, le prenant en croupe,
Sans se préoccuper de l'étrange du groupe,
L'entraînerait sublime au monde aventureux.

XXIV.

Donc, malgré *Pauperlas,* sa tenace compagne,
Et le mépris des forts, des nantis, des prudents,
Tout comme un autre il a ses châteaux en Espagne.
Son corps, vieux tronc, vieux terme, en des songes ardents,
Il le fuit. Son esprit bat si bien la campagne,
Qu'en ses fugues parfois il prend le mors aux dents.

XXV.

Il goûte encor l'oubli, quand, des monts descendues,
Les ombres, de leur calme ayant empli les champs,
Lui ramènent, parmi de doux et vagues chants,
Des apparitions blanches — comme perdues

Dans les blancheurs de lune alentour éperdues...
Sous leurs regards, il dit :—Qu'importent les méchants?

XXVI.

Mais l'âge vient. Les beaux transports d'enthousiasme,
Le zèle impétueux qui voudrait tout briser,
Des rêves surhumains le délire et le spasme,
Dans son être, se font rares — semblent s'user.
Sa pauvre âme, où décroît le don de s'abuser,
Devient moins impassible au vulgaire sarcasme.

XXVII.

Encore un peu de temps, et les illusions
Le vont laisser. Adieu les hautes visions!
Il ne percevra plus, dans son milieu farouche,
Que des ricanements et des dérisions.
Plus rien pour l'empêcher d'entendre mainte bouche
Murmurer: Vieux truand! vieux rageur! vieille souche?

XXVIII.

Meurs, misérable! allons, meurs en temps opportun,
Pendant que ton esprit garde encor quelque séve.
N'attends pas que tu sois destitué du rêve,
Et que, par le réel moqueur foulé sans trêve,
Cherchant tes anciens Dieux, tu n'en trouves aucun!
Meurs. Laisse-toi glisser dans le fossé commun.

XXIX.

Là, tu vas savourer le charme sombre, immense,
Qui sait avoir raison de tous maux — l'immanence

Du sommeil des sommeils et de la nuit des nuits.
Là — (tu dois sûrement t'en réjouir d'avance) —
Du monde des vivants les plus énormes bruits,
En murmure ne sont pas même reproduits.

XXX.

Quoi! vraiment? nul écho de l'homme? Est-ce possible
Quoi! la clameur d'un peuple entrant en liberté,
Je ne l'ouïrais point? j'y serais insensible?
Quoi! mon trou sépulcral serait inaccessible
A ce que chanterait la sainte humanité
Faisant un pas de plus vers la divinité?

XXXI.

Non. Je n'en crois rien. Non. L'idéale étincelle
Est trop multipliée en moi : chaque parcelle,
Chaque atome formant mon être — la recèle.
Non, non. J'ai trop hanté l'électrique flambeau
Qui fait pleuvoir la flamme et du juste et du beau,
Pour que rien ne m'en reste au fond de mon tombeau.

XXXII.

Non, l'accomplissement des vastes espérances,
Non, l'équitable fin des publiques souffrances,
Les grands avénements, les grandes délivrances,
Ne peuvent sur ce globe éclater, retentir,
Sans atteindre mes os, sans me faire sortir
De ce neutre absolu qui prétend m'investir!

XXXIII.

Quand des vrais chevaliers l'élite magnanime,
Dans l'auguste intérêt de ces choses — tiendra
La campagne — et de val en val, de cime en cime,
Ira vers la victoire, ou bien en reviendra,
— Fassé quelque bon Dieu que leur galop sublime
Sur la fosse où le vieil infirme dormira,

XXXIV.

Passe et repasse, ardent, rhythmé, plein d'une gloire
Formidable — imposant silence à tout moqueur!
Et je tressaillerai dans ma demeure noire!
Et je me gaudirai sous ces géants d'histoire!
Et qui tendra l'oreille, ouïra mon fier cœur
Bondir à l'unisson du fier galop vainqueur!

Août 1863. — Juste trente ans, hélas! après l'impression de *Feu et Flamme*, dont la préface porte la date du 10 août 1833.

FIN DU CUL-DE-JATTE.

MIRANDA

ou

LES HARPES FÉES

POEME DRAMATIQUE

EN TROIS ACTES ET EN VERS

PAR LE VIDAME

PHILOTHEUS OCTAVIO MARIUS
O'NEDDY DE TYANNES

Copié sur le manuscrit original, en l'an de disgrâce 1857,
par le citoyen Dondey,
secrétaire intime du noble vidame.

PRÉFACE

1856

Pour moins rêver dans l'ombre où je vis prisonnier,
J'ai repris, j'ai relu, j'ai revu, l'an dernier,
Tout ce drame — œuvre mienne — au vers parfois sonore,
Grave péché commis quand j'étais jeune encore,
Lequel, dans mon terrier, véritable *in pace,*
J'avais depuis ce temps justement délaissé.
Mais si j'ai fait *passim* de nouvelles ratures,
Si j'ai mis des raccords, pratiqué des soudures,
Je n'ai voulu tenter nul changement profond,
Ne touchant qu'à la forme — à peine — et point au fond,
Conservant bien l'allure et la couleur — en somme
Maintenant, respectant le cachet du jeune homme,
Et pour ajuster l'œuvre, arrivant, je le crois,
A retrouver la main qui la fit autrefois.
 Par Pluton! que de soins, que de zèle! Est-ce à dire
Qu'en sa chose l'auteur et se mire et s'admire,
Et prenne — lui trouvant un air monumental —
Le stuc pour du granit, le bois pour du métal?
Non: il n'est pas infirme à ce point. S'il est père,
Son paternel souci de raison se tempère.
Pour lui, c'est avéré, positif et flagrant,
Que, dans l'œuvre qui suit, rien n'est beau, rien n'est grand.
Mais, à défaut du grand, peut-être — il le suppose —
A-t-il su quelquefois friser le grandiose.

Bizarre — il le sait bien — plutôt qu'original,
Il prétend qu'en revanche il n'est guère banal.
Il se flatte d'avoir dans cette rude escrime
Détaché çà et là quelque vaillante rime,
Et d'être coutumier d'un retentissement
Qui pourrait des experts gagner l'assentiment.
Il va même plus loin, le vieux reître : — il estime
Qu'en plus d'un vers — il a le don de flamme intime;
Que son grand dénûment de scénique action
Se compense de traits, d'éclairs de passion;
Et que ses longs discours, sous les nœuds de leurs branches,
Font deviner parfois la strophe aux ailes blanches...
— Tudieu! je le prends là se sculptant un blason.
Est-ce bien un souci tempéré de raison?
Chez lui, si le bon sens parlait seul — faisant taire
Son délire sournois : — le pâle solitaire
Saurait qu'il n'a rien fait de ce qu'il a rêvé,
Et que l'art, dieu jaloux, le traite en réprouvé.

  Pauvre drame! au tiroir faut-il donc qu'il retourne,
Et que — jusqu'à la fin des temps — il y séjourne?
Ah! ceci m'eût donné tant de contentement
De pouvoir l'imprimer mystérieusement,
A l'insu des bourgeois, des journaux, des libraires,
Le tirant seulement à cinquante exemplaires!
Ce petit nombre eût fait sa gloire et son salut.
Maint fervent bouquineur — qui ne l'aurait pas lu —
Pour sa rareté sainte, avec le plus grand culte,
L'aurait admis, gardé dans son musée occulte.
En bonnes mains toujours transmis et conservé,
Après quelques mille ans — vierge — on l'eût retrouvé,
Ainsi que l'on retrouve un Pharaon d'Égypte,
En entier dans sa gaîne, au profond de sa crypte.
Il n'y faut pas songer. La dure pauvreté
Frappe de son *veto* cette humble vanité.

PRÉFACE.

Prendrai-je cependant le soin de le transcrire?
Doux Phébus! à quoi bon? A qui le faire lire?
Je sais bien quelque part deux ou trois grands liseurs,
Que la prose et les vers des plus minces faiseurs
N'épouvantent pas trop. Bénévoles dans l'âme,
A coup sûr, ils iraient jusqu'au bout de mon drame;
Faisant cela pour moi — non par grâce et pitié —
Mais par opiniâtre et charmante amitié.
Quoi qu'il en soit, devant l'insipide besogne
De me recopier, j'ai paresse et vergogne.
Pour exhiber mes vers mis au net de mon mieux,
Pour les pousser aux gens — ne suis-je pas bien vieux?...
Les registres du temps, sur leurs feuillets de bronze,
Marquent mon premier jour en l'an mil huit cent onze...
Or — tout jeune — déjà, malgré le sang d'auteur,
A l'endroit de mes vers, j'étais plein de pudeur.
Aujourd'hui, ruminant plus d'un ancien mécompte,
Ma pudeur ulcérée, hélas! tourne à la honte...
Triste muse! il nous sied — sans plainte ni témoin —
D'attendre la vieillesse et la mort — dans mon coin.

. . . .
. . . .

Oh! la jeunesse! oh! dieux, la féerique jeunesse!
Certe, il raille, l'orgueil, elle rit, la sagesse,
En osant affirmer qu'on peut perdre un tel bien,
Et puis s'en consoler. Frères, il n'en est rien.
Si ferme que l'on soit, si forte qu'on ait l'âme,
Lorsque le temps nous cueille au front ce lys de flamme,
On se sent tout à coup déchu, déshérité,
Comme un roi que décoiffe un vent de liberté.
Être jeune! être jeune! — Ô charme! ô don suprême!
Avoir vingt ans! avoir vingt-cinq ans! trente ans même!
Jeunesse toute seule — oui, sans autre bonheur —
Quel trésor! quel éclat! quel titre! quel honneur!

Ce qui pare les dieux, ce n'est pas leur puissance
Ni leur éternité; non, non: c'est leur jouvence!
Être jeune! un blason qui brave impunément
Toute démocratie et tout nivellement!
Que sont de nos vieux ans les meilleures journées
Près des plus mauvais jours de nos jeunes années?
Les nuages de mai ne sauraient envier
Le soleil de décembre et l'azur de janvier.
Ciel! jeunesse et printemps! sainte synonymie!
Prisme, joyau, parfum, grâce, fleur de la vie!
Être jeune! adorable, incomparable mot!
Sûr prestige qui fait reluire même un sot!
Quel sceptique nierait que jouvence est déesse?
Elle a — sur toute fée et sur toute princesse —
Un avantage unique, immense : elle a toujours
L'espérance aux yeux gais pour sa dame d'atours.
Êtes-vous jeune? Eh bien! folle, extravagance,
Fatuité, tout vous sied, tout vous est élégance:
Vos torts, on leur sourit; vos travers sont goûtés;
On vous pardonne tout, même vos qualités.
Soyez jeune et malade : un rayon sympathique
Vous transfigure et fait votre mal poétique.
Soyez jeune et mourez : charmant martyr du sort,
Vous rayonnez jusque dans les bras de la mort.
. . . .
. . . .
 A cette façon d'hymne en vain je m'évertue.
J'ai l'esprit morne et noir, la pensée abattue.
Fourmillant dans mon cœur, mille chagrins amers
Finiraient, je le sens, par sourdre dans mes vers.
Si je ne me hâtais de sortir de préface,
Pour me réfugier dans une dédicace
Où l'évocation d'un gentil souvenir
Va m'ôter au présent, me cacher l'avenir.

   Février 1856.

DÉDICACE

Or, en ce temps-là, riche de jeunesse,
Dans une campagne un beau jour d'été,
Songeant à ma fière et tendre maîtresse,
Je me promenais, le cœur enchanté.

Un parc s'offre à moi. J'en touche la grille.
Elle cède, et s'ouvre à mes pas rêveurs.
A l'ombre, un amour de petite fille
Jouait toute seule au milieu des fleurs.

La chère mignonne a trois ans à peine.
Quels fins cheveux d'or sur ce front de lait !
Jamais bonne fée, à poupon de reine,
N'a fait si doux charme et si pur attrait.

Je m'approche d'elle, et fou de sa grâce,
Quoique tremblant fort de lui faire peur,
Mon bras mollement l'enlève — et la place
Tout près de mes yeux, tout près de mon cœur.

J'étais animé de cette tendresse
Qu'un père, dit-on, peut seul ressentir.
Mon âme en goûtait l'angélique ivresse.
De mon célibat j'avais repentir.

La gentille enfant, d'abord effarée,
De ses petits doigts se couvre les yeux ;
Et puis me regarde... et, tôt rassurée,
Reprend son babil et ses ris joyeux.

Car j'avais alors un air moins farouche ;
J'étais dans mes jours d'espoir triomphant ;
Et l'amour heureux mettait sur ma bouche
Ce sourire ému qui plaît à l'enfant.

Donc, le petit ange en mes bras se joue,
Gazouille ses mots, chante sa chanson,
Caresse à deux mains mon front et ma joue,
Et pour grand ami m'admet sans façon.

Dans l'herbe, à mes pieds, sa poupée assise
De ses soins pourtant me prend la moitié.
Flottant d'elle à moi, son âme indécise
Refait tour à tour nos parts d'amitié.

Son charmant ramage à plaisir répète
Un nom : Miranda... Mot mélodieux
Qui fait que Shakspeare avec sa *Tempête*
Surgit, passe en moi — sombre et radieux.

Mais de mon esprit l'enquête trompée
Dans ce qu'elle dit cherche vainement
Si c'est elle-même, ou bien sa poupée
Qui porte ce nom plein d'enchantement.

Soudain un appel, une voix de mère
Sous les marronniers s'élève là-bas...
Le doux angelot, ma fille éphémère,
Après deux baisers, glisse de mes bras.

DÉDICACE.

Riante, elle court. Moi, je me dérobe.
Au seuil du jardin, demeuré pensif,
Je suis du regard sa petite robe
Qui disparaît blanche en un vert massif.

Depuis, son image enfantine et chère,
Fantôme du ciel, toujours m'a hanté.
Au fond de mon cœur, ne sais quoi d'un père,
Pour son souvenir toujours est resté.

Bien d'autres enfants, lys purs, têtes d'anges,
M'ont paru comblés de dons ingénus;
Mais, ces sentiments, ces regrets étranges,
Pour d'autres jamais ne me sont venus.

Quand je commençai l'œuvre qu'on peut lire,
Ma Muse d'abord voulut, demanda
Un beau titre, un nom digne de la lyre...
L'image survint — et dit : Miranda.

Oui, toi seule as pu, figure ineffable,
Me dicter ce nom; car, je ne dois rien,
Rien à la *Tempête* en mon humble fable,
Rien n'y brille, hélas! de shakespearien.

C'est donc justement que je te dédie
Ce bloc magistral de deux mille vers,
Poëme ou roman, drame ou tragédie
Dont se voit privé le triste univers.

Mars 1856.

MIRANDA

PERSONNAGES

DONA MIRANDA.
DON. RINALDO.
DON BRENNUS.
ORCO.

SOLDATS, PAGES, SUIVANTES, OUVRIERS, PAYSANS, PATRES, VASSAUX, SERFS, MANANTS, RUSTRES, VILAINS, ETC., ETC.

La scène est en Espagne, au vieux temps.

MIRANDA

ACTE PREMIER.

Une vaste chambre tendue de noir; larmes et lisérés d'argent. — Au côté gauche de l'acteur, un catafalque avec cierges allumés, surmonté d'une madone, d'une épée et d'un écu. — Au côté droit, deux harpes placées l'une contre l'autre, et entourées de longs crêpes. — Au fond, de grandes arcades ouvrant sur d'autres chambres également tendues de noir et faiblement éclairées par quelques lampes astrales. — Au lever du rideau, un homme d'armes endormi est couché au pied du catafalque.

SCÈNE PREMIÈRE.

DON RINALDO, *entrant par les arcades du fond, sans apercevoir d'abord l'homme endormi. Il est enveloppé d'un grand manteau gris.*

Excepté le préau, tout est désert... Personne
Ailleurs, grâce à la nuit.
    On entend sonner l'heure.
       La deuxième heure sonne.
— Sans doute, chacun dort. — Chacun' me plaît ainsi.
Je n'en cèle que mieux mon arrivée ici. —
Comme elles ont eu peur, ces pauvres sentinelles!
Comme, sous ce manteau, ma voix et mes prunelles
Leur ont persuadé que celui qui passait
— Revenant sombre — au sombre Archange obéissait!
— Enfin! je suis chez moi!... J'attendrai là. — J'estime

Que s'il me vient quelqu'un, ce sera mon intime,
Mon féal, maître Orco. Lui seul, certainement,
Ose jusqu'en ce lieu pénétrer nuitamment. —
J'ai besoin de ton aide, Orco, cher majordome!
Il me faut tes conseils de loyal et prude homme.
Soldat qui portes haut le cœur et le cimier,
C'est toi que je souhaite. Oh! viens-moi le premier.
Nul aussi bien que toi ne me saurait apprendre
Par quels moyens, quels soins, quel art, je puis me rendre
Visible à Miranda, sans tuer sa raison. —

   Pause.

L'épouvantable deuil! la lugubre maison!
Salles, piliers, arceaux, corridors, galeries,
Tout, — on a tout couvert de noires draperies.
On ne marche que sur de noirs, de sourds tapis
Par qui sinistrement les pas sont assoupis.
L'ombre partout. Le mur partout. Point de fenêtre.
Pas un coin de vitrail par où le jour pénètre,
Et qui donne au regard l'aspect des cieux profonds.
Sans les lampes d'argent qui pendent au plafond,
Comme dans Josaphat, de ténèbre en ténèbre,
On vaguerait perdu dans ce manoir funèbre.
C'est véritablement le palais de la Mort.
— Miranda! grande amie! Ah! tu me crois bien mort!
Voici mon cénotaphe orné d'un luminaire,
D'une blanche madone, image débonnaire,
De ma fameuse épée et de mon noble écu,
Comme il sied pour un fils d'Espagne — ayant vécu
L'égal des plus vaillants et des plus catholiques
Qui hantèrent jamais champs clos et basiliques.
— Nul des meubles aimés qui bordaient ces parois,
Nul objet des vivants n'est demeuré, je crois...
Pourtant, que vois-je là? Deux harpes, ce me semble...
Oui, nos harpes d'amour qui sommeillent ensemble.

Las! dans cet air de plomb, nul souffle éolien
Qui les vienne charmer d'un mystique entretien ;
Et ce crêpe aux longs plis, qui les voile et les orne,
Achève de leur faire une âme inerte et morne. —
Quoi ! des mois ont déjà passé sur mon cercueil,
Et Miranda conserve encor ce vaste deuil !
Veut-elle, transformée en nonne mortuaire,
Se cloîtrer désormais dans ce froid sanctuaire ?
A la voir tant m'aimer, qu'immense est mon bonheur !
A la voir tant souffrir, que je sens de douleur !
Trois mois au plus profond degré de la souffrance !
Dans le dernier des maux, dans la désespérance !
Et j'attends, je demeure!... Et je n'ose courir...
Il le faut. De sa joie elle pourrait mourir.
Victime de l'amour, toi qui n'es la victime
Que d'un amour béni, vertueux, légitime,
Qui pleures un mari comme on pleure un amant ;
Ah ! qu'on doit t'admirer dans le haut firmament !
— Qu'il me tarde, usurpant le rôle de Lazare,
De briser de ma mort le mensonge bizarre !
Que j'ai hâte d'aller, aux pieds de ma beauté,
Manifester ma vie, ardente vérité !
Volez, rêves de feu ! devancez-moi près d'elle. —
Par notre amour ! je suis bien vivant, ma fidèle !
Vrai Dieu ! tout ce qui dit que, sous le monument,
Je subis l'éternel repos, tout cela ment.
Tu mens, drap noir des morts ! tu mens, paix sépulcrale !
Cierges, larmes d'argent, sarcophage, eau lustrale,
Taciturnes lueurs, mornes obscurités,
Symboles de trépas, vous mentez, vous mentez !...
Dans mes membres, jamais plus de vie et de force
N'a bouillonné : jamais plus absolu divorce
Entre la tombe et moi n'a régné : je me sens
Des trésors de santé pour d'innombrables ans !

Je surgis en état de couronner sans peine
Ma mission d'amour, — ma mission de haine !...
Ici il aperçoit l'homme endormi.
Hé ! j'avais tort de croire être bien seul. Quelqu'un
Est couché là.
Il s'approche de lui et l'examine.
Le juste ! il dort sans trouble aucun.
Le frère de la Mort l'exempte des alarmes
Dont l'entoure sa sœur. — Quel est cet homme d'armes ?
*Il choisit sur le cénotaphe un cierge portatif, — un bougeoir,
— et s'en sert pour éclairer le visage du dormeur.*
Dieux ! c'est mon majordome Orco !...
Il replace le cierge.
Bon serviteur !
Des mânes de son maître, inquiet zélateur,
Au pied de leur autel, il se tient la nuit même !
Ah ! c'est un généreux qui m'honore et qui m'aime !
Se tournant vers Orco, à voix haute.
— Orco, réveille-toi. Le marquis s'en revient.
Qu'il batte sur mon cœur, ton cœur qui se souvient !

SCÈNE II.,

DON RINALDO, ORCO.

ORCO, *s'éveillant à demi.*
Oh ! cette voix !...
DON RINALDO
Eh bien ! c'est une voix amie.
ORCO, *encore mal éveillé.*
Mais qui part d'une bouche au sépulcre endormie.
DON RINALDO.
Rien de moi, grâce à Dieu, n'est vassal du tombeau.
Mon domaine de vie est toujours ample et beau.
Regarde-moi.
*Il ôte son manteau, et apparaît grand et fort, jeune et superbe,
dans un riche costume de chasse, brun, vert et or.*

ORCO, se lève, et, à l'aspect de Rinaldo, recule d'abord épouvanté, mais il se raffermit bientôt.

Salut, cher fantôme du brave,
Marquis don Rinaldo! tranquillement je brave
Ton apparition; car mon zèle pour toi
M'assure qu'en ami tu te montres à moi.

DON RINALDO.

Orco, c'est un ami vivant!

ORCO.

Fils des ténèbres,
Voici tantôt cent jours que les cloches funèbres,
Au front de ce château, sonnèrent en l'honneur
Du cadavre sanglant de son maître et seigneur.
— Ruine qui toujours m'est présente, — et me navre!...
Au caveau des aïeux repose le cadavre;
Et, dans ce sarcophage, au fond d'une urne d'or,
Est renfermé le cœur, magnanime trésor.

DON RINALDO

Tiens, touche-moi. Mets là ta main.

ORCO.

Vierge divine!

DON RINALDO.

Eh bien! mon cœur est-il absent de ma poitrine?
Suis-je vivant, ou non? — Cet embrassement-là
Te laisse-t-il encore un doute?

ORCO.

Qu'est cela?
Veillé-je?

DON RINALDO.

Assurément, tu ne fais pas de songe.
Cette pompe des morts seule est fable et mensonge.
Rinaldo n'a jamais cessé d'être vivant.
Calme-toi. Ne crains pas de spectre décevant.
Allons! reviens à toi. Je vis, c'est moi, te dis-je!

ORCO.
Mon noble, mon bon maître!... Oh! quel joyeux prodige!
C'est vrai, c'est vrai pourtant! Il est ressuscité!
— La pauvre senora! quelle félicité
Va clore enfin sa nuit d'une aube éblouissante!
DON RINALDO.
Elle si radieuse, elle si florissante,
Cette conviction de mon sanglant trépas,
Doit l'avoir bien éteinte et flétrie, — est-ce pas?
ORCO.
Interrogez ce deuil. Que cette catacombe
Dise à quel désespoir tout son être succombe.
Voyez.
DON RINALDO.
S'il est assez tyran ce désespoir,
Pour métamorphoser en tombeau son manoir,
Que lui met-il au front? que fait-il donc en elle?
Qu'est-ce donc dans son âme? ô clémence éternelle!
Son âme!... On la dirait prosternée au milieu
De ce bois d'oliviers qui vit les pleurs d'un Dieu!
ORCO.
Je vois, j'admire encor sa fatale énergie,
Lorsqu'ayant secoué ce poids de léthargie,
Que l'horrible nouvelle avait d'abord jeté,
Comme un marbre écrasant, sur sa fragilité. —
Elle nous défendit d'enlever la tenture
Qui du palais entier couvrait l'architecture,
Jurant que le soleil n'y rentrerait jamais,
Faisant vœu d'y pleurer, d'y prier désormais!
DON RINALDO.
Que je reconnais là le sang de sa famille!
De don Pèdre et d'Inez, oh! qu'elle est bien la fille!
Le grand roi portugais, le sombre justicier,
Comme elle en a le cœur tout de flamme et d'acier!

Qu'on me trouve une atteinte, un coup du sort qui rende
Cette fille des rois moins auguste et moins grande!...
— Mais, dis-moi, sa beauté? son mal en a respect,
N'est-ce pas?

ORCO.
       Seulement il en change l'aspect.
Elle nous représente une sainte de pierre,
Tout son front s'est imbu de profonde pâleur,
Tant elle s'est glacée au vent de la douleur.
— Sa beauté toutefois, en heureuse rebelle,
Se maintient dans la lutte. Oui, toujours elle est belle.
Quoique toute pâle, elle pourrait encor
Faire un cœur d'Amadis d'un cœur de Galaor.

DON RINALDO.
Ah! comme je voudrais débarrasser sur l'heure
Du mortuaire habit son âme et sa demeure!
Mais, n'est-ce pas, il faut, pour ce dévoilement,
Agir avec lenteur, choisir notre moment!
Ce lui serait peut-être une épreuve mortelle,
Que d'aller, tout à coup, d'un seul trait, devant elle,
Tirer le rideau... Non! de prudence remplis,
Nous en devons lever un par un tous les plis.

ORCO.
Oh! certes, monseigneur, tant de mesure est sage.
Rien n'effare, n'aveugle autant que le passage
Brusque de l'ombre immense à l'immense clarté.
Le plus fort peut y choir. Moi-même, en vérité,
J'en suis tout ébranlé, tout chancelant!... Moi-même,
J'ai peine à m'affranchir du vertige suprême
Dont vous m'avez rendu l'esclave, — en me prouvant,
Subit comme l'éclair, que vous êtes vivant!...
Je n'ai plus, il est vrai, d'égarement farouche;
Je suis sûr de veiller : j'entends, je vois, je touche
Un être humain, palpable et visible et réel.

Mais comment n'être pas dans un trouble cruel,
Quand je songe, mon Dieu! qu'au faîte d'une estrade,
Dans ce même salon, sur un lit de parade,
Je vous ai vu gisant, froid, pâle, inanimé,
Cadavre par les soins des moines embaumé!
Ce n'était pas un vain simulacre de cire :
C'était bien un vrai corps! C'était bien vous, messire!
Oui, c'était vous. J'ai vu le fer d'un médecin,
Pour en tirer le cœur, vous entr'ouvrir le sein.
Enfin j'ai vu clouer et sceller votre bière,
Et, sur elle, se clore un sépulcre de pierre!

DON RINALDO.

Il te souvient qu'un soir, en train de chevaucher
Tous deux, nous avons fait rencontre d'un archer
Très-surprenant...

ORCO.

Lequel avait votre figure!
Votre voix, votre taille et toute votre allure!

DON RINALDO.

Oui, lequel de tous points me ressemblait si fort
Qu'aucuns pour mon jumeau le prenaient tout d'abord.

ORCO.

Je vous entends encor, devers l'hôtellerie,
Dire à ce jeune brave, avec chevalerie :
« Maître! bois dans mon verre, et mange la moitié
De mon pain. Concluons un pacte d'amitié.
Nos cœurs entre eux, j'en jure, ont une sympathie
Sœur de la ressemblance à nos traits départie.
Qui sait? bien que je sois favorisé d'un rang
Supérieur au tien, — peut-être es-tu mon sang.
Fils d'un furtif amour, peut-être es-tu mon frère.
Il a beaucoup aimé celui qui fut mon père!
Or, ému de soupçon qu'il fut aussi le tien,
Je t'offre, en homme juste, en chevalier chrétien,

De ma fortune heureuse une part fraternelle.
— Que l'ange du serment me touche de son aile! —
Veux-tu vivre en seigneur? Je t'ouvre mon château.
Veux-tu paraître en cour? Je te mets mon manteau.
Rêves-tu le voyage, — et la guerre lointaine?
Je te lève une troupe et t'en fais capitaine.
Choisis. » Voilà ce que vous lui dites, seigneur,
Et ce qu'il écouta rayonnant de bonheur.

DON RINALDO.

Et puis il m'accola naïvement; et comme
C'était un romanesque et très-ardent jeune homme
A qui cet univers ne semblait pas trop grand,
Il choisit le métier de capitaine errant,
Et je lui recrutai dans mes fiefs une troupe
D'aventuriers, menant dame licence en croupe,
Tous de fer, âme et corps, selon leur nouveau chef.
Je le vis avec eux, pavoisant une nef,
Fort de sa bonne épée et de sa bonne étoile,
Pour Samarcande — ou pour Bagdad — mettre à la voile.
Il voulait, disait-il, engager ses destins
Aux guerres qui grondaient sous les cieux palestins...

ORGO.

Donc, c'est lui, c'est Alvar, qu'en nos bois ténébreux
On a trouvé sans vie, atteint de coups nombreux.
Peut-être il revenait, voyageur trop splendide.
Il a dû choir parmi quelque bande sordide.
A l'aube, passant là, des manants, des bergers,
— Qui n'auraient su jamais saisir les traits légers
Par lesquels, vous et lui, différiez l'un de l'autre, —
Ont relevé son corps qu'ils ont pris pour le vôtre.
Ils se sont mis en marche, et courant devant eux,
Le bruit de votre mort a tonné dans ces lieux;
Et, d'avance égarés, troublés jusqu'aux entrailles,
Nous avons avec foi mené vos funérailles!...

Tout nous y provoquait : personne d'entre nous,
Depuis vingt jours n'avait de message de vous!
DON RINALDO.
Et le pape et le roi commandaient ce silence.
ORCO.
Quel terrible danger qu'une muette absence!
DON RINALDO.
C'est en effet le corps du jeune bohémien
Qu'on a mis au tombeau, le tenant pour le mien.
Mais tu ne touches pas le plus noir du mystère.
L'un de vous commettait une erreur volontaire :
Pleurant aux yeux de tous, et riant à part soi,
L'un de vous savait bien que ce n'était pas moi.
— Ce fourbe, dont jamais le masque ne trébuche,
M'avait fait poignarder, la nuit, dans une embûche. —
C'était sur un rocher qui dominait la mer.
J'avais plongé sanglant au sein du gouffre amer...
Et sa recherche active, inquiète, profonde,
N'avait pu retrouver mon cadavre sous l'onde,
— Il lui fallait un corps... Alvar n'était pas loin...
Alvar, qui me pouvait figurer au besoin...
On a dû l'égorger. — D'ailleurs, de mon supplice,
Il avait refusé de se faire complice.
ORCO.
Oh! seigneur, nommez donc le traître, l'assassin!
Que je...
DON RINALDO.
Non, non, pas toi... certes, un tel dessein
T'honore; — mais prends garde au zèle qui t'entraîne.
Aussi bien qu'en amour, je suis jaloux en haine.
Que mon droit de vengeance, ami, te soit sacré.
Ce formidable droit, seul, je l'exercerai.
ORCO.
Au moins, dites le nom!

DON RINALDO.
          Tu n'en as pas un doute?
ORCO.
Pas un. Oh! dites-le, monseigneur! oh! j'écoute!
DON RINALDO.
Ce nom, que ton appel m'excite à proférer,
Sais-tu bien, c'est l'abîme!... Il va nous entourer
D'un nuage d'horreur plus sombre et funéraire
Que ce palais!...
ORCO.
Grand Dieu!
DON RINALDO.
          C'est Brennus...
ORCO.
                    Votre frère!
Est-ce réel? Pardon. Je ne me connais plus.
DON RINALDO.
C'est vrai comme Satan! c'est vrai comme Jésus!
La race de Caïn toujours tache le monde.
Plutôt que d'en finir avec le meurtre immonde,
Quand la race d'Abel à ses coups manquera,
Contre sa propre chair elle se tournera,
Dans la tribu de sang, c'est une tête haute
Que mon frère Brennus! Va, ce n'est pas sa faute
S'il encourt le chagrin de voir s'en revenir
Abel ressuscité qui veut, qui doit punir.
Ah! ce faux pénitent, ce faux chrétien, ce traître,
Qui, l'an dernier, disait vouloir se faire prêtre!
ORCO.
—Mais pourquoi vous tuer? qu'avait-il contre vous?
DON RINALDO.
J'étais de Miranda le trop heureux époux...
Pendant qu'on me frappait: « Enfin! elle est donc veuve »,
Murmurait-il. — Ainsi pour toi c'est chose neuve
Que son hideux amour?

ORCO.
Oui, monseigneur!
DON RINALDO.
Quel sphinx
Que don Brennus, qui peut tromper ton œil de lynx!
ORCO.
Mais avant l'attentat, vous-même, dans son âme
Lisiez-vous? Saviez-vous sa convoitise infâme!
DON RINALDO.
Nullement. Le bonheur m'absorbait de façon
A ne me laisser pas le loisir d'un soupçon.
Pour observer, il faut avoir l'esprit morose.
L'homme heureux ne voit rien.
ORCO.
Bientôt, je le suppose,
Le comte m'eût appris lui-même son amour.
DON RINALDO.
Vraiment? qui te le donne à penser?
ORCO.
L'autre jour,
Don Brennus, qui, depuis votre mort, me prodigue
Les adulations au point qu'il m'en fatigue,
M'a dit qu'incessamment il viendrait seul, de nuit,
Dans la paix de ces lieux, m'entretenir sans bruit.
— Mon culte — il sait cela — me met souvent de garde
A ce poste, la nuit.

Il indique le cénotaphe.

DON RINALDO.
Que Dieu toujours te garde,
Cher Orco!
ORCO.
Tout à l'heure il peut venir...
DON RINALDO.
C'est bien. —
Le revoir!...

ORCO.
Vous seriez prudent?
DON RINALDO.
Va, ne crains rien.
— Je gage que céans sans cesse on le rencontre?
ORCO.
Par saint Jacques! il n'est pas de jour qu'il ne s'y montre.
DON RINALDO.
Et comment juge-t-on de cette assiduité?
ORCO.
Mais il passe pour faire acte de piété,
En fréquentant le lieu de votre sépulture.
DON RINALDO.
Oui, d'accord : cela masque au mieux sa forfaiture.
— N'ose-t-il pas tenter, par quelques soins discrets,
Par des soupirs, échos de ses rêves secrets,
De faire deviner à celle qu'il adore,
Quel martyre le tient, quel beau feu le dévore?
ORCO.
Oser prier d'amour femme qui se complaît
Dans un deuil marital si riche et si complet?
DON RINALDO.
Quoi! tu n'as rien surpris? Rien à son préjudice?
ORCO.
Moins aveuglé, j'aurais noté comme un indice,
Un singulier regard que, sur la senora,
Certain soir, devant moi, longtemps il concentra.
DON RINALDO.
Quelqu'un de ces regards qui percent tous les voiles,
Et dont l'impureté ternirait les étoiles?
ORCO.
Peut-être... mais alors, j'observai faiblement.
DON RINALDO.
Il faut, en cas semblable, œil de maître et d'amant.

— Et Miranda? comment, d'ailleurs, le reçoit-elle?
Quels propos, quels regards, obtint-il de sa belle?

ORCO.

Elle? Ah! Dieu! lui parler? le voir? le recevoir?...
L'ingrate rarement daigne s'apercevoir
S'il vient, reste, ou s'en va. Plus rarement encore,
De quelque mot distrait et vague elle l'honore.
Une fois cependant — c'était aux premiers jours
De son deuil — elle a fait pour lui presque un discours :
— « Don Brennus! avez-vous ordonné les supplices
Et de l'auteur du meurtre et de tous ses complices? » —
Et comme il répondait, en s'inclinant bien bas,
L'air désorienté, qu'on ne les tenait pas :
— « Hâtez-vous donc alors de lancer en campagne
Vos serviteurs, les miens! que l'on fouille l'Espagne,
Et l'Afrique et le monde!... Et que feu, corde ou fer,
Ouvrent à ces damnés les portes de l'enfer! » —

DON RINALDO.

Eh! c'est pour mon galant, comme dans mainte histoire
De paladin. Sa dame, un peu folle de gloire,
Lui donne mission d'aller mettre à néant
L'art des noirs enchanteurs, d'occire le géant,
D'exterminer le monstre. — Ah! cruelle aventure!
S'exterminer soi-même!... — Et puis, quelle torture
Qu'une telle constance envers un trépassé!
Que je plains son mécompte! Amoureux insensé,
Qui pensait qu'une fois le mari sous la terre,
La veuve accueillerait son aubade adultère !
Le raille-t-elle assez, cette fidélité
Qui dédaigne le temps et veut l'éternité?
N'est-il pas de sa honte obsédé sans relâche?
Être en vain meurtrier! Dieu! s'être en vain fait lâche!
O désarroi!... — Veillons pourtant; car, son cerveau
Doit machiner, dresser quelqu'attentat nouveau...

Oui, peut-être, déjà, sa lâcheté hardie
Combine-t-elle un plan de rapt et d'incendie!
Mais je suis là.
Ici on distingue un son de trompe filé mystérieusement.
J'entends comme le son d'un cor.

ORCO.

Serait-ce don Brennus?

DON RINALDO.

Écoute! on sonne encor.

ORCO, *après avoir écouté.*

C'est lui qui vient chercher son entretien nocturne.

DON RINALDO.

Dans quel lieu?

ORCO.

Je l'ai dit: dans ce lieu taciturne.

DON RINALDO, *désignant le catafalque.*

Quoi! devant cet autel?... qu'il a peu de remords!
Le parfait mécréant! comme il brave les morts!

ORCO.

Moins que vous ne pensez. Ses pâleurs, francs symptômes,
M'ont appris qu'il n'est guère incrédule aux fantômes.—
Mais, s'il peut redouter, dans le sombre parcours
De ce vaste tombeau, dans ses tours et détours,
De voir soudain surgir un spectre,—est-ce le vôtre?
C'est bien plutôt, je crois, le fantôme de l'autre,
Du pauvre Alvar! Il sait comme nous—mieux que nous—
Que le mort de céans, c'est Alvar, et non vous!
Il se dit que, la mer tenant votre cadavre,
Votre ombre, qui là-bas hante quelque vieux havre,
Ne pourrait, sans magie, à l'heure où tout est noir,
Revenir de si loin visiter ce manoir.
Or, l'apparition de son autre victime,
Ne devant lui parler que de son moindre crime,

Il ne la saurait craindre assez pour n'oser pas
Affronter nuitamment ce temple du trépas.
DON RINALDO.
Ce deuil aux cent replis me sera favorable
Pour entendre à loisir et voir le misérable,
Sans en être entendu, ni vu.
ORCO, circonspect.
      Le bruit d'un pas...
Dérobez-vous.
DON RINALDO, se retirant lentement derrière le cénotaphe.
  Ma haine, allons, rugis tout bas.
Orco lui a remis sur les épaules son large froc.

SCÈNE III.

DON RINALDO, plus ou moins caché; ORCO, DON BRENNUS, habit de velours noir rehaussé d'or, manteau grenat.

DON BRENNUS, du fond.
Majordome, es-tu là?
ORCO.
   Me voici, seigneur comte.
DON BRENNUS.
Seul?
ORCO.
Oui, seul.
DON BRENNUS, tout à fait en scène.
   Moque-toi de ma faiblesse. — Un conte
Absurde, que je viens d'ouïr dans le devis
Des arbalétriers de garde au pont-levis,
Me bourdonne au cerveau comme une aile d'orfraie;
Si bien que moi, Brennus, aujourd'hui je m'effraie
De l'aspect de ces murs, dont, jusqu'à ce moment,

J'avais touché le seuil sans épouvantement.
Mort-Dieu!...

ORCO.
Qu'est-ce qu'ils vous contaient ces valets d'armes!

DON BRENNUS.
Ne m'affirmaient-ils pas — blêmes encor d'alarmes —
Avoir vu tout à l'heure un revenant passer
Le pont-levis, franchir la grand'porte, glisser
Devant eux, arpenter la cour, gravir les marches
Du perron — puis, enfin, se perdre sous les arches
Du vestibule?...

ORCO.
Allons! quelqu'errante vapeur
Qu'ils ont vue à travers le sommeil et la peur.

DON BRENNUS.
Les fous dans ce fantôme avaient cru reconnaître...

ORCO.
Qui donc?

DON BRENNUS.
Lui... notre mort.

ORCO.
Quoi! mon vénéré maître?

DON BRENNUS.
Chimère, illusion, n'est-ce pas?

ORCO.
Je le crois.
— Pourtant, les trépassés reviennent quelquefois,
Messire!

DON BRENNUS.
La raison des savants le conteste.

ORCO.
Mais la dévotion des croyants purs l'atteste.

DON BRENNUS.
Chez le peuple. A la cour, on en rit.

ORCO.

　　　　　　　　　　　　Vos railleurs
Sont dans l'occasion bien crédules. — D'ailleurs,
Qu'importe que ce soit véritablement l'ombre
Du marquis? qu'avons-nous à redouter de sombre
De sa part? Vous et moi le pleurons saintement.
Il ne peut qu'être bon pour nous.

　　　　DON BRENNUS, avec hypocrisie.

　　　　　　　　　　　　Certainement.
Oui! dans son purgatoire — ou sa béatitude —
Il doit être envers nous plein de mansuétude.

　　　　DON RINALDO, à part.

Judas!

　　　　DON BRENNUS.

　　Quoi qu'il en soit, cher Orco, j'ai souci
De t'avoir assigné cette entrevue ici.
Nous aurions mêmement, dans ce parc solitaire,
Trouvé discrétion, sécurité, mystère...

　　　　ORCO.

Au parc, nous aboucher de nuit? Les curieux
En auraient pu gloser. Tandis que, pour ces lieux,
Rien de tel. On croira — si l'on nous sait ensemble,
Que le soin d'honorer le mort seul nous rassemble;
Que nous nous concertons pour punir le forfait.

　　　　DON BRENNUS.

C'est cela! Bien jugé! Gloire à ton sens parfait!
Dieu t'a versé les dons de l'âme avec largesse :
A tant de probité joindre tant de sagesse!
Unir tant de prudence à tant de bonne foi!
Ah! quel ange gardien qu'un ami tel que toi!
Certe, elle n'était pas, ton amitié prospère,
Le moindre des bonheurs de feu mon noble frère!
— Laisse-moi répéter combien je fais état
De ce que ton mérite a de force et d'éclat.

Cette admiration que ma justice éprouve,
En ce moment — plus que jamais — je te la prouve:
Ma présente démarche, à ta haute vertu,
Ne rend pas témoignage à demi; — qu'en dis-tu ?
Déjà, depuis longtemps, ce que tu vaux m'exhorte
A t'ouvrir mes secrets. Un homme de ta sorte,
A l'orgueil de ma vie est fait pour s'allier,
Comme au glaive hardi le prudent bouclier. —
Vrai Dieu ! tu ne vas pas apprendre sans surprise
Dans quelle passion et dans quelle entreprise
Je suis aventuré. — Tiens, lis ce parchemin,
Tout est là.

ORCO, il examine le parchemin à la clarté du luminaire.

    Le grand scel du collége romain !
Une lettre du pape !...

DON BRENNUS.

     Oui, de notre saint-père.
A ce que j'entreprends sa bonté coopère.

ORCO, après avoir lu.

Rome ici vous permet d'être le successeur
Du défunt — comme époux de votre belle-sœur?

DON BRENNUS, avec un calme affecté.

Tu vois.

Moment de silence pendant lequel le majordome semble examiner de nouveau le bref du pape.

DON RINALDO, à part, scandalisé.

   Rome est sa dupe, et l'aide en ses pratiques?
Auraient-ils donc raison les docteurs hérétiques,
Les hautains gallicans, qui de Sa Sainteté
Ne reconnaissent pas l'infaillibilité?

DON BRENNUS, un peu inquiet.

Cher Orco, ton silence avec raison déclare,
Pour un rare sujet, un étonnement rare.
En effet, de ceci rien n'était à prévoir,

Remets-toi cependant. J'ai hâte de savoir
Ce que te dit mon bref; comment tu l'envisages.
ORCO, avec intention.
Mais il ne me suggère aucuns mauvais présages...
Et s'il faut là-dessus, très-glorieux seigneur,
Vous parler du plus franc, du meilleur de mon cœur,
Je dirai, j'avouerai que ma plus haute envie
Est de voir la marquise à ce tombeau ravie,
Et de la contempler retrouvant un époux
De sa félicité roi superbe et jaloux !
DON RINALDO, à part.
Noble ami !
DON BRENNUS, tout charmé.
Brave ami !... — Cette ouverture franche
Mérite qu'en retour sans réserve j'épanche
Mes agitations dans ton sein. — Qui l'eût dit
Que l'amour lancerait son superbe interdit
Sur mon projet récent d'entrer dans les saints ordres !
Après avoir, hélas ! par de nombreux désordres,
Au feu des voluptés payé large tribut,
Ne pouvoir tendre enfin vers un céleste but !
Ah ! j'ai les sens encor trop fougueux et trop jeunes.
L'amour, vois-tu, se rit des oraisons, des jeûnes.
Pour le fuir, il n'est point d'abîmes — de sommets...
L'amour est un tyran qui n'abdique jamais !
ORCO.
Donc, cette passion, seigneur ! ne vous habite
Que depuis peu ?
DON BRENNUS.
Depuis qu'étrange cénobite,
La dona s'est vouée à ce lugubre autel.
(Démence ! faire un Dieu de l'ombre d'un mortel !)
Quand vivait son mari, mon frère... (que personne
D'avoir contrairement senti ne me soupçonne !)

Devant elle, mon cœur, mon sang, respectueux,
Ne se départaient pas d'un calme vertueux.
Je la considérais comme une Notre-Dame
A fêter seulement de tout ce qu'on a d'âme,
Et près de qui jamais téméraire désir,
Jamais tentation ne me pouvait saisir.
Mais, lorsqu'exagérant les douleurs sépulcrales,
Veuve, elle déploya ces pompes théâtrales,
Et par ce paganisme, en elle si nouveau,
Se trouva descendue au terrestre niveau,
Je ne pus me garder d'une terrestre flamme...
Tout entier, je brûlai pour sa beauté de femme!

ORCO, *avec une fausse déférence.*

Vous dites vrai : ce culte est païen.

DON BRENNUS, *très-cafard.*

C'est risquer
Grandement son salut que de le pratiquer!
Car, en lui, c'est la chair — non l'esprit — qu'on adore;
Telle est l'opinion du père Héliodore.
Le digne confesseur de Miranda...

DON RINALDO, *à part, presque voltairien.*

Comment!
Du pape au dernier clerc, n'est-ce qu'aveuglement?

DON BRENNUS.

D'après cela finir son veuvage précoce,
L'entraîner aux liens d'une seconde noce,
C'est autant la sauver que faire mon bonheur!
— J'ai raison, n'est-ce pas?

ORCO.

Vous parlez d'or, seigneur.

DON BRENNUS, *l'œil au ciel.*

Je la ramène à Dieu! je l'arrache à sa perte!

DON RINALDO, *à part.*

Oh! ton hypocrisie est une juive experte.

> ORCO, *en croisant les bras.*
Reste à la décider.
> DON BRENNUS, *profondément.*
Oui !
> ORCO.
L'orgueil sans égal
Qu'elle tient du grand roi Pierre de Portugal,
Son auteur...
> DON BRENNUS, *l'interrompant avec une ardeur sombre.*
Je connais la force de sa race...
Mais j'ai ma passion !... Je sens, dans son audace,
Je sens, dans ses transports qu'excitent les démons,
Une force à mouvoir, à déplacer des monts !
Ma passion veut vaincre. Elle me fait résoudre
Un grand coup.
> ORCO.
Quel est-il ?
> DON RINALDO, *à part.*
Oui, montre-nous ce foudre.
> DON BRENNUS, *mystérieux.*
Je suis secrètement possesseur d'un jardin
Si merveilleux — que, même au pays grenadin,
En regard des splendeurs du grand Généralife,
Il serait admiré de la cour du calife.
A son centre rayonne un beau palais — rival
De l'Alhambra. — Ce nid d'archange est dans un val
Plein de mystère : un lac, une chaîne de roches,
Des forêts, des ravins, dérobent ses approches.
Treize esclaves nubiens, tous muets — que j'ai pris
Sur mer — seuls de mes gens pratiquent ce pourpris.
> DON RINALDO, *à part.*
Voilà, sur ma parole, un riche préambule.
> DON BRENNUS.
Or, tu sais que parfois, Miranda, somnambule,

Après des nuits de fièvre et d'étrange action,
Tombe dans la langueur et la prostration,
Et qu'alors sa nature énervée, abattue,
Se laisse pénétrer d'un sommeil de statue.
Eh bien, au premier jour, tous deux nous guetterons
Son accès léthargique et nous nous glisserons
Dans sa chambre... Lorsque sa torpeur invincible
L'aura comme changée en un marbre insensible,
Par un escalier sourd qui rampe dans le mur,
Nous devrons la descendre au labyrinthe obscur
Creusé sous le château... Là, sur une litière,
Deux francs archers dont l'âme est à moi tout entière...

DON RINALDO, à part.

Ah! oui, mes meurtriers!

DON BRENNUS.
      Recevront de nos mains
La statue — et prendront sur nos pas les chemins
Qui conduisent au val où règnent mes féeries.
— A son réveil, au lieu de noires draperies,
Elle aura sur sa tête un beau firmament bleu;
Au lieu d'un luminaire et de son morne feu,
Le plus riant soleil de toutes les Espagnes!
Puis, dans les sens, l'odeur des plus riches campagnes!
— Tu comprends le pouvoir d'un contraste pareil?

ORCO.

Parfaitement, seigneur.

DON RINALDO, à part, très-agacé.
     En effet, ce réveil
Comme un philtre agirait.

DON BRENNUS.
      Puis, au milieu des arbres,
Des fleurs et des parfums, des jaspes et des marbres,
J'apparaîtrai, muni de tous les talismans
Que firent pour l'amour les sorciers musulmans.

ORCO.

Fort bien.

DON RINALDO, à part.

Je sens venir la tempête en mes veines!

DON BRENNUS.

Mes attaques, vois-tu, seront d'autant moins vaines,
Que je me donnerai l'orthodoxe maintien
De la vouloir guérir d'un songe anti-chrétien,
Et que j'invoquerai, comme loi décisive,
Du pontife romain l'adorable missive!

ORCO.

Vous ne craignez pas...

DON BRENNUS.

Non, je suis rempli d'espoir.
Ami, j'ai des ardeurs qui sauront prévaloir
Contre le souvenir des plus saintes caresses
Du mari trépassé. J'ai, dans l'art des tendresses,
Grâce à mainte aventure, un bien autre talent
Que celui qui brillait chez mon frère!

DON RINALDO à part, exaspéré.

Insolent!...

DON BRENNUS, de plus en plus mauvais sujet.

Don Rinaldo manquait de science érotique.
C'était un Amadis, un amoureux mystique,
Un poëte, un enfant du calme siècle d'or.
Mon maître en l'art de plaire, à moi, — c'est Galaor!
Sa doctrine est la mienne : aussi, m'en servirai-je!
Aussi, bientôt de charme en charme amènerai-je
Mon idole à me dire, abjurant le défunt :
— « Toi seul m'as de l'amour révélé le parfum!
Je n'ai jamais aimé que toi! »

DON RINALDO hors de lui, éclatant et se montrant.

Fils de Sodome,
Te tairas-tu?

DON BRENNUS, *bondissant de surprise et se retournant la main sur son épée.*

    Satan ! qu'est-ce ?
Il aperçoit Rinaldo et chancelle de terreur.
              Ah ! ah ! le fantôme...
Il tombe à la renverse privé de sentiment.
    ORCO, *examinant don Brennus.*
Sa vie est suspendue.
        DON RINALDO.
             Oh ! cet effroi vainqueur
Me rafraîchit le sang et m'apaise le cœur !
        ORCO.
Bien. Vous devez bénir son effroi — qui nous sauve ;
Car, s'il eût soutenu votre algarade fauve,
S'il vous eût découvert vivant — alors tous deux,
Vous vous seriez livré quelqu'assaut hasardeux,
— Dont nous serions sortis victorieux, — sans doute !
Mais dont l'ardent fracas, roulant de voûte en voûte,
Aurait fait accourir — au milieu de l'essaim
De vos gens — Miranda, qu'un délire assassin
Eût terrassée — ou morte — ou folle !...
        DON RINALDO.
                 Orco, silence !
Ne m'accable pas, songe avec quelle insolence
Le lâche...
        ORCO, *l'interrompant.*
    Retournez dans l'ombre. — Le voilà
Qui revient à lui.
        DON RINALDO, *se dérobant.*
        Qu'il revienne, j'ai déjà
Du moins dans sa terreur pris un notable à-compte
Sur ma vengeance.
    DON BRENNUS *soulevant sa tête et d'une voix stranglulée.*
        Ami... défends-moi...

ORCO l'aidant à se relever.

Sire comte,
Quel mal vous tient?

DON BRENNUS, après avoir promené autour de soi des regards effarés.

Eh quoi! n'as-tu donc rien vu?

ORCO.

Rien.

DON BRENNUS, stupide.

Rien? Tu n'as rien vu?

ORCO.

Non. Qu'avais-je à voir?

DON BRENNUS.

Eh bien!
Le fantôme!...

ORCO.

Un fantôme! — Où donc?

DON BRENNUS.

Là, tout à l'heure.

ORCO.

S'il m'en est apparu le moindre — que je meure!

DON BRENNUS.

Il était là, te dis-je! et même... il a parlé!

ORCO.

Je n'ai rien entendu.

DON BRENNUS, à part.

Ne s'est-il révélé
Qu'à moi?...

ORCO.

C'est un vertige, un rêve.

DON BRENNUS toujours très-défait.

Je t'assure
Qu'il était là. — Je sens comme une flétrissure
Envahir tous mes os. — J'ai froid. — L'air est mauvais
Dans cette salle. — J'ai besoin de jour...

ORCO *le prenant sous le bras, lui indiquant la porte latérale de droite et s'y dirigeant avec lui.*

                              Je vais
Vous démasquer là-bas une porte qui donne
Sur l'un des escaliers du parc.

            DON BRENNUS.

                              Je m'abandonne
A tes soins.

            ORCO.

    Venez donc. — La naissance du jour
Va bientôt vous calmer.

       Ils sortent. — Don Rinaldo revient en scène.

SCÈNE IV.

            DON RINALDO.

            Quel remords! quel amour!
— Don Caïn, au revoir! — Le jour des représailles,
Dit le proverbe arabe, est un jour sans entrailles.
Ton exécrable espoir, va, tu le paieras cher.
Ce péché de ta chair te coûtera ta chair. —
Le fou! se figurer encor chose possible
De monter — lui — jusqu'à cette âme inaccessible
D'asseoir sa fourbe auprès de cette loyauté!
Elle et lui!... quel hymen!... O monstruosité!
Il faut être héros pour vaincre une héroïne.
Il faut être divin pour vaincre une divine.
L'ange obtient seul de l'ange heur et gloire d'amant.
Le diamant peut seul tailler le diamant.
Tu veux charmer ma fée en sa haute nature?
Nain, deviens donc alors un preux de ma stature!

SCÈNE V.

DON RINALDO, ORCO.

DON RINALDO.

Quelqu'un s'avance, Orco. Là-bas, j'entends marcher.
Je vois le feu tremblant d'un flambeau s'approcher.
Regarde. Écoute.

ORCO, regardant le fond, à part.
Dieu! c'est elle!

<small>Il veut aller vers les arcades.</small>

DON RINALDO, le retenant.

Or çà, demeure ;
Et réponds-moi. Qui vient encore à pareille heure?

ORCO, plein d'anxiété.

Retirez-vous plus loin que la première fois.
Soyez prudent, seigneur.

DON RINALDO, ne cessant de regarder.

Une femme, je crois?

ORCO, avec plus de trouble.

Quelque suivante... Au nom du ciel, regagnez l'ombre!
N'en bougez pas surtout!

DON RINALDO.

Ton instance est bien sombre.
Qu'est-ce donc?

ORCO, avec détresse.

Oh! seigneur, faites comme je dis!

DON RINALDO.

Un moment... Cette femme... — Enfer et paradis!
C'est Miranda!...

ORCO.

C'est vrai! ne prendrez-vous pas garde
De la tuer!...

(Ici doña Miranda, somnambule, ayant sur une robe blanche une large
pelisse de velours violet, et tenant une lampe à la main, apparaît
sous les arcades du fond, parfaitement en vue du spectateur.

DON RINALDO.

Sans voir, sa prunelle regarde.
Elle marche en dormant bien pâle.

ORCO montrant le cénotaphe.

Un feu mortel
Souvent ainsi la pousse au pied de cet autel,
Qu'elle aime dans le somme autant que dans la veille.

DON RINALDO.

Pauvre nonne d'amour !

ORCO.

Craignez qu'elle s'éveille !
L'épreuve la ferait soudain se rendormir
Si profondément — que vous auriez beau gémir,
Invoquer, blasphémer... rien ne romprait le charme.
Allons !...

(Il veut l'entraîner.)

DON RINALDO.

Je reste là. — Ton zèle à tort s'alarme. —
Je n'aurai, s'il le faut, pas plus de mouvement
Qu'un chevalier d'airain mis sur un monument.
Je suis fort, majordome ! assez fort pour combattre
Tout mon délire — assez pour le dompter, l'abattre...
Il ne m'échappera ni geste, ni soupir ;
Et le bruit de mon cœur, je saurai l'assoupir.
— Laisse-moi, laisse-moi m'enivrer de sa vue
Pour tous les jours sans fin que je ne l'ai pas vue !

SCÈNE VI.

DON RINALDO, ORCO, DONA MIRANDA.

DON RINALDO.

Il contemple avec extase doña Miranda, qui après avoir un temps vagué sous les arcades, aborde enfin la grande chambre qui forme la scène.

Orco, tu disais vrai: le vent d'adversité
N'a rien pris à l'éclat de sa chère beauté.
Sa beauté! qui pourrait l'empêcher d'être telle?
La mort même, la mort jamais le pourrait-elle?
N'est-il pas insensé de craindre que ce corps,
Chef-d'œuvre harmonieux de grâces et d'accords,
Perde tout ce qu'il tient de l'ange et de la fée
Et des vers du tombeau devienne le trophée!
Croyons plutôt, croyons qu'à l'imitation
Du corps de plusieurs saints — dans une assomption
Mystique — défiant qu'un fossoyeur l'enterre,
Aux bras d'un cœur d'esprits il quittera la terre!...
— Mon sang brûle...

ORCO, à part.

Dieu bon, gouvernez ses transports.
Faites que le torrent ne brise pas ses bords.

DONA MIRANDA. *Pendant le couplet de Rinaldo, elle a traversé lentement et obliquement la scène et s'est arrêtée à la droite de l'acteur devant les deux harpes couvertes de longs crêpes. Elle pose sa lampe sur un trépied voisin, dépouille les harpes de leurs crêpes; puis, croyant parler à une suivante:*

Léocade — pourquoi sur mes célestes harpes
As-tu donc replacé ces funestes écharpes?
Ce sont des voiles d'or qu'à ces doux instruments
Il faut à l'avenir donner pour vêtements.
Oui, de l'or et des fleurs. C'est bien le moins, je pense,

Ces belles, qu'on les fête et qu'on les récompense,
Après la sainteté du miracle inouï
Dont par elles tantôt j'eus le cœur ébloui.
　　　　　DON RINALDO, à Orco.
Un miracle? Mon Dieu! qu'est-ce donc?
　　　　　ORCO.
　　　　　　　　　　　　　Je l'ignore.
Hier soir, j'étais absent.
DONA MIRANDA, allant à Orco qu'elle prend pour son confesseur.
　　　　　　Çà, père Héliodore,
Mon sage Directeur, on vous a raconté
Le prodige par qui le ciel, dans sa bonté,
Contrairement à vous bénit et sanctifie
Ce culte funéraire où j'enferme ma vie!
Vous ne prétendez plus qu'au séjour éternel,
On s'offense d'un deuil et profane et charnel.
Dans vos sombres discours, du nom d'idolâtrie,
Cette adoration ne sera plus flétrie!
　　　　　DON RINALDO.
Si près d'elle!... Martyre infernal et divin!
— Ces harpes! que de fois, quand le jour prenait fin,
Tous deux nous les avons fait résonner ensemble!
　　　　　ORCO.
Le miracle ignoré part de là, ce me semble!
DONA MIRANDA, ayant cru entendre une réponse du P. Héliodore.
Ha! voilà qu'à présent pour vous justifier,
Vous vous mettez, mon père, à me glorifier!
Hé! non : je ne suis pas une sainte, un modèle.
Ce n'est pas le devoir à qui je suis fidèle.
C'est mon Rinaldo seul. Vantez moins ma vertu.
Pourquoi me couronner? Je n'ai pas combattu.
Je n'ai fait que céder à l'ascendant de flamme
Pour qui le ciel avait prédestiné mon âme.
Certes, ma race est digne! et sagesse et devoir

Comme ils l'avaient sur elle, ont sur moi tout pouvoir.
Mais si d'un autre époux j'eusse été le partage,
Je n'aurais gardé franc l'or de mon parentage,
Qu'à la condition de ne pas rencontrer
L'homme qui — disiez-vous — me fait idolâtrer.
Le reste des galants m'eût trouvée invincible...
Mais triompher de lui ! quel triomphe impossible !
Ah ! je le sens : j'aurais risqué, pour son bonheur,
Mon céleste héritage et mon terrestre honneur.
Un tel péché ! qui ? Moi ? quoi ! mon orgueil austère...
Eh bien, oui, j'eusse fait cela ! sombre mystère !
Allez, ce péché-là, je l'aurais épuré
Au creuset d'un amour si brûlant, si sacré,
Que Dieu, surpris devant la candeur de l'outrage,
En vain de me damner eût cherché le courage.
Oh ! c'est bien de sa grâce un pur et simple don
Si je n'ai pas besoin d'un semblable pardon.
C'est la grâce — et non pas ma vertu — qui décide
De ma gloire. Qui sait ? Peut-être au suicide
M'a-t-elle encor soustraite !.. Oui, saint homme, entre nous,
Si le mort tant chéri n'était pas mon époux,
S'il ne m'était qu'amant, — la terrible contrainte
De cacher ma douleur, d'être sans deuil ni plainte,
De ne pouvoir tirer de mon affliction,
Comme autrefois mon père, une religion,
Aurait pu me livrer consentante à l'envie
De me précipiter moi-même hors la vie...

DON RINALDO.

Crime — attirant du ciel un foudre plus fatal
Que toute félonie à l'honneur marital !

Miranda, d'un pas lent et rêveur, va s'asseoir sur le premier degré du cénotaphe.

ORCO.

Hélas ! que la clarté de sa raison chancelle !

DON RINALDO.

Oui, mais la passion dans sa force étincelle.
J'admire son langage, et suis fier de savoir
Que mon heur de mari ne doit rien au devoir,
Et que de sa vertu l'amour seul est l'armure!

DONA MIRANDA (elle est à demi couchée au pied du cénotaphe).

J'ai beau tendre une oreille avide... aucun murmure,
Aucun soupir ne sort du cœur enfermé là,
Du cœur de Rinaldo... Mon Dieu! pourquoi cela?
Le mien, le mien si fort tressaille — et tant palpite,
Et si violemment vers lui se précipite!
Jadis, mon Rinaldo, ton cœur savait si bien
Frémir et s'enflammer au moindre appel du mien!...
Quoi, je n'ai pas d'aimant, de souffle, — qui déplace
Cette immobilité — qui fonde cette glace ? —
Rien ne répond. Rien... Rien...

DON RINALDO.

    Mon Dieu! Mon Dieu! Mon Dieu!
Sa démence me gagne — et je deviens de feu.

ORCO.

Vous tentez le Seigneur. Il faut fuir.

DON RINALDO.

       Non, je reste.

ORCO.

Fuyez.

DON RINALDO.

  Tais-toi. — Je veux entendre et voir le reste.

ORCO.

Alors, maîtrisez mieux votre âme! Retenez
Avec un frein meilleur ses bonds désordonnés!

DONA MIRANDA, toujours au cénotaphe.

J'ai parfois des instants pleins de rêve — où j'oublie
Que Rinaldo n'est plus... — Dévorante folie!
Qui m'en délivrera? — C'est un crucifiement

Que le réveil qui suit pareil enivrement.
Ainsi, le désespoir d'apprendre la nouvelle
De sa mort — à plaisir pour moi se renouvelle.
De vérité, d'erreur après émotions,
M'épargnerez-vous pas vos persécutions?
Dans la nuit de mes maux, sans votre alternative,
Je me reposerais morne et contemplative.
(Pause.)
— Cependant... est-ce bien folie?... est-il bien sûr
Qu'il ne soit plus?... qu'il dorme en proie au ver impur?
Est-ce que le Sauveur pourrait bien, ce doux maître,
— Rinaldo mort — souffrir que je conserve l'être?
Est-ce que, dans mon sein, vie, ardeur et santé,
De murmurer leur hymne auraient la cruauté,
Si dans le tien, mon preux, le grand coup d'agonie
Avait fait pour jamais taire leur harmonie?
Est-ce que — toi dormant — ta moitié veillerait?
Est-ce que toi glacé — ta chair palpiterait?
Si tu n'es plus, d'où vient que l'amoureuse extase
— Comme si tu vivais — me subjugue et m'embrase?
D'où vient que mon front brûle et veut pour s'apaiser
Le rafraîchissement de ton jeune baiser?
D'où vient que je t'appelle?...

DON RINALDO, chancelant d'ivresse.

Attends, mon ange aimée!
Bientôt nous franchirons la limite enflammée
Qui sépare pour nous le rêve du réel...
— O fortuné supplice! ô délice cruel!

DOÑA MIRANDA, au comble de la rêverie.

Ne suis-je pas assise en la vallée ombreuse
Où son premier serment m'a faite bien heureuse?
Oui, je vous reconnais, cieux et bois, chers témoins!
Si tout m'était ravi, vous me souririez moins.
Portez à Rinaldo, sur votre molle brise,

Un peu du tendre ennui dont son amante est prise.
Séduisez-le... qu'il vienne. Ah ! réunissez-nous.
Viens, mon chevalier, viens. Reprends, à mes genoux,
Ta place accoutumée... appuie ici ta tête...
Des premiers rendez-vous recommençons la fête...

DON RINALDO.

Je faiblis.

DONA MIRANDA.

Redisons nos plus anciens aveux...
Causons chevalerie...—Oh! viens, viens... je te veux !...

DON RINALDO.

Le sol manque sous moi... Le charme de l'abîme
M'envahit tout entier... Je me sens sa victime...

DONA MIRANDA, à bout de langueur.

Vient-il? Vient-il?

DON RINALDO, au seuil de la folie.

Orco, sois mon bon ange, toi!
Si vers elle je fais un pas — poignarde-moi!

DONA MIRANDA. Elle change tout à coup de voix et de visage,
et se tourne brusquement vers les deux hommes.

Qui parle?

Elle se lève d'un bond et va droit à Rinaldo.

Ah! vous voilà, don Brennus! Par mon père !
M'annoncez-vous qu'enfin ma vengeance prospère?
Ont-ils eu, vos coureurs, d'assez bons destriers
Pour atteindre le dos fuyard des meurtriers?
Ces monstres sont-ils tous au pouvoir de vos armes?
Puis-je mêler leur sang au fleuve de mes larmes?
Les avez-vous, sénor! Dites : vous les avez?
Mais donnez-les-moi donc. Mais vous me les devez!...
Qu'on les rase! qu'on les enchaîne à triple chaîne!
Qu'on prépare leur mort dans la salle prochaine!
Avant eux, sabre nu, soyez sur l'échafaud!
Et décapitez-les vous-même!... C'est qu'il faut

Que l'honneur de frapper qui frappa votre frère
Ne touche pas au bras d'un justicier vulgaire!

DON RINALDO.

Que n'entend-il cela!

DONA MIRANDA.

Qu'est-ce donc? vous semblez
Tout confus. Qu'avez-vous? Mais vraiment vous tremblez.
Rien encore, est-ce pas? Vaine fut la poursuite...
— C'est une injure à Dieu que l'heur de cette fuite! —
Remettez-vous. — Croyons que l'on fera demain
Ce que l'on n'a pu faire aujourd'hui. — Votre main,
Mon frère! Pardonnez la clameur un peu forte
Du farouche délire où le chagrin m'emporte. —
Çà, voyons : votre main d'hidalgo, sans rancœur!

Il hésite à donner sa main. Elle la saisit. A peine en a-t-elle senti la pression qu'elle l'abandonne brusquement et recule d'un pas, pleine de stupéfaction.

DON RINALDO, éperdu.

Grâce!...

DONA MIRANDA, se parlant à elle-même. Dès ce moment la crise du réveil se prépare chez elle.

Quel serrement! quel écho dans mon cœur!...
Jusqu'ici nulle main de cavalier — hors celle
Du mort — n'a fait courir une telle étincelle
Dans mes sens. D'où provient ce surprenant émoi?
Je ne puis démêler ce qui se passe en moi.

DON RINALDO.

Comment fuir maintenant?

Il reste immobile, comme pétrifié, oppassionato, le corps penché vers Miranda, les yeux dardés sur elle.

DONA MIRANDA, toujours à elle-même.

Dérobons-lui mon trouble.
— Mais comme il me regarde! Ah! mon émoi redouble.
Il a l'œil de son frère, et son regard de feu.
Pourtant son frère et lui se ressemblaient si peu!

On dirait qu'il en prend le visage... la forme!
Oui! jusqu'au vêtement, tout chez lui se transforme!
Oui! l'aspect de Brennus, comme un vague rideau,
S'écarte — et laisse voir l'aspect de Rinaldo!...

DON RINALDO, avec explosion et s'élançant pour la prendre dans ses bras.

Ange! Amante!...

DONA MIRANDA, réveillée tout à coup.

Ah!!!...

En jetant ce grand cri, elle tombe à la renverse dans les bras d'Orco, qui va la poser au pied du cénotaphe. Là, elle s'affaisse anéantie, les paupières closes; d'une voix éteinte elle murmure :

Chère ombre... enfin... ton doux empire...
M'affranchit l'âme... enfin... je vais à toi... j'expire...

Sa tête s'abandonne comme si elle était morte.

DON RINALDO, se précipitant sur elle avec un sanglot déchirant.

Non... Non... Non!...

ORCO, hors de lui, le repoussant et le reléguant de force au côté gauche de l'avant-scène.

Assassin! voulez-vous l'achever?

DON RINALDO, lamentable.

Sauve-la! sauve-la!

ORCO.

Dieu seul peut la sauver.

DON RINALDO, en prières.

Souffrirez-vous—Seigneur mon Dieu, qu'elle succombe?
Et que pour lit d'amour — je lui donne ma tombe?

Deux femmes accourent du fond du théâtre.

ORCO, sévère et désolé.

Femmes — c'est justement, lorsque le mal prévaut,
Que votre piété se rencontre en défaut.

Les deux suivantes se sont agenouillées à la droite et à la gauche de dona Miranda, et essayent de la ranimer en lui faisant respirer des essences. Elles n'y parviennent pas.

ORCO, découragé.

Malheur!

DON RINALDO, qui peut tout observer de sa place. Il a tiré son poignard et il en tient la pointe sur sa poitrine.

Me voici prêt, bien-aimée, à te joindre.
Ensemble nous verrons l'aube éternelle poindre.

ORCO.

Aucun mouvement! L'air d'ici-bas, vain secours,

Avec solennité.

A la vertu d'en haut, femmes, ayons recours.

Il tire de son pourpoint un rosaire qu'il place dans la main de Miranda.

Ce rosaire est puissant.

Moment d'attente. Persistance d'immobilité chez Miranda.

Eh! quoi, rien?... mal étrange!...

DON RINALDO.

Nous avions trop d'amour. Le ciel jaloux se venge.

ORCO, comme frappé d'une inspiration subite.

Ah!... ces harpes... oui... Oui... peut-être...

DON RINALDO, palpitant.

Quel espoir!...

ORCO, allant aux harpes.

La sénora disait qu'un miracle... il faut voir!...

Il effleure doucement les cordes des deux harpes, et leur fait rendre des sons éoliens. Dona Miranda se ranime, se meut, s'agite, pousse un long soupir et rouvre les yeux. Orco joint les mains.

Dieu!

DON RINALDO, frémissant d'une joie qui doute encore.

Vivante?

ORCO, avec actions de grâces.

Oui!...

DONA MIRANDA, triste et languissante.

J'allais à lui. Qui me rappelle?

Encor la vie, hélas!

DON RINALDO, radieux et fort, rengaînant son poignard.

Ange, elle sera belle!

FIN DU PREMIER ACTE.

ACTE DEUXIÈME.

Même décoration, ainsi modifiée : A droite de l'acteur, une haute fenêtre est délivrée du large pan de draperie noire qui la masquait. Elle donne passage à un puissant jet de soleil qui dessine à terre un grand carré de lumière. — Ce coin seul est éclairé par le jour. Le reste est toujours dans l'ombre et ne reçoit un peu de clarté que par les lampes astrales et les cierges du cénotaphe. — Les deux harpes sont toujours à leur place. — Il est environ sept heures du matin.

SCÈNE PREMIÈRE.

UN GROUPE D'OUVRIERS. Ils viennent d'opérer le dégagement de la haute fenêtre.

MAITRE OUVRIER.
Çà, compagnons, pas plus de brèche à la tenture!
C'est assez. — Désormais, grâce à cette ouverture,
Notre manoir — caverne aura son soupirail.
PREMIER OUVRIER.
Que la nappe de jour tombant de ce vitrail
Est bonne à regarder parmi tant de ténèbres!
DEUXIÈME OUVRIER.
Elle aide à se guérir des mille peurs funèbres
Que l'on y gagne...
MAITRE OUVRIER.
Eh! oui. Maintenant, nous osons
Librement respirer. Maintenant nous causons.
DEUXIÈME OUVRIER.
Ma foi, nous pouvons bien avouer, sans vergogne,
Que le silence lourd qui, durant la besogne,

A cloué constamment nos langues, — provenait
Des terreurs de la nuit qui nous environnait!
PREMIER OUVRIER.
Qui donc de sa frayeur marchanderait l'hommage
Au sinistre appareil de céans?
DEUXIÈME OUVRIER.
　　　　　　　Quel dommage,
Maître, qu'on nous ait fait dégager seulement
Cette fenêtre-là de tout l'appartement!
LES AUTRES.
C'est vrai.
MAITRE OUVRIER.
L'ordre n'allait pas plus loin.
PREMIER OUVRIER.
　　　　　　　　　Camarades,
N'est-ce pas? tous ces murs, ces piliers, ces arcades,
Comme nous en aurions enlevé de bon cœur
Ce drap — dont chaque pli loge un lutin moqueur!
TOUS LES AUTRES.
Oh! oui!
MAITRE OUVRIER.
Ce plaisir-là nous adviendra peut-être.
Qui sait?
PREMIER OUVRIER.
J'en ai l'espoir.
DEUXIÈME OUVRIER.
　　　　　　Comment! vous croyez, maître,
Que dona Miranda violerait son vœu?
MAITRE OUVRIER.
Mais, on la voit déjà le violer un peu...
Car enfin, elle avait juré qu'en sa demeure
Le jour ne rentrerait qu'après sa dernière heure...
Le jour vient d'y rentrer — et nous n'entendons pas
Le battant du beffroi s'ébranler pour son glas.

PREMIER OUVRIER.
Vous la jugez semblable aux autres filles d'Ève!
MAITRE OUVRIER.
Vraiment oui! Pourquoi pas?
PREMIER OUVRIER.
C'est possible.
DEUXIÈME OUVRIER.
J'endève
De vous ouïr ainsi parler! La Miranda
Est stable en ses vouloirs tout comme un homme...
MAITRE OUVRIER.
Oui-da!
Fais-nous accroire à nous, dont la tête raisonne,
Que femme, en qui la fleur de jeunesse foisonne,
En qui le doux penchant au bonheur — est nourri
De l'ardent souvenir d'un jeune et beau mari,
Puisse éternellement garder le vœu sauvage,
De séjourner vivante en un si noir veuvage.

Don Rinaldo, qui est toujours errant dans les profondeurs des noires arcades, se tient, depuis un moment, aux écoutes, derrière le cénotaphe, visible seulement à l'œil du spectateur. Aux dernières paroles du maître ouvrier, il se contient à peine.

DON RINALDO, *entre ses dents, d'une voix mal comprimée.*
Vil drôle!

Les ouvriers qui entendent la voix sans distinguer le mot, se regardent muets, stupéfiés.

MAITRE OUVRIER, *à voix basse.*
On a grondé. D'où part ce bruit?
PREMIER OUVRIER, *de même.*
Il sort
Du cénotaphe.
DEUXIÈME OUVRIER.
C'est un murmure du mort.
PREMIER OUVRIER.
Sainte Madone!

DEUXIÈME OUVRIER.
　　　　　Aussi vous êtes téméraire,
Maître, de confier à l'écho funéraire
De ces murs — vos propos, vos doutes malséants.
Quoi! devant le mari — dont le cœur gît céans, —
Tout haut vous osez bien articuler des doutes
Sur la fidélité de la veuve!... Ces voûtes
Exhalent la terreur, je vous en avertis.
Là, cette nuit encor deux grands cris sont partis
Qui se sont prolongés jusques au vestibule;
L'un, poussé par dona Miranda, somnambule,
L'autre, dit-on, par lui, — par le spectre du lieu
Que, dans sa promenade, elle aurait heurté...
　　　　MAITRE OUVRIER.
　　　　　　　　　　Dieu!...
　　PREMIER OUVRIER.
Puis, maître, les soldats de veille — sous le porche —
L'ont aussi vu passer... Il a soufflé la torche
Du corps de garde...
　　　　MAITRE OUVRIER, plein de trouble.
　　　　　　　Allons, notre ouvrage est fini...
Retirons-nous.
　　　Il s'incline vers le cénotaphe avec un recueillement craintif.
　　　　Salut, monseigneur; sois béni!
　　　　DEUXIÈME OUVRIER, même attitude.
Pardonne, monseigneur!... que ton courroux s'apaise.
　　　　PREMIER OUVRIER, de même.
Que jamais sur nos lits ton fantôme ne pèse.
　　　Tous s'en vont, dominés par une religieuse épouvante.

SCÈNE II.

　　　DON RINALDO.
Une troisième fois, j'ai failli tout trahir.

Or çà, ma passion, il est temps d'obéir
A la bride du calme, au mors de la prudence.
Autrement, voulons-nous tenter la Providence ?
— Encore attendre, hélas ! — Orco ne paraît point.
Je brûle cependant de savoir à quel point,
Du choc de cette nuit ma sainte s'est remise...
Faites que sa raison n'en soit pas compromise,
O mon Dieu ! — Puis, il faut que j'apprenne pourquoi
Cette ouverture au jour... J'en suis troublé, je croi !...
Quant à ce qu'un vil serf augurait de notre ange,
Assurément, j'en ris... Mais ce jour est étrange...
On survient. C'est Orco, je présume... Est-ce lui ?

Après avoir regardé.

Non, c'est Caïn — Brennus. Contre-temps plein d'ennui !
Eh bien, reprenez-moi, ténèbres souveraines !
Et toi, ma passion, sois plus docile aux rênes !

Il se replonge aux profondeurs les plus noires.

SCÈNE III.

DON BRENNUS. Pendant la plus grande partie de ce monologue, il se tient de manière à ne pas apercevoir le changement pratiqué par les ouvriers.

Quel silence ! — Personne encor. — D'où vient cela ?
D'ordinaire, à cette heure — avant même, elle est là.
— Allons, sois franc, Brennus. Ingénument confesse,
Que ce n'est pas l'amour, mais la peur qui te presse.
L'absence de l'idole est ton moindre souci.
Ton vrai déplaisir, c'est d'être tout seul ici. —
O vergogne ! En effet, moi que partout l'on vante
Comme un brave — à présent je connais l'épouvante.
Je vais, préoccupé d'étranges visions

Que je voudrais pouvoir traiter d'illusions.
Par l'Enfer! qu'elles soient fausses ou trop réelles,
Sachons lutter, osons nous retourner contre elles.
Toisons-les. Touchons-les, superbe et menaçant.
Puisque nous nous sentons pressé, soyons pressant!
— Et d'abord, revoyons d'un œil lucide et mâle,
Tout ce qui m'a troublé, tout ce qui m'a fait pâle.
Donc, cette nuit, j'arrive, et j'entends ce propos :
— « Le spectre du marquis, sorti de son repos,
« Erre dans le manoir. On l'a vu. » La nouvelle,
Comme un vol de hibou, m'offusque la cervelle.
Mais bientôt mon vouloir, ma force, mon orgueil;
Puis, du bonhomme Orco la simplesse et l'accueil;
Puis, l'entrain des ardeurs qu'à sa foi je confie;
Tout cela me dégage et me revivifie.
J'avais repris enfin possession de moi...
Quand soudain, m'accablant d'un monstrueux effroi,
Le spectre signalé s'élance des ténèbres,
Et contre moi se rue avec des cris funèbres!
De terreur et d'horreur je tombe enveloppé...
Orco m'assiste, et dit : — Quel mal vous a frappé? —
Lui, n'a rien entendu, rien vu. Calme, il m'invite
A chercher l'air du parc. J'y descends au plus vite.
 L'aube se devinait au bord lointain du ciel.
Parmi les fleurs flottait une brise de miel.
Je marche. Mes esprits renaissent. Je respire.
— Maître Orco dit-il vrai? n'est-ce qu'un vain délire?
Au surplus, ce fantôme, on peut le braver... Car,
Ce n'est pas Rinaldo; non, ce n'est rien qu'Alvar! —
Je m'assieds sous un arbre où court de feuille en feuille
Un souffle parfumé. Ma raison se recueille
Et m'apaise. L'air pur annonce un jour si beau
Qu'il fait céder et fuir les affres du tombeau.
Délivré, reposé, jouissant de la trêve,

J'oublie, et je m'endors...
                    J'entre alors dans un rêve.
Il commence à ravir. Il est l'heureux écho
De mes vœux. Je me trouve, accompagné d'Orco,
Près d'un lit où le plomb d'un léthargique somme
Enchaîne Miranda. Mon geste, au majordome
Fait remarquer combien propice est le moment.
Son sourire animé dit son assentiment.
Déjà nous avancions pour enlever la belle,
Qui gagnait en prestige à n'être point rebelle.
Un pas de plus, un seul, et le coup s'achevait...
Jeux d'outre-tombe!... à droite, à gauche du chevet,
Deux fantômes... oui, deux ! surgissent formidables,
Muets... spectres jumeaux tout pareils, tout semblables !
Ce n'est pas un Alvar, puis un Rinaldo. Non...
Ce sont deux Rinaldo!... Ma chair n'est que frisson...
Je veux fuir... Mais je sens que je deviens de pierre.
Je veux fermer les yeux... C'est en vain : ma paupière
Se révolte béante. Orco — reflet spectral —
Les bras croisés, affecte un sang-froid magistral.
Le double revenant dont le pouvoir m'arrête,
A l'air d'être vivant, porte un habit de fête.
Nulle blessure au cou. Nulle entaille au pourpoint.
Chacun fait sentinelle, œil fixe, dague au poing.
Cependant, Miranda remue — et sur sa couche
Se dresse lentement, sardonique, farouche.
Elle tient un poignard, qui dans ses mains grandit
Et que, vers mon front blême, elle allonge et brandit.
Orco, le lâche Orco, d'une étreinte féroce
Me saisit — et m'amène, avec un air atroce,
Aux atteintes de fer de Miranda. Ce fer
A plaisir me laboure, ainsi qu'un soc d'enfer !...
Tandis que l'on m'immole, — au fond le mur s'entr'ouvre...
Une autre vision à mes yeux se découvre...

C'est le feu roi don Pèdre — oui, je le reconnais —
Qui préside à la mort des assassins d'Inez.
Sur leur échafaud même, au grand soleil, il siége,
Il me regarde. Il rit de me voir pris au piége.
Avec l'autre supplice il savoure le mien ;
Et, joyeux, à sa fille il crie : — Enfant, c'est bien !...
 Ici, l'excès du songe en me brisant — m'éveille...
 Or, sous l'avénement de l'aurore vermeille,
Tout rayonnait de grâce et de sérénité.
Mais tout demeure noir en mon sein dévasté.
Et je vague — et je traîne un horrible mal-être...
Seul dans ce lieu... Quelqu'un ne va-t-il pas paraître ?...
Oppressé, haletant, la fièvre au sang, hagard,
Je n'ose, à mes côtés, hasarder un regard.
Je tremble d'entrevoir, d'envisager dans l'ombre,
Un sombre spectre à gauche — à droite un spectre sombre...
 Holà ! Brennus, du cœur ! Tu l'as promis. — Les forts
Bravent non-seulement les vivants, mais les morts.
Tu leur céderais — toi, front d'airain, main rapide ?...
Çà, regarde à ta gauche, et d'un œil intrépide !
Et, s'il se produit là quelque fantôme — eh bien,
Pousse résolûment droit à lui !...

  Il se tourne et regarde avec un élan rageur, et il reste étonné
   et satisfait de ne pas voir d'apparition.

       Rien, non, rien.

Presque rassuré et un peu railleur.

— Chez moi, ce serait donc noire humeur, maladie,
Trouble mental auquel Salerne remédie —
Achevons. Regardons à droite maintenant.
—Rien non plus.—

  Dans le mouvement qu'il a fait, il s'est tourné du côté de la fenêtre
    dégagée, qu'il aperçoit enfin.

     Mais... que vois-je ?... Oh ! certe un revenant
Serait moins merveilleux !... quoi ! le jour, la lumière

Rentrent dans ce palais? quoi! notre veuve altière
A bien pu l'ordonner? car, un tel changement
Ne peut qu'être l'effet de son commandement.
Alors, sans le savoir, sa douleur capitule.
La nature tout bas réclame — et l'on recule.
Cette bonne nature! A sa suite, on va loin.
Alors, pour triompher, je n'aurais plus besoin,
Ni de mon rapt, emprise un peu trop barbaresque,
Ni du réveil magique en mon jardin moresque,
Tout se ferait de soi...

Entre le majordome.

SCÈNE IV.

DON BRENNUS, ORCO.

DON BRENNUS.
   Cher Orco, viens ici.
Admire.

ORCO.
 Que faut-il admirer?

DON BRENNUS, *l'attirant vers la fenêtre.*
     Mais ceci.
Une entrée au soleil!... Une large fenêtre!...
L'aimable nouveauté! Combien elle fait naître
De jubilation dans mes esprits! — Ma foi,
Ce rayon-là sourit à mon amour. — Dis-moi:
Quel visage avait-elle — et quel ton — la marquise,
En t'ordonnant d'asseoir cette lumière exquise
Au milieu du chaos de ce deuil?

ORCO.
     Je ne sai.
Votre sœur ne m'a pas en personne adressé

Cet ordre inattendu. Dolorès, la suivante,
Me l'a transmis.

DON BRENNUS.

Jamais d'une âme plus fervente
Je n'ai considéré la lumière des cieux. —
Qu'est-ce que Dolorès t'a dit de spécieux,
Pour motiver — si blanche et douce fantaisie?

ORCO.

Rien.

DON BRENNUS.

Ce soleil au cœur me met de l'ambroisie.

ORCO.

J'ignore le sujet de cette nouveauté;
Et je ne comprends pas, messire, en vérité,
Qu'elle vous intronise à ce point d'allégresse.

DON BRENNUS.

Tu ne comprends pas?

ORCO.

Non.

DON BRENNUS.

Mais la veuve transgresse
Une part de son vœu! Mais sa douleur faiblit!
Quelque vent de feu souffle — et l'airain s'amollit!
Que ce travail s'opère à son insu — qu'importe?
Il s'opère — et la chose à bon droit me transporte!

ORCO.

Je ne puis.

DON BRENNUS.

Toi, liseur lettré, tu connais bien
La Matrone d'Éphèse, un conte italien? —
Une veuve y promet, dans ses premières larmes,
De vouer à son mort sa jeunesse et ses charmes.
Comme ici, c'est un large et pompeux déploiement
Ce drap noir — un immense amour du monument.

On se cloître. Cela doit durer des années,
Toujours!... et cela dure à peine trois journées.
Un beau reître interrompt ce trop sublime essai.
— Plus longtemps la marquise a tenu bon, c'est vrai.
Trois mois!... cela triomphe, et vaut bien qu'on la loue.
Moi-même j'en étais la dupe, je l'avoue.
Mais ce charmant soleil, espoir de guérison,
Prouve que le conteur d'Italie a raison,
Montrant que Miranda, désormais vraisemblable,
Est veuve inconsolée et non inconsolable!

ORCO.

Oh! que vous êtes prompt! Quant à moi, je ne puis
Conclure dans ce sens, vieux témoin que je suis
De la stabilité de projets — coutumière
A notre châtelaine.

DON BRENNUS.

Eh! ce flot de lumière
La dément mille fois!

ORCO.

J'attendrai, monseigneur,
Que la marquise parle, et nous fasse l'honneur
D'une explication. Je n'ai rien à comprendre
D'avance — et je serais fort peu saisi d'apprendre
Que, loin de signaler un ralentissement
De zèle — une tiédeur — un défaut de serment,
Ce caprice de jour, au contraire est le signe
D'une adoration plus pure et plus insigne

DON BRENNUS.

Allons!...

Dona Miranda entre par les galeries du fond. Elle est suivie de deux caméristes qui portent des fleurs. Elle a elle-même quelques fleurs dans ses cheveux et à sa ceinture.

ORCO.

La sénora vers nous s'avance.

DON BRENNUS.

Bien. —
Je vais sur l'aventure amener l'entretien.
Tu vas voir si j'ai tort ! — Mais... surcroît de merveille !
Des fleurs ? comment ! des fleurs ?... Oui, c'est réel... je veille
Jusque dans ses cheveux !... Gloire au jour ! Gloire aux fleurs
Le jour chasse le deuil. Les fleurs chassent les pleurs.

ORCO, à part.

Empêchez, ô mon Dieu, que ces viles paroles
— Qui pourraient lui jeter au cœur des rages folles —
N'atteignent Rinaldo forcé d'errer encor
Dans ces ombres.

SCÈNE V.

DONA MIRANDA, DON BRENNUS, ORCO.

Sans remarquer le majordome et don Brennus, dona Miranda, suivie de ses deux femmes, s'est acheminée vers les harpes.

DONA MIRANDA.

Salut, mes harpes aux voix d'or !
Salut, drogmans d'amour ! je viens, chères infantes,
Vous couronner de fleurs, vous faire triomphantes.
Que je vous donne au moins les trésors gracieux
De cette terre à vous qui m'entr'ouvrez les cieux !

Aux suivantes.

Dolorès — Léocade — allons, approchez d'elles !
Fêtez-les ; car vos mains sont pures et fidèles ;
Et c'est bien justement que je me sers de vous
Pour les récompenser du miracle si doux
Qu'elles ont fait hier soir — qu'elles vont reproduire
Ce matin — si mon zèle a de quoi les séduire.

Avisant don Brennus qui s'incline.

Ah ! mon frère, bonjour.

Elle contemple avec bonheur ses deux femmes qui mettent sur les harpes des chapeaux de fleurs.

DON BRENNUS, à part.

     Quel symptôme! à présent,
La belle s'aperçoit lorsque l'on est présent.
   DOÑA MIRANDA, à Orco.
Bonjour, mon cher Orco.
  Aux suivantes, en les congédiant d'un geste amical.
     Mes filles, Dieu vous garde!
    DON BRENNUS.

D'un œil plus indulgent le Très-Haut nous regarde,
Noble sœur : il permet qu'un réveil de santé
Vous restitue enfin toute votre beauté.
    DOÑA MIRANDA.

Ma santé! ma beauté!... Quelle erreur est la vôtre
De penser me complaire en vantant l'une et l'autre!
Oubliez-vous, monsieur, que leur double flambeau
N'aspire qu'à s'éteindre au souffle du tombeau?
Me soupçonneriez-vous de faiblir dans la haine
Que mon âme a vouée à l'existence humaine?
    DON BRENNUS.

Que je suppose rien qui soit injurieux
A tout ce qui réside en vous de glorieux,
Aux grandeurs, aux splendeurs de votre caractère?
Vous ne le pensez pas!
    Montrant le soleil et les fleurs.
     Mais ce riant mystère...
Mais cette invasion d'aurore et de printemps...
    DOÑA MIRANDA.

Malgré vos feints respects, monsieur, je vous entends!
— Ne niez point. — Tout bas vous me faites injure.
Vous voyez là dedans l'ébauche d'un parjure.
    DON BRENNUS.

Ah! ma sœur, don Brennus vous proteste...

DOÑA MIRANDA, *l'interrompant.*

Cessez
vos protestations. Je vous pénètre assez.
Après s'être un moment recueillie.
— Éclatez, mes vouloirs de deuil et de vengeance!
Pour vous prouver encor, tonnez d'intelligence!
Un homme est incrédule à votre éternité.
Foudroyez de son cœur l'altière impiété!

ORCO, *souriant à part.*

Mon Dieu, cette oraison d'orgueil sublime et tendre,
Faites que Rinaldo charmé — la puisse entendre!

DOÑA MIRANDA.

Brennus — dans Miranda vous méconnaissez trop
La fille de don Pèdre et d'Inez de Castro.
Ressouvenez-vous donc combien mon royal père
Sut aimer, vénérer, pleurer, venger ma mère!
Oh! son deuil! sa vengeance!... Il suffit d'un coup d'œil
Pour les voir gouvernant ma vengeance et mon deuil.
Tout mon père est en moi. — Celui dont la tendresse,
Pour la proclamer reine exhuma sa maîtresse,
Et qui, devant le peuple, à la face du jour,
La fit seoir sur le trône au milieu de sa cour;
Celui dont, sans fléchir, la haine, six années,
Chercha des meurtriers les têtes forcenées,
Et qui — les possédant — saintement inhumain,
Lui-même seconda le bourreau de sa main;
Ce preux — qu'auront blâmé des preux qu'il diminue,
Cet amant, ce vengeur — moi, je le continue!...

DON BRENNUS, *à part, fort désappointé.*

Folle!...

DOÑA MIRANDA.

A propos, j'attends encor — toujours j'attends
Mes assassins... Les dois-je attendre aussi longtemps

Que mon père les siens ? C'est une sombre affaire
Qu'une pareille attente...

   DON BRENNUS, à part, frémissant de dépit.
      Ha! tout me reste à faire!

 DOÑA MIRANDA, se tournant vers le cénotaphe, au comble
     de l'exaltation.

Cœur qui m'appartenait — et que l'on a frappé,
Va, sois tranquille : ils ont vainement échappé!
Nous les aurons. — C'est pour cela que je veux vivre!
— Cœur si cher! ne m'appelle à toi — ne me délivre
De ce monde — qu'après leur torture et leur mort!

  ORCO, à part, regardant don Brennus à la dérobée.
Le galant n'a pas l'air de goûter ce transport.

  DOÑA MIRANDA, à don Brennus, en lui montrant le cénotaphe.
Mon frère — à cet autel — ainsi que moi redites
Vos imprécations sur les têtes maudites
Des égorgeurs... Mon frère, il faut renouveler
Vos serments de chercher, de trouver, d'immoler!
Rien ne saurait bercer le dormeur d'une tombe
Comme de lui promettre une juste hécatombe.
Ah! parlons-lui souvent de ce suprême bien.
— Faites-vous?

  DON BRENNUS, parlant au cénotaphe et cachant à grand'peine
    son trouble.
   Cher marquis, Brennus veille : dors bien...
Ils ont échappé... mais... je crois... j'ai l'espérance...
Qu'enfin l'on parviendra...

    DOÑA MIRANDA.
    Dites : *J'ai l'assurance!*...
Avec nos volontés cela s'accorde mieux!
A l'oreille du mort c'est plus harmonieux.

  DON BRENNUS, jouant la dignité offensée.
Madame — doutez-vous que pour lui je conserve

Une religion sans borne et sans réserve ?
Doutez-vous que je sois...
                    DONA MIRANDA.
                        Non. Je ne doute pas.
Vous aimiez Rinaldo : j'en conviens sans débats.
Malgré votre discours peu séant — j'aime à croire
Que chez vous toute chose est selon votre gloire.
            DON BRENNUS, hypocritement.
Oh ! certe !...
            DONA MIRANDA.
            Encore un coup, je ne vous en veux point;
— Et, pour vous rassurer pleinement sur ce point,
Je vais vous confier les merveilles écloses
De mes harpes. Je vais vous révéler les causes
Des soins que je leur rends. — Ces fleurs et ces clartés
Ne vous surprendront plus tout à l'heure. — Écoutez.
            ORCO, à part.
J'ai comme un vague espoir que Dieu va faire naître
L'instant, l'occasion qu'implore mon cher maître.
            DONA MIRANDA.
Vous savez qu'autrefois, dans ce même salon,
Ouvrant cette croisée aux parfums du vallon,
Mon cher seigneur et moi, nous avions l'habitude,
Le soir, pour alléger nos cœurs en plénitude,
De mêler, aux accords des harpes que voilà,
Nos chants de piété, d'amour... — Oui, c'était là...
Nos doigts, comme les flots d'un torrent qui déborde,
S'élançaient, bondissaient, roulaient de corde en corde;
Les notes figuraient, jaillissant dans les airs,
Des gerbes de rayons, d'étincelles, d'éclairs;
Et, sur ces légions de flammes cadencées,
Triomphaient et régnaient nos voix et nos pensées!
— Vous avez vu — depuis l'anéantissement
De mon bonheur — un crêpe étendu constamment

Sur le couple muet de ces harpes... Près d'elles,
Je ne pouvais passer sans des douleurs mortelles :
Les spectres des beaux jours qui venaient m'assaillir,
A force de railler, me faisaient défaillir.
Mon âme s'en trouva tellement obsédée
Qu'un instant je fus près d'obéir à l'idée
De les faire emporter bien loin d'ici... Mais Dieu
Les gardait pour son œuvre et leur marquait ce lieu.
— Hier soir, par je ne sais quelle métamorphose,
D'elles à moi, je sens qu'un charme s'interpose...
J'en approche, étonnée, émue, ayant plaisir
A les considérer dans leur morne loisir.
Au lieu de m'imposer, comme c'est leur coutume,
Mille regrets chargés de railleuse amertume,
Les souvenirs d'amour près d'elles si nombreux
Me versent la douceur d'un calme presqu'heureux.
Séduite par degrés, d'un pas je m'en approche;
Irrésistiblement, j'en arrive tout proche...
Là, je rêve. — Le bois de ma harpe me sert
D'appui. — Dans ma pensée, un idéal concert
S'élève, me berçant de sa mélancolie...
Tout à coup — malgré moi — mes mains, avec folie,
Sur le profond sommeil des cordes s'abattant,
En font surgir l'essor d'un prélude éclatant!
Je recule effarée... — Alors, oh! quel miracle!
D'un ciel qui me chérit quel généreux oracle!
L'autre harpe répond! Des murmures confus
S'en exhalent... Des sons à ravir les Élus...
Vagues — mystérieux — de source aérienne —
Séraphiques soupirs — musique éolienne...
Amis, vous pensez bien qu'aisément je compris
Quel transfuge du chœur des célestes Esprits
Effleurait l'instrument de ses ailes de flamme.
— «Merci — dis-je — Dieu bon, qui m'envoyez son âme!

Qui la laissez descendre à mes côtés!... Merci,
Vierge des sept douleurs! qui permettez qu'ainsi
L'âme de Rinaldo me prouve sa présence!
A toi, chère âme, à toi! Demeure, plus d'absence!
Ta place au paradis, rien ne peut te l'ôter.
N'y remonte qu'à l'heure où j'y pourrai monter. »
— Et je ris et je pleure... et la plus sainte joie
M'embrase... Et, derechef, les cordes sont ma proie;
De mes deux mains — avec fureur — je les parcours;
L'ivresse de mon cœur se donne un large cours.
Et l'autre harpe encor, d'un murmure angélique,
A tout résonnement que j'éveille — réplique.
Et c'est comme autrefois : les amants transportés
Unissent leurs accords et leurs félicités!
— Tout le reste du soir ainsi nous le passâmes,
Unissant, mariant, confondant nos deux âmes!
Dolorès, Léocade admiraient à genoux
Ce grand œuvre d'amour accompli parmi nous.
Jusque dans le sommeil ces choses me suivirent.
Le songe pour mon cœur fit plus. Mes yeux le virent
Lui, mon Rinaldo — non sous forme d'esprit — mais
Vivant!...

  DON BRENNUS, à part, fort troublé.
    Dieu! que dit-elle? Encore lui? — Jamais
Je n'y veux croire!...

  DOÑA MIRANDA.
      Ardent, plein de force et de grâce,
Il me sourit, me touche... et de son bras m'enlace!
Je crus mourir... L'émoi confus qui m'oppressait,
Doute, espoir, crainte, amour, tout m'anéantissait.
Nos harpes cependant — double voix qui délivre —
S'éveillent... Leurs accords me font soudain revivre,
Renaître... Dans mon sang le calme est rétabli;
Et j'aborde un sommeil tout de paix et d'oubli.

Et maintenant, monsieur, si, par cette fenêtre,
Au milieu de cette ombre un flot de jour pénètre,
C'est que je me suis dit : — « Sans doute, ce manoir,
A son âme — qui vient des cieux — paraît trop noir.
Tâchons de modérer la rigueur du contraste.
Reprenons au soleil une part de son faste.
Livrons un pan de voûte au firmament qui luit.
Que le soleil dévore un coin de cette nuit.
Que la chère âme ici retrouve une parcelle
De l'éclat dont là-haut sa Solime étincelle;
Un lumineux refuge au sein de ces cachots;
Une île de rayons tempérant ce chaos;
Un escalier de feu par où puissent descendre
Les séraphins jaloux de la voir, de l'entendre!... »
Voilà, voilà pourquoi, faisant céder mon vœu,
— Moi vivante — le jour est rentré dans ce lieu.
Avouez-le, Brennus : de votre inadvertance,
Vous sentez, à part vous, cruelle repentance.
Vous aviez, ce me semble, assez mal deviné.
C'est se tromper cela!... Mais quoi! j'ai pardonné.
N'est-ce pas? n'est-ce pas que mes harpes chéries,
Elles ont mérité cent fois d'être fleuries? —
Ces anges d'union! je n'en ai point encor
D'aujourd'hui consulté l'harmonieux trésor...
                    (Elle s'avance vers les harpes.)
Qu'ai-je? quel trouble saint de mon être s'empare?
Je suis comme le prêtre alors qu'il se prépare
A toucher l'ostensoir et les vases sacrés.
— Je bénis votre augure, ô frissons timorés!
Car, vous m'êtes garants que là — toujours préside
L'œil divin — que toujours le miracle y réside,
Et qu'au premier appel d'amour mélodieux
Il va recommencer tout aussi radieux.
                    (Se précipitant sur sa harpe.)

Qu'il recommence donc!...

Elle détache une volée d'arpéges, puis écoute. L'autre harpe, qui touche presque la sienne, subit nécessairement une commotion; un léger frémissement court sur les cordes. Doña Miranda rayonne.)

Voyez-vous? — Joie immense!...

ORCO, à part.

O céleste chimère!

DON BRENNUS, à part

O fâcheuse démence!

Nouvelle incursion des mains de Miranda sur la harpe. Nouveau frappement de l'air sonore sur l'autre.

DOÑA MIRANDA, heureuse et rêveuse.

As-tu même bonheur, mon Rinaldo?

DON BRENNUS, à part, avec furie.

Satan!
N'avoir plus à tuer ce mort qu'elle aime tant!
Cet exécrable mort!...

DOÑA MIRANDA, langoureusement appuyée sur sa harpe.

Le souffle de ton âme
Dans mon âme descend, comme jadis la flamme
De tes meilleurs baisers... — Je t'adore...

DON BRENNUS, à part.

Ha! c'est trop!
Abîmons ce jouet!...

(Haut à Miranda.)

Par Inez de Castro,
Votre mère, il est bon que je vous avertisse,
Ma sœur, de désarmer l'éternelle justice!

DOÑA MIRANDA, se dressant pleine de surprise.

Que dites-vous? Comment?

DON BRENNUS.

Dieu vous punit, ma sœur.
La réprobation de votre confesseur,
A l'endroit de ce deuil, vous l'avez méprisée:

Et voilà maintenant votre raison brisée!
Vous voilà condamnée à des illusions
Coupables. — Dieu vous livre aux superstitions. —
Tel est mon jugement; et, si j'y persévère,
C'est qu'il est vrai, madame; aussi vrai que sévère.

DONA MIRANDA.

Quoi! — Ce prodige — vous le niez?

DON BRENNUS.

Terre et cieux
Si je le nie!...

DONA MIRANDA.

Où sont vos oreilles, vos yeux?
Ne pas ouïr, ne pas voir cela!!...

DON BRENNUS

Pauvre femme,
Qui prenez pour l'effet du toucher de son âme,
Le simple contre-coup des modulations
Que vous formez, l'écho de leurs vibrations!
Vos deux harpes — étant l'une tout près de l'autre —
La sienne, forcément, tressaille — quand la vôtre
A pleine corde vibre!

DONA MIRANDA.

Eh bien! prenez le soin
De transporter la sienne à quelques pas plus loin,
Hors du vent de la mienne — et mon appel sonore
Pour vous confondre, impie, aura réponse encore!

DON BRENNUS.

Essayons.

(Il va pour prendre la harpe désignée.)

ORCO, intervenant.

Ce n'est point assez de quelques pas
D'éloignement.

Indiquant le fond.

Mieux vaut la transporter là-bas,

Dans la nuit. Le miracle en aura plus de gloire,
Madame.
Bas à don Brennus.
Son erreur en sera plus notoire.
DONA MIRANDA.
Oui, oui, c'est mieux.
DON BRENNUS, *à part, souriant.*
C'est vrai.
DONA MIRANDA, *à* Orco.
Tu ne doutes pas, toi?
ORCO.
Non!
DONA MIRANDA, *lui donnant la harpe.*
Tiens.
A don Brennus.
Recueillez-vous, homme de peu de foi !
Dieu va montrer combien votre raison vous leurre.
DON BRENNUS, *à part, avec une subite appréhension.*
Pourvu que le fantôme...
Se rassurant.
— Allons ! ce n'est pas l'heure.
Midi brave minuit. Les morts, de leur sommeil,
N'oseraient pas sortir devant ce gai soleil.
Orco, cependant, s'en est allé avec la harpe sous les arcades du fond.
DONA MIRANDA, *la main sur la sienne.*
Ame de Rinaldo, si, trouvant que je tente
Notre-Seigneur le Christ — tu trompais mon attente ;
Si ta harpe restait muette — ce dédain
Me percerait le cœur... et j'en mourrais soudain.
Mais n'en prends pas d'abord quelque joie insensée !
Car mon âme avec toi partirait courroucée !
Et malgré tes soupirs, et malgré ta langueur,
Longtemps au Paradis je te tiendrais rigueur !
Orco reparaît.

DON BRENNUS, à part.

Qu'a-t-elle dit? mourir? Elle! mourir! — N'importe,
J'affronte sa mort même — et mon destin l'emporte!

ORCO, qui l'a entendu, souriant, à part.

Elle ne mourra pas.

DONA MIRANDA, avec fougue.

Réponds — ou j'ai vécu!

Elle prélude impétueusement. — Sur-le-champ une salve d'accords
lui réplique sous les piliers. — Allégresse de dona Miranda. —
Stupéfaction de don Brennus.

DONA MIRANDA, épanouie.

Merci, mon chevalier!

DON BRENNUS, en désordre.

Ce n'est pas!... Non!...

DONA MIRANDA, à don Brennus.

Vaincu,
Prosternez-vous.

Nouveaux accords dans les ténèbres.

DON BRENNUS.

Grand Dieu!

DONA MIRANDA, aux anges.

Cher amant!

DON BRENNUS.

Je frissonne..
Ha! c'est un jeu! quelqu'un est caché là!...

ORCO.

Personne.
Allez voir.

DON BRENNUS.

Tête et sang! qui donc est par là?

DON RINALDO, apparaissant tout à coup, sa harpe à la main.

Moi.

Il va se poser, calme et superbe, au milieu du carré de lumière
qui s'étend au bas de la haute fenêtre. — Dona Miranda et don
Brennus tombent à genoux; la première, tout proche de

Rinaldo, sur le bord du carré lumineux; le second très-loin, avec recul vers le cénotaphe, comme terrassé.

SCÈNE VI.

DON RINALDO, DONA MIRANDA, DON BRENNUS, ORCO.

DON RINALDO, à don Brennus.
Malheur à toi, mauvais!
A dona Miranda.
    Sainte, bonheur à toi!
DON BRENNUS, râlant d'épouvante.
Damné...
DONA MIRANDA, au comble de la béatitude.
  Se révéler visible!... Oh! quelle grâce!
DON RINALDO, souriant.
Mais je ne pouvais trop conjurer ta menace.
Devenir malheureux au bienheureux séjour!
Je n'avais garde.
DONA MIRANDA.
  Ami que je t'aime!
DON BRENNUS.
       Le jour
Ne peut rien contre lui. Le terrible fantôme!
DONA MIRANDA.
Ce soleil qui te couvre est celui du royaume
Des anges; — le soleil des hommes est moins pur;
A côté d'un tel astre, il semblerait obscur.
DON BRENNUS.
Ce jour n'est pas le jour. C'en est le simulacre,
Illumination que l'Enfer lui consacre,
Reflet couleur de sang. Le vrai jour a dû fuir.

DOÑA MIRANDA.

Oh! ne te lasse pas, mon preux, de m'éblouir.
— Charité des époux, vertu sacramentelle,
Aide-moi — retiens-le sous sa forme mortelle.

DON BRENNUS.

Supplice affreux!... Quand donc va-t-il s'évaporer?
— Un prêtre!...

DOÑA MIRANDA.
    Je me meurs d'extase à t'adorer!

DON RINALDO.

Oui, donne ton amour; donne, fais-m'en largesse.
J'accepte sans scrupule une telle richesse,
Osant m'en trouver digne, et sûr d'être en retour
Assez grand chevalier, assez grand roi d'amour!
— Plus d'agenouillement! Lève-toi, je t'en prie!
Cela blesse les lois de la chevalerie!
Une dame à genoux!

DOÑA MIRANDA.
    Devant un immortel
Il est séant d'avoir ce maintien.

DON RINALDO, *lui prenant la main et la relevant.*
    Suis-je tel?

DOÑA MIRANDA, *tremblante de bonheur.*

Dieu!... mon Dieu!... ce n'est pas un esprit qui me touche

DON RINALDO, *joignant l'action à la parole.*

Non. C'est un bras humain qui te serre — une bouche
Humaine qui t'embrasse — un œil d'homme vivant
Qui mêle un regard tendre à ton regard fervent!

DON BRENNUS.

Que dit-il?

DON RINALDO.
    Ce cœur-là — sa nature est la même
Que celle de ton cœur!

DONA MIRANDA.
            Oh! comme le ciel m'aime!
Elle s'abandonne, remplie d'un contentement parfait, sur le bras et l'épaule de Rinaldo.
DON RINALDO.
Ma sainte.
            DON BRENNUS.
    Quoi! vivant?
Il se relève.
            DONA MIRANDA.
            Pour moi! ressusciter?
Ainsi, ton sort d'élu, pour moi tu l'as quitté!
Tu n'es content qu'auprès de moi.
            DON BRENNUS, *encore très-égaré.*
                        C'est impossible!
            DONA MIRANDA.
O mort — l'amour t'a su fléchir — toi, l'infaillible!
            DON RINALDO.
Non, car je n'ai jamais enduré le trépas.
            DONA MIRANDA.
Comment!...
            DON RINALDO.
    Je n'ai jamais été mort.
            DONA MIRANDA.
                        On n'a pas
Rapporté dans ces murs, puis couché dans la fosse,
Don Rinaldo glacé, mort?
            DON RINALDO.
            Apparence fausse.
C'était don Alvar.
            DONA MIRANDA.
Ha!...
            DON RINALDO.
            J'ai bien manqué périr...

DONA MIRANDA.

Des traîtres ?

DON RINALDO.
Oui. Mais Dieu m'a daigné secourir.

DON BRENNUS, à part.
Pourtant la mer était profonde.

DONA MIRANDA.
Tes blessures —
Oh ! n'en ressens-tu rien ? dis;

DON RINALDO.
Rien.

DONA MIRANDA.
Tu me l'assures ?

DON BRENNUS, à part.
Il vit. Tant mieux. Ce n'est qu'un homme comme moi.
Rival de chair qu'on peut observer sans effroi.

DONA MIRANDA.
C'est ta dévotion parfaite à la Madone
Qui t'a dû guérir !

DON RINALDO.
Oui !

DONA MIRANDA.
Chère, chère Patronne !

DON RINALDO, avec extase.
Ma Madone, — c'est toi !

DONA MIRANDA, l'admirant.
Beau, noble et fier !
L'étreignant avec frénésie.
Oh ! mais,
Ne meurs plus ! ne meurs pas, mon roi ! ne meurs jamais !...

DON RINALDO, un peu plus maître de soi.
Il est temps, n'est-ce pas, de songer à produire
Ma résurrection ?...

ORCO, s'avançant.

Seigneur, dois-je introduire
Dans ces salles — vos gens, vos pages, vos soldats ?

DONA MIRANDA, montrant Orco avec complaisance.

Avant moi cet ami t'a serré dans ses bras ?

DON RINALDO.

Oui.

DONA MIRANDA.

Rare et franc métal !

DON RINALDO.

Or pur.

DONA MIRANDA, s'avisant tout à coup, et lui montrant don Brennus.

Eh ! mais... ton frère !..

DON RINALDO, comme réveillé.

Mon frère !... Ah ! oui, c'est vrai.

Il tressaille de courroux... Il a comme une velléité d'élan vers don Brennus. Celui-ci est immobile, dédaigneux et pâle.

DONA MIRANDA.

Sa pâleur... ta colère...
Çà, tous deux, qu'avez-vous ?

DON RINALDO, distillant sa haine.

Ne m'est-il pas permis
De marcher, escorté de transports ennemis,
A l'encontre d'un frère — assez digne — assez tendre
Pour avoir pu — la nuit — en lieu désert — me tendre
Un piége où, soutenu de valets spadassins,
Il m'a gratifié de trois coups assassins !...

DONA MIRANDA, folle de rage.

Lui ? Pourquoi ?...

DON RINALDO.

C'est qu'il t'aime. — Un feu que rien n'arrête !

DONA MIRANDA, masque de bronze, accent terrible.

Orco — tire ton sabre — et fais tomber sa tête !

DON RINALDO, à Orco qui a déjà dégaîné.
Non!...
ORCO, voulant insister.
Mais...
DON RINALDO, avec plus d'énergie.
Non!...
DON BRENNUS, marmoréen, à part.
Le cœur d'or! le métier de bourreau
Lui sourit bien.
DON RINALDO, sévère.
Remets cette lame au fourreau.
Je te trouve hardi d'enfreindre ma défense
De cette nuit.
ORCO.
Seigneur, ce n'est pas faire offense
A vos droits souverains — que d'obéir plutôt
A l'ordre d'à présent qu'à l'ordre de tantôt.
Celui que je reçois de la dona — révoque
Celui reçu de vous : rien n'est moins équivoque.
C'est la règle céans que l'ombre d'un désir
Chez notre senora — soit votre bon plaisir.
DON RINALDO, souriant.
D'accord : pourtant...
DOÑA MIRANDA, à Orco.
Mon brave, allons, remets ton glaive.
Orco obéit.
En cette occasion, si le marquis s'élève
Contre ma volonté — c'est que vraiment j'ai tort!
C'est qu'elle ne sied pas, cette rapide mort!
Elle est trop douce. Il faut des tortures bien lentes,
Et, malgré leur lenteur, fortes et violentes...
Oui — ce Judas — il faut bien longtemps le bercer
Au-dessus de l'enfer, avant de l'y lancer!

DON RINALDO, à don Brennus.

Pardieu, mon chevalier, que je te félicite
De ta galanterie et de sa réussite.
Hein ! comme on est émue et comme on le fait voir !
Inestimable don que celui d'émouvoir !
— Ce que le ciel ainsi de vengeance m'accorde,
Me résoudrait peut-être à la miséricorde,
Frère, si je n'avais à venger que moi seul...
Mais — pour tous les vrais pleurs que sur mon faux linceul
A versés Miranda — tu me dois bien des gouttes
De ton sang détestable... Oh ! tu me les dois toutes !
Et ta mort d'un moment ne sera pas, je crois,
Trop d'expiation pour sa mort de trois mois !
— Quiconque hésiterait à bien venger sa dame
Serait un chevalier pauvre d'honneur et d'âme !
Or, moi, je suis un preux riche d'âme et d'honneur,
Donc, je t'ai condamné, Brennus !

DONA MIRANDA.

                Bien, cher seigneur !

DON RINALDO.

Mais il importe en outre à ma chevalerie,
Au lustre de ma race et de ma seigneurie
A notre nom commun, frère, au nom paternel ;
De ne pas divulguer l'opprobre fraternel ;
D'éviter avant tout, d'apprendre à la Castille
Qu'un immonde Caïn tache notre famille ;
De murer en un mot d'une discrétion
Durable — le forfait et sa punition !
Il importe à l'orgueil de cette main loyale
— Qui seule vengera mon amante royale —
D'être — en faisant couler le sang du meurtrier —
Non la main d'un bourreau, mais celle d'un guerrier !
— C'est donc un duel, Brennus, que nous aurons ensemble.
Un duel ! moi, t'honorer d'un duel ! Hein ! que t'en semble ?

DONA MIRANDA, à part.

J'empêcherai cela.

DON RINALDO.

C'est généreux, sais-tu ?
C'est presque pardonner.

DON BRENNUS, à part en ricanant.

Forfante de vertu !

DON RINALDO, à Miranda.

Dame d'amour — ce duel — vous l'approuvez sans doute ?
Va, tu méconnais Dieu, si ton cœur le redoute.
Pour y voir le méchant mettre le juste à bas,
Il faudrait...

ORCO, exalté, l'interrompant.

Il faudrait que Dieu n'existât pas !

DON RINALDO.

Mais quoi ! quand notre sort échappe à toute peine,
Au lieu d'être à l'amour, nous sommes à la haine ?
— Viens, sortons de ce deuil, viens, cherchons l'air des bois.
Viens vivre sous les cieux, vivre comme autrefois.
Viens, viens sous le soleil, dans sa pleine lumière.
Montrons-lui nos deux cœurs dans leur fête première.
A ses feux marions nos feux. Que notre amour
— Ébloui du soleil — l'éblouisse à son tour !

DONA MIRANDA.

Oui — prends-moi — porte-moi dans la vie et la flamme,
Sous les regards de Dieu, l'auteur de ta chère âme !

DON RINALDO, à Orco.

Mon féal, fais sonner du cor sur les remparts.
Aux pointes des créneaux, plante mes étendards.
Proclame mon retour... et que, dans quelques heures,
Mes vassaux soient en foule au seuil de ces demeures.
Eux et moi, nous serons heureux de nous revoir.
En seigneur, en ami, je veux les recevoir.
L'audience aura lieu dans les salles remplies

Des blasons de ma race et de ses panoplies.
DOÑA MIRANDA.
Orco, fais surveiller étroitement les pas
Du comte don Brennus. Qu'il ne s'éloigne pas !
Car il devra tantôt, à ce bon pupulaire,
Présenter le marquis don Rinaldo son frère,
Avec une harangue où sera célébré
Le bienheureux retour de ce frère adoré !
A cet honneur dona Miranda le convie...
Oh ! de la décliner il ne sent nulle envie !
A Rinaldo riant.
Cela vaut bien ton duel.
DON RINALDO, *enjoué.*
Oui. Mon ressentiment
Ne saurait inventer un meilleur châtiment.
Adieu, Brennus. Allons, compose ta harangue.
Fais ton geste, ta voix, tes yeux. Dore ta langue.
Sois grand clerc.
Rinaldo et Miranda sortent.

SCÈNE VII.

DON BRENNUS, ORCO.

DON BRENNUS, *avec un geste concentré, toisant Orco.*
Lâche... Oui, lâche et traître...
ORCO.
En vérité !
On est lâche à vouloir punir la lâcheté !
A vouloir châtier la traîtrise — on est traître !
DON BRENNUS.
Ton dévoûment servile envers ton heureux maître,
Te donne trop d'orgueil. Ce n'est là, comprends bien,

Que l'ignoble vertu de l'esclave et du chien.
ORCO.
Vous m'en voulez... Pourtant, à votre seigneurie,
Cette nuit, j'ai parlé sans fard, sans tromperie.
Ne vous ai-je pas dit que mon vœu le plus fort
Était que, triomphant de ces pompes de mort,
Un époux radieux vînt rendre la marquise
Au bonheur? Ce langage était plein de franchise.
DON BRENNUS.
Imprudent! le lion n'est point encore à bas.
Tu railles?
ORCO.
Vous lion, Monseigneur? Oh! non pas.
Vous comparer au roi des forêts!... Je vous jure
Que cette majesté le tiendrait pour injure;
Et vous dirait : — « Qui? toi? si cruel, si rampant?
Tu n'es rien que moitié tigre — et moitié serpent! »
DON BRENNUS, calme et haut, tout à fait grand seigneur.
C'est bien, mon maître. Assez, qu'on me laisse.
ORCO, à part, l'examinant.
Il médite
Quelque infernal dessein. Sur sa face maudite,
Pendant que nos amants sortaient — j'ai vu jaillir
Un éclair fauve — puis, je l'ai vu tressaillir,
Cherchant autour de soi, dans sa fièvre insensée,
Si personne n'aurait entendu sa pensée!
De quelle horreur ce trouble est-il donc le témoin
Allons d'abord prier, car Satan n'est pas loin.
Exit.

SCÈNE VIII.
DON BRENNUS.
Non, non, je n'en suis pas à ma suprême chute.
Je suis encor debout, encor bon pour la lutte.

Ce coup prodigieux ne m'abat nullement.
J'ai de quoi susciter un affreux dénoûment.
Tigre et serpent? dit-on. Soit. De replis sans nombre
Déjà je circonviens le beau couple dans l'ombre...
Lorsqu'en ses mille nœuds le serpent les tiendra,
Le tigre à belles dents les exterminera!
— Démons, soyez bénis! c'est vous, dieu de l'abîme,
Qui d'un plan triomphal de revanche sublime
M'avez soudain pourvu, pendant que Miranda
M'imposait d'orateur l'ironique mandat!
Belle infante, l'honneur que ta haine m'assigne,
Je l'accepte et l'embrasse, et d'une joie insigne.
Va, nous nous montrerons merveilleux harangueur.
Notre discours sera d'une étrange vigueur.
Comme je te verrai pâlissante, éperdue,
Alors qu'éclatera ma thèse inattendue!
Alors que ma parole aux magiques assauts,
Du plus expert mensonge abusant tes vassaux,
Les aveuglant jusqu'à leur faire méconnaître
La personne, les traits et la voix de leur maître,
Changera tout à coup leur tendresse en fureur,
Leurs transports d'allégresse en mouvements d'horreur,
Et leur fera crier d'un accent d'anathème :
— « A bas l'aventurier! le larron! le bohème! » —
Oh! d'un bonheur d'enfer voluptueux rayon!
Quelle fête! Elle est proche... irritant aiguillon!
Et ce n'est rien encor. Cette foule écumante
Où d'instants en instants la folle rage augmente
Par de simples clameurs ne pourra s'assouvir :
Avec le bras, le fer, il lui faudra sévir...
Oui, oui, l'on frappera! je le veux! — je l'espère!...
Cette foule... oui, l'orgueil des héros l'exaspère!
Et la voilà qui monte — et roule — et fond sur lui!
Ah! cette fois je règne! Enfin mon jour a lui.

Un acte énorme éclôt de ce tumulte immense...
La mort de Rinaldo pour durer recommence.
Mille bras forcenés l'ont saisi. Mille efforts
Le mettent en lambeaux, défigurent son corps.
Il est pris dans la meule... Elle tourne rapide.
Son sang a rejailli sur Miranda stupide;
Et bientôt, à nos pieds, la foule aux rouges mains
Laisse un informe amas d'affreux débris humains!
Ainsi, par fol amour pour l'ombre et la mémoire
De leur seigneur — par zèle exalté pour sa gloire —
Ces manants font périr ce seigneur méconnu!
Enfer, ne ris-tu pas de ce meurtre ingénu?
Ce marquis fortuné qu'on vénère et qu'on aime,
On l'offre en holocauste... A qui donc? à lui-même!

Pause.

Oui... Mais certainement, la marquise en mourra...
Et de la sorte — encore elle m'échappera.
Eh bien! puisque toujours il faut qu'elle m'échappe,
Puisque enfin le sort veut qu'un si grand coup me frappe,
Mieux vaut la voir tomber, me fuyant sans retour,
Dans les bras de la mort que dans ceux de l'amour.
Mieux vaut la contempler, pâle, inerte et glacée,
De l'aile du trépas chastement caressée,
Que de l'envisager riante, l'œil en feu,
Aux côtés de l'époux qu'elle aime plus que Dieu.
— Honte et rage! — Depuis qu'elle s'était cloîtrée,
Et que de tout soleil elle vivait sevrée,
Je sentais moins l'ardeur de mes troubles jaloux;
Ils étaient de moitié moins âpres et moins fous;
Car elle respirait un air exempt de sève,
Un air dormeur, hostile aux flammes de son rêve.
Sans nul doute, son cœur battait encor bien fort...
Mais c'était pour un mort, — que l'on croyait bien mort!
Elle ne m'aimait pas... Non. Mais — chose bénie —

Nul penser de vivant n'avait son insomnie.
Ici, nul chevalier, nul écuyer, hormis
Son majordome et moi — n'étaient près d'elle admis.
Nul regard que le mien n'étincelait sur elle
Et n'effleurait brûlant tout ce qui la fait belle.
Si bien que — rêve étrange — à force de la voir
Empreinte des rigueurs de cet horizon noir,
De tout aimant rival à ce point isolée,
De plus en plus farouche, austère, immaculée,
J'osais me figurer, dans de charmants émois,
Que Dieu la créait vierge une seconde fois!
— Et j'ai pu tout à l'heure endurer l'entrevue
De ces amants! j'ai pu souffrir l'horrible vue
De leur bonheur d'époux! Comme il la regardait!
Et comme à son regard elle se suspendait!
Comme il l'enveloppait de son bras — de son âme!
Il me foulait mon lis... il le souillait, l'infâme!
Que me fait de leurs feux la légitimité?
Je n'y vois rien qu'audace et qu'impudicité!
— Ensemble ils sont partis. — L'ivresse fuit la gêne!
Partis ensemble... et seuls maintenant!... Oh! ma haine,
C'est trop de frénésie et de déchirements.
Un juif sur le bûcher subit moins de tourments!
— Laisse-moi, laisse-moi, vision de supplices. —
Reviens, — toi — vision de sanglantes délices!
Reprends-moi tout entier. Donne-moi le ressort
Qu'il me faut pour dompter et pour changer le sort.
Retentis dans mes sens comme un concert magique.
Mêle au jour qui m'éclaire une pourpre énergique.
Enivre-moi d'éclat!...

On entend une fanfare de cor.

    Mais le cor sur la tour
Sonne de Rinaldo la vie et le retour.
Écoutons la fanfare — en attendant le psaume...

Car bientôt dans la nuit va rentrer le fantôme!
Car ce palais fatal — au deuil reste voué.
Ce drap noir sur ces murs pour longtemps est cloué.

SCÈNE IX.

DON BRENNUS, ORCO, TROUPE D'OUVRIERS.

Les ouvriers arrivent sur la scène traînant des échelles, et portant des tenailles, des marteaux, divers outils. Ils se rangent de chaque côté du théâtre, avec un air d'attente.

ORCO, *paraissant au fond, à voix haute.*

Qu'on dresse mainte échelle — et que de ces murailles
On détache partout ce drap de funérailles.

TOUS.

Noël!

MAITRE OUVRIER, *à Orco.*

Partout, messire?

ORCO.

Oui, oui, que tout ce deuil
Soit défait promptement.

MAITRE OUVRIER.

Messire, en un clin d'œil!

Aux ouvriers.

Des échelles encore! à l'ouvrage!

TOUS, *dressant des échelles en brandissant joyeusement leurs outils.*

A l'ouvrage!...

DON BRENNUS.

Démenti singulier, qu'est-ce qu'il me présage?

Une corde des harpes se brise.

ORCO, *tressaillant à part.*

Que dit, en se rompant, cette corde? O destin,
Est-ce de ta malice un avis clandestin?...

FIN DU DEUXIÈME ACTE.

ACTE TROISIÈME.

Salles et galeries basses du palais de Rinaldo.
Une large enceinte, qui a un faux air de terrasse et de tribune, est formée par des colonnettes très-espacées que joint à leur base un balustre à jour. Elle occupe en largeur et en profondeur les deux tiers de la scène à partir immédiatement de la gauche de l'acteur. Elle côtoie la rampe, et elle s'élève de quatre ou cinq coudées au-dessus du théâtre. Derrière elle, et à sa droite, des galeries inégales entremêlent leurs piliers, leurs degrés et leurs voûtes, et présentent une longue perspective d'entre-colonnements.
Au fond, de hauts escaliers se croisent et s'entre-croisent. Un immense vitrail plein de jour règne à leur sommet. On ne voit pas jusqu'où ils descendent.
Au second angle gauche de l'enceinte, une estrade aux riches tapis supporte un dais et un double trône de velours, de satin et d'or. — Tout près du trône, on a placé les deux harpes. — Partout des fleurs, des feuillages, des drapeaux. Presque à toutes les colonnes sont adossées des panoplies que surmontent des écussons armoriés.
A gauche s'ouvrent et s'enfoncent obliquement de fastueux appartements, qui sont de niveau avec l'espace réservé, et qui forment la seule voie régulière pour y pénétrer.

SCÈNE PREMIÈRE.

DONA MIRANDA, DON RINALDO.

Ils entrent par les appartements. Ils sont vêtus en prince et en princesse des Mille et une Nuits.

DONA MIRANDA, rayonnante.
Que c'est beau, que c'est bon, le soleil et la vie !

DON RINALDO, lui montrant les préparatifs.
Et ces apprêts royaux ? n'en es-tu pas ravie ?
Vois, tout est glorieux, superbe et triomphal :
Encore l'œil et la main d'Orco notre féal.
DONA MIRANDA.
Qu'il soit béni — d'avoir — entre tous ces trophées —
A la place d'honneur mis nos deux harpes féesl
DON RINALDO.
C'est un généreux cœur, c'est un fidèle bras.
DONA MIRANDA.
Cette contrée, ami, ne nourrit point d'ingrats.
Ces colonnes vont voir se presser autour d'elles
Bien des cœurs généreux et bien des bras fidèles.
DON RINALDO.
Mes bons, mes chers vassaux!... Leur vénération,
Comme elle va fêter ma résurrection !
— *Miracle!—C'est bien lui ! quel saint l'a fait revivre!*
De leurs joyeux transports d'avance je m'enivre.
C'est — après ton amour — le plus complet bonheur
Que me puisse octroyer la divine faveur.
DONA MIRANDA, soucieuse, indiquant une des chambres de gauche.
Un homme rôde au fond de cette galerie.
DON RINALDO, après avoir regardé.
C'est Brennus — promenant sa tendre rêverie.
DONA MIRANDA.
Il est encor vêtu de noir.
DON RINALDO.
    C'est singulier.
DONA MIRANDA.
D'autant plus qu'on a dû, d'un galant cavalier,
Lui porter de ma part, l'habillement splendide.
DON RINALDO.
Ma foi, qu'il reste en noir. C'est mieux. C'est plus candide.
Qu'il ait, dans ses dehors et dans ses vêtements,

Même air, même couleur que dans ses sentiments.
    DONA MIRANDA.
Une rage d'enfer sur sa face domine.
    DON RINALDO.
Hé! laisse là ce traître et sa lugubre mine!
N'ayons souci que d'être heureux.
    DONA MIRANDA.
        Je le voudrais.
Mais je ressens encore les blessures des traits
Dont nos cent jours d'épreuve ont assailli mon âme.
    DON RINALDO.
Le bonheur en aura raison par son dictame.
Crois au bonheur!
    DONA MIRANDA.
     Hélas! de la félicité
Nous savons l'inconstance et la fragilité.
    DON RINALDO.
Sans doute, cet amas d'horribles aventures,
Ma fausse mort — ton deuil — nos communes tortures —
Sans nul doute, cela bien haut nous avertit
Que nous sommes d'un monde où toute chair pâtit.
Mais il est pour l'amour des douleurs plus à craindre
Que celles dont nos cœurs pouvaient hier se plaindre.
Il est des maux encor plus grands.
    DONA MIRANDA.
        Je ne crois pas.
    DON RINALDO.
Oui, plus grands que l'exil, l'absence, le trépas.
    DONA MIRANDA.
Ami, voilà railler.
    DON RINALDO.
     Si de la jalousie
Quelque erreur à tous deux versait la frénésie;
Si, par l'impur soupçon de n'être plus aimé,

Chacun de nous sentait son cœur envenimé;
Ou, si nous étions — moi, mari d'une autre femme,
— Toi, femme d'un autre homme — et que de notre flamme
L'échange ainsi devint un crime audacieux,
Nous chassant de la terre et nous fermant les cieux;
— Aurions-nous pas des maux de plus fatale essence
— Réponds-moi — que le deuil, le trépas et l'absence?
DONA MIRANDA.
Mon seigneur parle d'or... Il a raison toujours,
Lui, l'astre de mes nuits, l'oracle de mes jours!
DON RINALDO.
Eh bien! donc, je t'annonce en oracle — en prophète,
Un bonheur ne craignant ni lutte, ni défaite.
Sur toi ma prophétie est-elle sans pouvoir?
DONA MIRANDA.
Pardonne. Je suis faible. Et puis, tiens, je crois voir,
Dans l'homme ténébreux qui, là-bas, se promène,
Une apparition funeste et surhumaine.
DON RINALDO.
Ne le regarde pas, chère sainte.
DONA MIRANDA.
J'ai beau
Ne pas le regarder. Je sens, comme un fardeau,
S'appesantir sur moi ses regards — qui m'oppriment.
DON RINALDO.
Ses regards!... N'as-tu pas les miens qui les répriment?..
Et — si tu veux — les tiens! Car tes yeux ravissants,
Tels que ceux de l'archange, en éclairs sont puissants.
DONA MIRANDA.
Comme un lâche défi — sa présence me froisse...
Comme un songe railleur — elle m'emplit d'angoisse...
Le passé se réveille... un nocturne assassin
Rôde... Je vois le fer!... Je le sens dans ton sein!...
Se réfugiant dans ses bras, pleine de douleur et d'épouvante.

Cher amant!...

DON RINALDO.

Dieu sauveur! mettez donc sur ma lèvre
Quelque verbe d'en haut, pour conjurer sa fièvre.
— Mais, tout à l'heure, amour, tes radieux esprits
De vie et de soleil se déclaraient épris.
Tu tressaillais de joie. Or, ta joie était sage.
Elle était sainte. En elle, il faut voir le présage
D'un bonheur désormais à l'abri des démons.
Quel paradis! S'aimer comme nous nous aimons,
D'un amour éternel — et pouvoir à toute heure,
Sur le même chemin, dans la même demeure,
Ensemble faisant route, ensemble ayant séjour,
Se dire, se prouver cet éternel amour!
Sérénité, tendresse! excellence! harmonie!
Union — dans ce monde, et dans l'autre — bénie!
Un destin contenant des biens si précieux
Ferait presque oublier de désirer les cieux!

DONA MIRANDA.

Ainsi — cher — avec moi tu resteras sans cesse?
Tu ne me quitteras jamais?

DON RINALDO.

Non, ma princesse.

DONA MIRANDA.

Jamais?

DON RINALDO.

Non. — Excepté cependant quand le roi,
Pour tenir sa campagne, aura besoin de moi. —

DONA MIRANDA.

Écoute. Si tu veux — toi, mon roi, toi, mon maître,
Voir mon cœur se calmer... il te faut me promettre,
Me jurer sur ta foi d'époux — de m'accorder
— Sans réserve — ce que je vais te demander.

DON RINALDO.

Ton maître est bienheureux de tes désirs.—Demande.
Ton esclave est tout fier de tes ordres. — Commande.

DONA MIRANDA.

Lorsqu'un appel de guerre, ébranlant l'horizon,
De ton château loyal touchera le blason,
Je veux dans un haubert emprisonner ma taille ;
Je veux que l'on m'amène un cheval de bataille !
Au milieu des hasards, je veux te suivre, moi,
Et—glaive en main—combattre au même rang que toi.

DON RINALDO.

Quelle folie !

DONA MIRANDA.

Oh ! va, ta glorieuse amante,
Compte bien égaler Marphise et Bradamante !
Souviens-toi que mon père, en vrai roi chevalier,
Tout enfant, m'a rendu le glaive familier.
Que je suis redevable à sa mâle tendresse !
Hommes — si vous avez la force — j'ai l'adresse.
Dès la première guerre où tu m'emmèneras,
Je me signalerai. Tu verras ! tu verras !

DON RINALDO.

Qui ? moi ? que je me prête à semblable équipée ?
Que j'aille offrir au sabre, à la lance, à l'épée,
Ce divin corps, ce front, ce sein, ces yeux, ces traits,
Cet ensemble adoré d'angéliques attraits ?
Que je consente à voir des attaques trop sûres
Empourprer mes trésors de sanglantes blessures ?
Qu'avec l'étrange horreur de te voir déchirer,
J'encoure cet enfer de te voir expirer ?...
Non pas !...

DONA MIRANDA.

Comme à plaisir ta prudence exagère !
Mais, sans essuyer même une atteinte légère —

On peut s'aventurer dans les plus grands combats.
On le peut encor plus sans subir le trépas.
D'ailleurs — toi le premier — tout cela te menace.
Le démon de la mort perd bien de son audace,
Quand on l'affronte — auprès du cœur que l'on chérit !
Défendus l'un par l'autre, est-ce que l'on périt ?
A nos armes la Vierge et les saints favorables,
J'en suis sûre — feront nos corps invulnérables.
— Eh bien ?...

DON RINALDO.

Non, mon amour. Non. Forme d'autres vœux.

DONA MIRANDA.

Maître — je t'en supplie !... Esclave — je le veux !

SCÈNE II.

DON RINALDO, DONA MIRANDA, ORCO.

Orco arrive d'un air mystérieux, par les appartements de gauche. Dona Miranda va à sa rencontre. Don Rinaldo, comme satisfait de cette diversion, s'éloigne un peu, les laissant discrètement converser.

ORCO.

Madame, tout va bien.

DONA MIRANDA.

Tu sors de l'abbaye ?

ORCO.

Oui. J'ai vu le prieur. Vous serez obéie.

DONA MIRANDA.

Ces bons moines viendront ?

ORCO.

Tous, en chœur solennel,
Chantant les jugements du Vengeur éternel.

DONA MIRANDA.
Escortés?
ORCO.
Le prieur a mandé le vidame.
Cinquante cavaliers seront là.
DONA MIRANDA, transportée.
Notre-Dame!
— Donc, ils le saisiront?
ORCO.
Oui, senora, tout vif!
DONA MIRANDA, un peu féroce.
Et leur main sur-le-champ fera de leur captif
Un saint moine — pour que (rassurant privilége)
Tout duel avec ce saint devienne un sacrilége?
Un moine à tête rase?...
ORCO.
Oui, les ciseaux sont prêts.
DONA MIRANDA.
Le cachot — où l'on doit l'ensevelir après —
Tu l'as vu?
ORCO.
J'en frissonne encore d'épouvante.
C'est un de ces tombeaux — où la mort est vivante —
Que l'on nomme *in-pace*...
DONA MIRANDA.
Je ne puis vivre en paix
Que quand je le saurai dans cette mort.
DON RINALDO, se rapprochant.
Eh! mais
Longue est la confidence — et grand est le mystère.
En serai-je?
DONA MIRANDA.
Plus tard..

DON RINALDO.
Orco?
ORCO.
     Je dois me taire.
DON RINALDO, souriant.
Je gage que tous deux vous complotez pour moi
Quelque fête nouvelle?
DONA MIRANDA, avec une tendresse fébrile.
     Oui, cher! Oui, c'est pour toi!

A ce moment, don Brennus paraît, venant du lieu où Miranda, dans la première scène, a signalé sa présence à Rinaldo. Il est toujours en noir, comme elle l'a dit.

SCÈNE III.

DON RINALDO, DONA MIRANDA, DON BRENNUS, ORCO.

Vaste rumeur au dehors.

DON RINALDO, à Orco.
Nos vassaux, n'est-ce pas?
ORCO.
     En effet, c'est leur foule.
Du pont, dans le préau, vous l'entendez qui roule?
Ah! c'est un beau concert que leurs étonnements,
Leurs joyeuses clameurs, leurs applaudissements!
DON RINALDO.
Noble terre d'Espagne, il n'est que toi qui porte
D'aussi nobles enfants!
À Orco.
     Dis qu'on ouvre la porte.

Orco sort, pour revenir un instant après.

DONA MIRANDA, examinant don Brennus avec anxiété, à part.
Il songe à nous frapper. Mais comment? de quels coups?

Est-il nécromancien?... Vierge sainte, aidez-nous!
>DON BRENNUS, descendant lentement la scène, à part.

Enfin, je tiens leur perte... En moi je sens la foudre...
Je vois déjà leur vie et leur bonheur — en poudre...
>Il s'arrête, morne et fatal, au balustre, vers les galeries basses de droite.

Venez, nobles vassaux, venez tous! accourez!
Sous ces voûtes sans nombre, et sur tous ces degrés,
Comme des flots houleux, pressez, dressez vos têtes!
Que j'y sème en démon les vents et les tempêtes.
Donnez, donnez vos yeux! que j'y mette un bandeau.

>Don Rinaldo et Dona Miranda ont pris place sur le trône. Cependant, la foule, composée de soldats, de pages, de manants, de pâtres, de terrassiers, de femmes, d'enfants, de vieillards, s'est précipitée sous les colonnades, d'abord tumultueusement, puis avec des mouvements respectueux. Elle s'amasse, elle s'entasse autour des piliers et sur les escaliers. Elle attache, sur Miranda et sur Rinaldo, des regards à la fois craintifs et ardents. Elle fait entendre des murmures flatteurs.
>Rinaldo se lève, descend de l'estrade, et va se produire tout entier sur le bord du balustre, le chapeau à la main.

SCÈNE IV.

DON RINALDO, DONA MIRANDA, DON BRENNUS, ORCO, LA FOULE.

LA FOULE.

C'est lui! c'est lui!

— Noël!...

— Gloire à don Rinaldo.

DON RINALDO.

Gloire aux fidélités qui ne sont pas plus mortes
Que le marquis.

LA FOULE.

Noël!

DON RINALDO.

Ames simples et fortes !
Vous les avez gardés profonds dans votre airain,
Le nom, le souvenir de votre suzerain !
Bonnes gens de labour, et braves gens d'épée,
Tant de religion ne sera pas trompée !
Mes féaux, mes amis, mes frères, mes enfants,
Nous vous ferons des jours sereins et triomphants !

UN VIEILLARD.

Longue vie au seigneur que le Ciel nous renvoie !

LA FOULE.

Vive don Rinaldo !

DON RINALDO.

Tenez, j'ai tant de joie
Que je sens ma parole incertaine en son cours...
Mon frère bien-aimé, plus sûr de son discours,
Va suppléer au mien. Qu'il vous dise à ma place
Nos bonheurs, nos transports, nos actions de grâce !
Bon frère ! il a le cœur et l'esprit si contents
Que d'ôter son grand deuil il n'a pas pris le temps.

Il retourne s'asseoir à côté de Miranda.

DON BRENNUS, *pâle et sinistre.*

Cessez, cessez vos cris de fête et d'allégresse.
Ramenez sur vos fronts l'ombre de la tristesse.
Enlevez ces drapeaux, ces ornements, ces fleurs,
Ces velours, ces satins aux profanes couleurs.
Remettez à ces murs des tentures funèbres,
Et refaites partout de pieuses ténèbres.

Silence de stupéfaction dans la foule.

ORCO, *à part.*

Que veut-il, ce Judas ?

DON RINALDO.

Devient-il fou ?

DONA MIRANDA.
J'ai peur...

DON BRENNUS.

Ce langage imprévu vous frappe de stupeur.
Prêtez, prêtez l'oreille; et vous allez comprendre.
— Le marquis n'est point là. — Dieu n'a pas voulu rendre
La vie à Rinaldo. — Non. — Le maître est bien mort.
Aujourd'hui — comme hier — dans son cercueil il dort.

ORCO, à part.

Sycophante!

DONA MIRANDA, à part, se levant de son siége.

Assassin !...

DON RINALDO, se levant de même.

Pour le coup, c'est démence!

La multitude, d'abord stupéfiée, est devenue inquiète et sombre.
D'indéfinissables chuchotements la parcourent.

DON BRENNUS.

On vous leurre au profit d'un crime étrange, immense,
Qui prétend dévorer notre illustre maison.
Mais à nu devant vous je mets la trahison.
Déchirez vos habits, et couvrez-vous de cendre...
L'ange exterminateur parmi vous va descendre.
Entendez, recueillez ses trop justes arrêts.
A les exécuter — vieux chrétiens — soyez prêts!

Don Rinaldo et dona Miranda sont descendus de l'estrade. —
Une certaine fermentation commence à se manifester dans la
foule.

DON RINALDO, entre le rire et la colère.

Mais si don Rinaldo — selon toi, sire comte,
Dans la bière est couché — moi, que suis-je, à ton compte.

DON BRENNUS, ne s'adressant toujours qu'à l'assistance.

L'homme — en l'honneur duquel on vous a tous requis,
Celui que vous prenez pour le noble marquis,
Tant il est, j'en conviens, fait à sa ressemblance,

Savez-vous bien qui c'est ?... Vous avez souvenance
D'un jeune aventurier, que notre mort chéri
Nommait son frère Alvar, traitait en favori,
Parce que de tous deux la ressemblance extrême
Faisait prendre souvent cet Alvar pour lui-même.
Eh bien ! c'est ce bâtard, ce routier, ce dupeur,
Qui se présente à vous comme maître et seigneur,
Et qui vous remercie, étincelant de gloire,
D'avoir dévotement conservé sa mémoire !
Mais de vos yeux trompés j'arrache le bandeau,
Et je vous crie : — A moi ! sus au faux Rinaldo !...

L'irritation de la foule, qui a couvé sourdement pendant le couplet de Brenaus, éclate enfin.

LA FOULE.

A bas le faux marquis !

— Que Satan l'engloutisse. —

— Vengeons le vrai seigneur !

A mort !

— Faisons justice !

Quelques sabres sont tirés. Quelques bâtons sont brandis. Miranda veut s'élancer, veut s'écrier. Rinaldo la retient, semblant l'apaiser et l'engager à laisser parler Orco.

ORCO, *avec véhémence et pitié.*

Arrêtez, malheureux !...

Avec autorité et sang-froid.

Du calme, compagnons...
Çà, je crois être au rang des loyaux et des bons.
Puis, mon habileté ne passe pas pour neuve.
Or pouvez-vous admettre incontinent — sans preuve —
Que je sois ou complice ou dupe d'un larron !
Non, je ne suis encor ni brute ni félon !
Et c'est — possédant bien toute ma clairvoyance,
En toute sûreté d'âme et de conscience,
Que j'ai fait du marquis publier le retour,

Et que — pour lui présent — j'adjure votre amour!
Prenez garde. L'enfer a d'énormes prestiges.
Un de ses fils est là qui vous pousse aux vertiges.
Retrouvez le premier élan de votre cœur!
Vos yeux n'ont pas menti. Voilà le vrai seigneur!

<small>Il fléchit le genou devant Rinaldo, lui baise la main et se relève. L'exaspération est tombée. Toutefois, l'agitation continue, défiante chez les uns, menaçante chez les autres, pleine de perplexité chez le plus grand nombre.</small>

DONA MIRANDA, <small>qui a recouvré sa présence d'esprit.</small>

Quoi! vous ne tombez pas à genoux? Qu'est-ce à dire?
Vous persistez encor dans cet affreux délire?
Quoi donc! pour vous remettre en pleine vérité,
La voix du sage Orco manque d'autorité?
Voyons si vous pourrez rester sourds à la mienne!
C'est moi — fidèle épouse et fervente chrétienne —
Qui vous parle — et déclare à vous tous aujourd'hui
Que voilà mon époux! Oui, bonnes gens, c'est lui!
J'atteste que c'est lui! Lui — mon seigneur — le vôtre!
J'ai toute ma raison — tout mon amour!... Un autre,
Fût-il sa vraie image, essayerait vainement
D'abuser, de troubler mon cœur un seul moment.
Alvar! je l'ai connu. Certes, sa ressemblance
Avec don Rinaldo — passait toute croyance.
Eh bien! elle n'a pu, même le premier jour,
Causer le moindre doute à l'œil de mon amour.
Mon chevalier et moi possédons le mystère
D'une entente sans mots, qui n'a rien de la terre,
Dont nos deux cœurs ont seuls créé les traits de feu,
Et que nul ne connaît, hors la Madone et Dieu!
C'est lui, c'est Rinaldo prouvant sa bienvenue,
Qui tantôt m'a parlé cette langue inconnue!

<small>Allant à Rinaldo et lui prenant la main.</small>

Au nom des saintetés de notre auguste hymen,

Par sa loyale main dans ma royale main,
Amis, je vous réclame! Enfants, je vous exhorte!
Allons, de vos esprits que tout fantôme sorte!
Car, c'est lui!... Ma parole et vos yeux en font foi.
Plus d'hésitation! C'est lui comme c'est moi! —
J'ai dit. —

Voyant que l'on demeure froid et incertain.

Bonté du ciel! Vous balancez encore?

QUELQUES VOIX, *avec une émotion triste.*

Vive la senora!

DOÑA MIRANDA.

Bien : J'aime qu'on m'honore,
Mais après le marquis. — Ne l'honorez-vous pas?
N'est-il plus votre père?...

Tout le monde est silencieux. Les visages restent mornes, les fronts se baissent.

Oh! mon Dieu! les ingrats!
Sortilége barbare! Illusion cruelle!

Elle recule et se détourne, indignée et découragée.

DON BRENNUS, *avec la plus grande tartuferie.*

Hélas! dignes vassaux, priez, priez pour elle!
Prions tous; et là-haut, puisse notre oraison
Obtenir que Jésus lui rende la raison!
Pauvre sœur! elle a tant souffert!... Ses douleurs sombres,
Ses longs regrets d'amour, sa vie au sein des ombres,
Ont accablé, brisé son être tellement
Qu'un grand trouble s'est mis dans son entendement.
Et soudain, ce désordre est devenu folie,
Quand, dans les profondeurs de sa mélancolie,
Ont retenti ces mots : — « Rinaldo n'est pas mort.
« Il vit. Il nous revient. » Jugez de son transport!
Le moyen d'échapper aux excès de la joie!
Du mensonge, comment ne pas être la proie!
La fable eût-elle été sans rien de spécieux,

Comment en repousser l'attrait fallacieux !
— L'aveugle passion se prend sans maléfice. —
Or, l'apparence est forte, et puissant l'artifice ;
Et franchement, l'on peut — crédule en leur endroit —
S'y tromper tout d'abord, même étant de sang-froid.
Voyez donc : notre fourbe, en toute sa personne,
Figure au mieux celui pour lequel il se donne.
Le faux marquis paraît le vrai ; — le vil bâtard
Semble le légitime ; — il en a le regard,
Les traits, la voix, le port, le geste, la stature,
Tout — jusques à la grâce et la désinvolture.
Admirez ce grand air ! Il ne lui manque rien.
Quelle similitude ! — Et quel bon comédien !

Cependant Rinaldo a fait rasseoir Miranda, aux côtés de laquelle il se tient debout. Orco est tout près d'eux, au bas de l'estrade, et les couve de l'œil comme un dogue fidèle.

ORCO, *la main sur sa dague, bas à Rinaldo, d'un air significatif.*

Cette fois, voulez-vous ?

DON RINALDO.
Non, pas de violence.

DONA MIRANDA, à Rinaldo.
Tu nous perds.

DON RINALDO.
Nous aurons notre tour. Patience.

DON BRENNUS.
Quant au parler secret — sélam de nos époux —
Indice qu'on proclame infaillible entre tous,
Qui sait ? la Miranda délire assez, peut-être,
Pour en imaginer les signes chez ce traître !
Ou bien (vous allez voir pourquoi j'ai ce soupçon),
Dieu lui-même peut-être a permis au démon
D'en révéler le sens et l'usage — à ce drôle,
Qui parachève alors le succès de son rôle !
Dans son profane amour, ma sœur — du Dieu jaloux

Craignant peu d'attirer sur elle le courroux —
A l'ombre de son deuil, osait — païenne occulte —
Rendre aux mânes du maître un véritable culte...
Qui dit que l'Éternel, justement irrité,
Ne veut pas châtier sa folle impiété ?
— Seigneur ! Seigneur ! Seigneur ! Oh ! la peine est trop dure !
Est-ce que vous pouvez permettre qu'elle dure ?
Faites miséricorde, hélas ! ayez pitié !
Triste sœur !... que je souffre en ma sainte amitié !
Ah ! priez avec moi, vous tous !

DONA MIRANDA, bas à Rinaldo, avec reproche.

Comme il m'outrage !

DON RINALDO, toujours calme.

Sois tranquille. L'abîme est au bout de sa rage.

DON BRENNUS, montrant du doigt, ensemble et successivement,
Rinaldo et Orco.

Mais, pour ces Barabbas — pour ce franc bateleur,
— Pour cet infâme Orco, vil suppôt d'un voleur —
Non, non, ce n'est pas trop — pour ces hommes funestes,
De tous les châtiments terrestres et célestes.
Jamais, en attendant leur infernale fin,
Jamais vos bras mortels, mus par le bras divin,
Ne leur infligeront d'assez rudes supplices,
N'accompliront sur eux d'assez hautes justices ! —
Ces bandits !... N'ont-ils pas voulu faire de moi
Leur dupe ?... Je l'avoue : un ineffable émoi
M'a pénétré, lorsque l'histrion téméraire
S'est jeté sur mon cœur en s'écriant : — Mon frère !...
Mais on fascine mal un œil tel que le mien.
Je démêlai bien vite Alvar le bohémien.
Alors, sans avoir l'air gênés de leur mécompte,
Et l'Alvar et l'Orco me dirent : — « Noble comte,
« Le nouveau Rinaldo doit remplacer l'ancien.
« La marquise déjà l'a reçu comme sien :

« Accepte-le de même; et fais-le reconnaître
« De tous les gens du fief comme seigneur et maître.
« Cède. Ne tente pas de nous désobéir.
« Sois complice. Autrement, s'il te plaît nous trahir,
« Tremble : pour nous tirer de ce danger suprême,
« Pardieu, nous oserons t'accuser ! oui, toi-même !...
« Et nous dirons : — *Brennus est un lâche assassin.*
« *Son frère, il l'a frappé. Cela, dans le dessein*
« *D'épouser Miranda, que son âme adultère,*
« *Dès longtemps convoitait, sous un dehors austère.*
« *Maintenant, furieux de voir surgir vivant*
« *Ce frère — le voilà qui, plus noir que devant,*
« *Songe à le replonger, couvert d'ignominie,*
« *Dans la tombe.* — *Voilà ce Caïn qui renie*
« *Cet autre Abel* — *jurant que c'est un imposteur,*
« *Et qu'il faut immoler l'indigne usurpateur.*
« Oui, nous dirons cela de Brennus — pour qu'en somme
« Il soit décapité comme bon gentilhomme. »
— A ce couple insolent, tout chargé de forfaits,
Calme, je répondis : — « Vous serez satisfaits.
« Le nouveau Rinaldo me devra sa fortune. »
Cette promesse, amis, me semblait opportune.
Il s'agissait d'attendre avec sécurité
L'heure de faire ici tonner la vérité.
J'ai promis, cependant... Par la Croix, par la Messe,
N'allez-vous pas m'aider à tenir ma promesse?
Oui, puisque vous voulez venger l'illustre mort,
Le prétendu marquis va me devoir son sort.

<small>Don Brennus a reconquis peu à peu l'adhésion de la foule. On l'a écouté, tantôt avec un silence plein de curiosité, tantôt avec des murmures approbateurs, presque sympathiques.</small>

VOIX NOMBREUSES.

Oui, vengeance !
DON BRENNUS.
A propos, d'où vient que, sur ma tête,

Leur accusation, paresseuse tempête,
N'a pas encore grondé? Quoi! m'épargner ainsi?
Ah! c'est que ce n'est point un vulgaire souci
Que de calomnier Brennus! On y prend garde...
Et le plus téméraire à deux fois y regarde.
Certe, il est mal aisé de faire croire aux gens
Que j'ai dans mon honneur des côtés indigents.
Dites : par quel endroit peut-elle être entamée
Mon armure de bonne et sage renommée?
On le sait : je vis pur. Je hante le saint lieu.
Mon zèle chaque jour me rapproche de Dieu.
Si bien que — défiant tout reptile d'y mordre, —
Dans peu je recevrai le sacrement de l'Ordre.

Désignant tour à tour don Rinaldo, qui ne se départ pas de sa puissante tranquillité — et Orco, qui, d'un front résolu, semble se recueillir pour la lutte.

Vainement, celui-ci feint un calme profond,
Et celui-là, l'orgueil d'un matamore... Au fond,
Ils ont peur... et personne enfin ne se décide
A me dire adultère, impie et fratricide.

Échange d'un geste interrogatif et d'un signe négatif entre Orco et Rinaldo.

— Toutefois, vous devez me plaindre, et compatir
Aux maux affreux qui font de moi comme un martyr.
Ainsi, ce n'était pas assez que mon cœur morne
Fût perdu dans la nuit d'un désespoir sans borne;
Ce n'était pas assez qu'un lamentable deuil
Me courbât tout entier sur mon frère au cercueil;
Il me fallait subir l'immonde parodie
Qu'on vous joue et la voir un moment applaudie!
Et me trouver réduit à la nécessité
D'être le médecin de votre cécité!
Ces maux — je les bénis pourtant — je m'en console;
Car, de plus de puissance ils dotent ma parole.

Du haut de ma vertu, du sein de mes douleurs,
Plus sûrement je frappe et j'enflamme vos cœurs!
Mais... ce n'est pas moi seul qui parle — et vous suscite...
Non... Un autre avec moi d'en haut vous sollicite...
Qui? Mon frère lui-même... Oui, le mort, cette fois,
Vous parle... C'est sa voix qu'on entend dans ma voix!
Il vous dit : — « Mes enfants, ne souffrez pas qu'un fourbe,
« Un mécréant, sorti de la plus basse tourbe,
« Par magie usurpant ma personne à vos yeux,
« S'attribuant mon nom, le nom de mes aïeux,
« Se faisant saluer chef de mes seigneuries,
« Puisse longtemps voler, souiller mes armoiries!
« Ne souffrez pas surtout que l'affronteur impur
« Affecte d'un mari le contentement sûr
« Auprès de Miranda, mon épouse sacrée!
« De ce charme exécrable empêchez la durée.
« Elle prise à l'appât de cette vision!
« Pour ma mémoire, hélas! quelle dérision!
« La honte que je vois, celle que je devine;
« Me font gémir jusque dans la gloire divine!
« Ne lui faites pas grâce, à ce brigand!... »

   LA FOULE, comme un seul homme.
         Non! Non!

   DON BRENNUS.
Au secours, mes amis! Sauvez, sauvez mon nom.
A l'aide! soutenez mon honneur qui s'abîme,
Écrasez le serpent. Frappez un coup sublime!

   LA FOULE.
Frappons!...

   DON BRENNUS.
    Si j'ai toujours vos serments, votre foi,
Des triomphes du traître, oh! purifiez-moi!...

   LA FOULE, toute rugissante.
A mort! A mort! A mort!

DON BRENNUS, *affreux de joie.*

Oui! qu'il meure, l'infâme!
Exterminez son corps, Dieu damnera son âme.

La foule presse et assiége l'enceinte réservée, d'un mouvement furieux, avec un emportement épouvantable. Tous les bras menacent. Des armes de toutes sortes s'agitent au-dessus des têtes. Quelques hommes essayent d'escalader le balustre.
Orco a dégainé en bondissant vers la foule.
Miranda elle-même s'est élancée et a saisi une épée dans un trophée d'armes voisin du trône.
Quant à Rinaldo, il a croisé ses bras, toujours tranquille et superbe. Brennus rit.

ORCO, *le sabre au poing, héroïque et formidable.*

Qui de vous le premier?...

LA FOULE, *l'interrompant.*

Tous!...

ORCO.

Misérables fous!
Arrière! je suis là. Malheur, malheur à vous!
J'ai mon bras, j'ai mon sabre, et je me sens terrible.
Ah! j'aurai dans vos rangs fait un carnage horrible
— Entendez-vous — avant que personne ait touché
Mon cher seigneur — avant qu'on l'ait même approché!
Si je meurs, si le nombre accable mon courage,
Mon sang — mieux que ma voix — portera témoignage.
Mon dévoûment fera douter votre fureur...
Et vous soupçonnerez votre effroyable erreur!...

Le mouvement furieux de la foule s'est un peu ralenti. Aucun de ceux qui ont fait mine de vouloir pénétrer dans l'enceinte n'a encore osé le faire. Quelques-uns cependant se tiennent accrochés au balustre.

DONA MIRANDA, *l'épée à la main, de l'air de l'Archange qui va réduire le dragon.*

Bien, généreux soldat familier des alarmes!
Défendons notre père ensemble — en frères d'armes!
Combattons. Cette épée est vivante en mes mains.

Elle triomphera de tous ces inhumains.
Oui, méchants! vous touchez à l'heure expiatoire...
Car, moi, je suis certaine, Orco, de la victoire.
Le Dieu vengeur m'octroie un don surnaturel.
Comme les champions de l'antique Israël,
Je sens que j'ai dans l'air une armée invisible,
Que l'esprit me revêt de sa force invincible,
Que je sème partout le remords et l'effroi,
Et que nul ne pourra subsister devant moi!...

> La foule, encore très-grondante et menaçante, paraît toutefois balancer. Elle est prise de l'hébétement farouche d'une bête fauve en révolte, que viennent gêner les regards et la voix du dompteur.
> Brennus ne rit plus.
>
> DON RINALDO, désinvolte et grand, auguste et stoïque, et parfois s'éclairant d'un sourire grave.

Calme-toi, brave Orco! Modère-toi, ma sainte!
Trêve à toute colère ainsi qu'à toute crainte.
Bas les armes, mes preux! — Quoi! vous voulez vraiment
Punir de nos vassaux le noble égarement?...
Si leur culte pour moi — contre moi les anime,
Est-ce qu'il faut traiter cette erreur comme un crime?
Mais dans une autre erreur vous tombez tous les deux.
Ils se trompent sur moi — vous vous trompez sur eux!
En honneur, je ne puis qu'admirer leur furie.
J'en suis tout glorieux. J'en ai l'âme attendrie.
Leur zèle pour mon nom, qu'il est beau, qu'il est fort!
Que d'amour — dans leurs cris d'anathème et de mort!
Moi qui dans tout combat me jette avec ivresse,
D'autant plus exalté que l'ennemi me presse!
Moi que le nombre attire ainsi qu'un tourbillon,
Et qui m'élancerais seul contre un bataillon ;
— Eh bien! ces bras levés, ces clameurs, ces audaces,
Cette foule aux fronts durs, aux yeux pleins de menaces,
Ces prémices de lutte à l'attrait souverain,

Me laissent immobile — et tranquille — et serein.
Dans mon sang, rien ne bout. Mon bras, rien ne l'éveille.
Et mon épée inerte à mon côté sommeille.
En moi — je vous le dis — s'il reste un sentiment,
C'est un doux orgueil, c'est de l'attendrissement...
Me défendre?... Cela me serait impossible.
Combattre mes enfants? Non, victime paisible,
Couvrant ces pauvres fous d'un absolu pardon,
Je ferais de ma vie un complet abandon. —
Mais, sérieusement, quel péril court ma vie?
D'abattre un imposteur la légitime envie
Ne saurait égarer les esprits à ce point
Qu'avant d'exécuter, on n'examinât point.
Déjà, dans les regards, je vois, je lis le doute.
On songe. On fait silence. On hésite... On m'écoute,
Et plus d'un cœur loyal, en secret palpitant,
Doit se dire : — Est-ce lui? Si c'était lui pourtant !...
J'en suis sûr — à cette heure — ici — toutes les âmes,
Comme on ferait devant les éternelles flammes,
Reculent de terreur devant ce noir danger,
D'immoler — celui-là même — qu'on veut venger!
Mieux vaudrait mille fois risquer de laisser vivre
—Un larron — dût pour tous quelque honte s'ensuivre,
Autrement, quel réveil! Aux mânes d'un ami,
Croire sacrifier son plus lâche ennemi,
Et trouver, à la fin de l'acte sanguinaire,
Dans la victime... horreur! cet ami qu'on vénère !...
Se tairait-il jamais le remords inouï
Qui crierait dans les cœurs:—C'était lui! c'était lui!—

> Long frémissement dans l'auditoire, qui a passé par les diverses impressions indiquées dans les vers ci-dessus, et qui semble maintenant en voie d'être maîtrisé.

Donc, ayez moins de zèle. Armez-vous de prudence.
Attendez, pour agir, la suprême évidence.

Vous pourrez l'acquérir bientôt — avant demain —
Avant ce soir. Comment? Par un sage examen.
— On avait bien raison d'affirmer à voix haute,
Que je présente en moi — sans lacune et sans faute —
Tous les traits du marquis; que j'ai son fier maintien,
Son front de chevalier, son air de vieux chrétien;
Que mon œil, mon regard, c'est son œil qui rayonne;
Enfin, que ma personne — est toute sa personne!...
N'est-ce pas que c'est vrai? Convenez, confessez
Qu'en disant tout cela, l'on n'a pas dit assez.
Avoir ainsi la forme — être à ce point l'image
Du seigneur qui cent fois a reçu votre hommage —
Oui, le paraître avec cette réalité,
Sans l'être, est-ce que c'est possible, en vérité?...
Mais peut-être avez-vous tout bas l'idée étrange,
Que c'est un maléfice, un jeu de mauvais ange.
Faites vite une épreuve, alors. Vous avez tous
Des croix, des chapelets, des reliques, sur vous.
Eh bien! touchez, prenez, montrez ces saintes armes.
Contre elles, de l'enfer ne tiennent pas les charmes.
Invoquez, à part vous, tous vos patrons divins :
Ils sont là pour confondre et diables et devins.
Pensez des mots sacrés. Signez-vous tous ensemble.

La plupart des assistants ont fait successivement les choses conseillées.

Bien. — Voyez maintenant. — Dites : que vous en semble?
Suis-je moins le marquis? Non! Par la flamme et l'or
Des talismans du ciel — je le suis plus encor!...
Ma personnalité de plus en plus éclate!
Elle vous trouble à fond : mon cœur ému s'en flatte
Allons, c'est trop douter. — Le voilà, vétérans,
Le capitaine heureux qu'applaudissaient vos rangs
Quand il les devançait au choc de la bataille,
Quand le premier — d'un fort il foulait la muraille
— Vous le reconnaissez, veneurs et forestiers,

L'ardent chasseur, aidé par vous si volontiers,
Lorsqu'à travers les bois, les monts de ses domaines,
A courir daims et cerfs il passait des semaines !
— Paysans, métayers, vignerons et pasteurs,
Le voici parmi vous, l'ami de vos labeurs,
Le maître qui, jaloux d'augmenter vos chevances,
Bien souvent dans vos mains laissa les redevances ;
Et qui, de tous ses fiefs, où le pauvre a son pain,
Pour jamais sut bannir le démon de la faim !

Mettant son chapeau et allant se rasseoir sous le dais.

Il se couvre et s'assied devant vous — le grand juge,
Qui du faible opprimé fut toujours le refuge ;
Qui maintenait serment, justice, honneur et foi,
Au-dessus du vouloir et du pouvoir du roi,
Que le félon n'osait regarder face à face ;
Mais près de qui le simple aisément trouvait grâce !

DON BRENNUS, à part.

Ces brutes vont fléchir...

DON RINALDO.

    Or, ce n'est nullement
Le grand juge — qui siége et parle en ce moment ;
Ni l'effréné chasseur, ni le foudre de guerre.
C'est le bon châtelain, qui ne vous gênait guère,
Quand il venait, le soir, sous les chênes ombreux,
Mêlant sa promenade à vos groupes nombreux,
Écouter des vieillards les discours méritoires,
Et des gais ménestrels, les chants et les histoires.
— Ah ! si — monstre d'enfer — un mensonge insensé,
Lâche — entre vous et moi ne s'était pas dressé,
J'aurais pu — renouant l'entente familière
De nos cœurs — vous conter l'histoire singulière
Du sombre assassinat qui crut m'anéantir ;
De ma fuite en la mer qui parut m'engloutir ;
Puis, des faits merveilleux, des fortunes diverses

Qui firent mon salut; des hasards, des traverses,
Que j'ai dû surmonter, avant que de pouvoir
Atteindre consolé le bien de vous revoir.
— Ce récit, je l'ai fait hier soir au monastère
De Saint-Paul. J'ai charmé mon auditoire austère.
Chacun se récriait, ne cessait de bénir
La Madone et les saints...

ORCO, bas à Miranda, avec joie.

Madame, ils vont venir.

DOÑA MIRANDA, bas à Orco, de même.
Oui, nous sommes sauvés.

On sent que la foule, à force d'étonnement et d'émotions, est tout à fait adoucie, et qu'elle est bien près de se rendre. Un reste de doute et une certaine vergogne de son erreur la retiennent encore. Il y a aussi en elle un vif sentiment de curiosité noire produit par l'idée de l'histoire qu'on aurait pu lui conter.

DON BRENNUS, avec une violence sardonique.

Puisque les jeux habiles

D'un jongleur — ont raison de vos âmes débiles;
Puisque l'appât d'un conte hébète vos esprits;
Puisque vous vous rendez; puisque vous voilà pris;
Je fais appel à Dieu lui-même — au vrai grand juge!
Qu'il intervienne ici! Qu'il prononce! qu'il juge!
Et ne prétendez pas qu'il a parlé. Non, non.
Vos péchés sont trop grands pour que — sur le démon —
Vos reliques aient pu prévaloir tout à l'heure,
Non. L'épreuve a manqué. L'enchantement demeure.

A don Rinaldo.

— Maître Alvar, il s'agit de mener jusqu'au bout
Ton personnage... Il faut singer mon frère en tout.
Çà, ton épée au vent!...

Il a tiré la sienne.

Voyons donc, fils d'esclave
Si tu joueras le preux jusqu'à te montrer brave!

Viens! Battons-nous à mort—tout de suite—en ce lieu!
Soumettons la querelle au jugement de Dieu!
En garde!... Fais-nous voir ta valeur usurpée!

Nouveau changement d'impression chez les spectateurs. Les voilà maintenant tout avides du combat qui s'annonce.

DON RINALDO, debout, avec un transport chevaleresque, après avoir dégainé.

Bien, frère! c'est cela. L'oracle de l'épée!
La sentence de Dieu! Je m'y voue avec toi...
Mais de nous deux le plus hardi — ce n'est pas moi.
Tu provoques l'arrêt du Très-Haut?... Sans louange,
L'audace est d'un Titan. C'est révolte d'archange.
J'aime mieux, je l'avoue, être le serviteur
De la Divinité — que son fier contempteur.
Faire en bon chevalier, sous les yeux de ma dame,
Suffit à mon orgueil.. J'y suis de cœur et d'âme!
Comme on respire à l'aise et comme on fait état
De soi-même — lorsque — pour un noble combat —
On quitte un vain propos!... Comme l'âme savoure
La volupté cachée au fond de la bravoure!
Si l'on n'était chrétien — quand on croise le fer,
Comme on oublierait tout, Dieu, terre, ciel, enfer!...
Allons!

Il va pour pousser à Brennus. Miranda l'arrête et s'attache à lui.

DONA MIRANDA.

   Ta Miranda ne veut pas qu'on l'oublie.
— Oh! ne crois pas sortir de ce bras qui te lie. —
Ce duel... Une autre fois. J'ai peur...

DON RINALDO.

         Mais c'est douter
Du juste ciel!...

DONA MIRANDA.

    Et toi, n'est-ce pas le tenter?

DON RINALDO, cherchant à se dégager.

Laisse-moi.

DONA MIRANDA, le tenant toujours.
Non. Plus tard.
DON BRENNUS, avec une colère railleuse.
Messer, deviens-tu femme?
En garde!...
DON RINALDO, à Miranda qui ne le lâche pas.
Tu l'entends?
DONA MIRANDA.
Méprise donc l'infâme !
Toute suppliante.
Au nom de mon amour, au nom de mon bonheur...
LA FOULE, comme un public qui s'impatiente.
Le jugement de Dieu!...
DON RINALDO, sévère et chagrin.
Veux-tu mon déshonneur?
Orco, délivre-moi!
DONA MIRANDA, resserrant son étreinte.
Mon cher Orco, main-forte!
Tiens-le! Désarme-le!
ORCO, avec reproche et enthousiasme.
Mais, madame, il importe
Que monseigneur combatte!... Eh! comment votre cœur
Peut-il craindre un instant qu'il ne soit pas vainqueur!
DONA MIRANDA, douloureuse, ne retenant plus Rinaldo.
Tous les deux me trahir!...
Avec un sombre effort.
Si j'essayais de l'autre?...
Elle marche droit à Brennus, et d'un accent comprimé.
Vous êtes chevalier?...
DON BRENNUS, insolemment courtois.
Que ne suis-je le vôtre?
DONA MIRANDA, dissimulant mal son dégoût.
Don Rinaldo... blessé naguère... est mal guéri...
Faible... Or, un chevalier devrait...

DON BRENNUS, très-méchamment.

J'en suis marri.
Moi, ménager un homme à vos ordres rebelle ?
Jamais.

DONA MIRANDA, reprenant sa franchise.
Tu n'es qu'un lâche !...

DON BRENNUS, avec ironie et luxure.

Oh ! que vous êtes belle !..

DON RINALDO, fort impératif, à Miranda qui vague
et chancelle éperdue, entre lui et Brennus.

Femme, place à l'épée !...

DONA MIRANDA, avec une supplication navrante.

Attends encore un peu...
S'adressant à la foule, les mains jointes.
N'est-ce pas, mes amis ?

LA FOULE, enragée, comme en un cirque romain.

Le jugement de Dieu !

DONA MIRANDA, dans la dernière détresse.

Oh ! grâce, bons vassaux ! Songez donc : votre maître,
De leurs coups de poignard souffre encore peut-être !
Oh ! ne consentez pas à cet horrible jeu !
Grâce ! Empêchez cela !...

LA FOULE, au comble du fanatisme.

Le jugement de Dieu !
Le jugement de Dieu !...

DONA MIRANDA, reculant, et se redressant dans le plus
farouche désespoir, comme une lionne qui défend ses petits.

Mon père !... A moi, mon père !...

D'un bond léonin, elle a ressaisi l'épée qu'elle brandissait il y a
quelques instants. Elle se jette sur Brennus et lui plonge son
arme dans la poitrine. Après quoi elle s'écrie, pâle, échevelée,
grandiose :

Le jugement de Dieu, le voilà !!...

Stupeur générale. — Brennus tombe, la lame au torse.
Elle continue, avec un mélange d'égarement et d'inspiration :

Le tonnerre
Dormait... Mon père en moi soudain s'est éveillé....
C'est lui — qui par mon bras docile — a foudroyé!

DON BRENNUS, agonisant.

Ils m'ont tué. — Vengeance!

DON RINALDO, plein de trouble.

                    Est-ce gloire? Est-ce honte?

ORCO, avec virilité.

C'est justice.

DON BRENNUS, râlant.

Ah! je meurs! Ah! qu'on me venge?

QUELQUES VOIX, sombrement.

                                        Oui, comte!

DIALOGUE DANS LA FOULE.

Vengeons-le. —
              Punissons le crime, cette fois. —
Sur qui? sur elle?
                — Non.
                       — Sur lui?
                                  — Sur tous les trois!

ORCO, le verbe éclatant, à dona Miranda, en lui montrant les harpes.
Madame, vous savez que nos harpes sont fées.
Par elles ces fureurs peuvent être étouffées.
Faites-en retentir les magiques accords...
Et, comme aux jours anciens l'on voyait les transports
De Saül, possédé par un cruel génie,
S'apaiser, quand David les couvrait d'harmonie, —
On verra se calmer les accès ténébreux
Que l'enfer entretient parmi ces malheureux.
Osons même espérer que le Vengeur céleste
Nous appuiera d'un signe encor plus manifeste..

Dona Miranda s'est rendue à l'avis d'Orco. Dans une animation
fulgurante, elle fait vibrer tour à tour les deux harpes, de toute

sa nerveur. Elle en tire des accords puissants et passionnés qui pleuvent sur le silence de la foule ébahie.

Cependant Orco, qui a l'oreille au guet, s'écrie :

Écoutez! Écoutez! des chants religieux,
Qui paraissent répondre aux sons prestigieux
De nos harpes — se font entendre dans l'espace...

Pause. On distingue en effet quelque chose d'un chant lointain, lent et grave.

Est-ce, dans l'air, un chœur de séraphins qui passe,
Promettant à nos vœux son intercession?...

Nouvelle pause. L'attention redouble, et l'on perçoit de larges notes de psaumes modulés par des voix mâles.

Ce sont les voix, les chants d'une procession
D'hommes de Dieu.—Vers nous, je crois qu'elle fait route;
Les notes de plus près nous arrivent. — Sans doute
La vertu de féerie opère.

S'adressant à un groupe qui est placé tout au sommet des escaliers du fond.

                Vous, là-haut,
Parlez : qu'aperçoit-on, par delà le préau,
Dans la plaine?...

       UN DES HOMMES DU GROUPE.
     Un essaim de frocs blancs.

       UN AUTRE.
                      La bannière
De Saint-Paul...

       UN TROISIÈME.
    L'abbaye en marche tout entière...

      ORCO, *triomphant.*
Les moines de Saint-Paul?

       UN QUATRIÈME.
                Oui, messire, et, de plus,
Un gros de cavaliers les escortant.

VOIX, basses et émues, dans le plus épais de la foule.
Jésus!...
Un miracle!...

ORCO, plein de victoire.
A présent le démon va se taire.
Monseigneur pour armée a tout un monastère.
Dieu se montre. Vassaux, rentrez en plein devoir,
Ordre et calme. Il nous faut saintement recevoir
Les Pères — sûrs témoins — qui viennent reconnaître
Le vrai don Rinaldo. La plupart l'ont vu naître.
Qui donc l'a baptisé, marié ? Le prieur.
Il a l'abbé — le grand abbé — pour confesseur.
Le bon théologal, grand maître en sapience,
L'a nourri de doctrine et pourvu de science...
Triomphez, sénora!

> Dona Miranda, que la certitude du salut excite et fait rayonner, a repris son jeu musical. Elle le fait alterner avec le chant des psaumes qui se rapproche de plus en plus.
> Orco, avec un geste et un ton de commandement inexprimable, s'écrie :

Tout le monde à genoux!...

> Les assistants se prosternent en masse.

DON RINALDO, d'un accent paternel, mettant lui-même genou en terre.
Oui, nous tous, mes enfants, tous agenouillons-nous...
Non comme des pécheurs terrassés par la crainte,
Mais pour glorifier dans son équité sainte,
Dans sa grâce rendue à nos cœurs éprouvés,
Dieu qui nous a bénis, Dieu qui nous a sauvés!

> Le chœur des moines se fait ouïr dans presque toute sa sonorité. On devine qu'ils sont tout proches, qu'ils entrent dans les cours du palais.
> Les doigts de Miranda continuent de lancer des salves d'harmonie.
> La toile tombe.

FIN DU TROISIÈME ET DERNIER ACTE.
Laus Deo!

LES VISIONS

D'UN

MORT-VIVANT

POËME

PAR L'AUTEUR DE *FEU ET FLAMME*

―――

1861-1862

LES
VISIONS D'UN MORT VIVANT

PROLOGUE.

Il a vingt ans à peine. Il vague par un site
Plein de merveille—où tout le charme—où tout l'excite.
Un soleil d'Orient. — Des cieux profonds et purs.
L'éclat changeant d'un fleuve entre des bois obscurs.
De grands blés d'or flottant sous des vignes fleuries.
Une montagne auguste, et de nobles prairies.
Puis, des tertres de mousse et des buissons de fleurs.
Des platanes groupés tout pleins d'oiseaux chanteurs.
Puis, par les verts sentiers, les sylvestres arcades,
Robes aux pans soyeux, galantes cavalcades.
Mainte embarcation féerique sur les eaux.
Colombes dans l'azur. Nymphes dans les roseaux.
Dans l'écho, sons de harpe et de flûte enchantée,
Que relèvent au loin des clairons de Tyrtée.
Sur l'écorce des pins, distiques langoureux.
Sur les cimes, drapeaux et fanaux généreux.
Et partout vie ardente, air saturé de sève;
Partout rayon, nerveur, sourire, espoir sans trêve,
Grand souffle olympien de lyrisme et d'amour.
    Il aperçoit — non loin du plus beau carrefour

De la forêt sonore, — à travers la ramure, —
Un édifice où règne un incessant murmure
D'armes et de chevaux. Par moments, des piliers
Il sort un flot brillant de jeunes chevaliers.
C'est là qu'ils ont trouvé casque, épée et monture.
Lui, superbe, à son tour veut tenter l'aventure.
Il lui faut un cheval, des armes. Pourquoi pas?
Il va pour aborder l'enceinte. — Au premier pas,
Par derrière, une main surhumaine, invisible,
Le prend, le tient, — et puis, le traîne, irrésistible,
Dans un prochain fourré. Là, sur le frais gazon,
Un cercueil s'offre, ouvert, vide. En cette prison,
La main de fer le met vivant, l'étend, le couche,
Et sur lui pose, ajuste, avec un soin farouche,
Non un couvercle, mais un large et long drap noir,
Qu'on dirait volontiers vain obstacle, à le voir,
Mais qui réellement pèse plus qu'une pierre,
Et dont les quatre coins s'enfoncent dans la terre
Comme racine d'arbre. A son oreille, alors : —
« Tu peux — dit une voix — t'épuiser en efforts,
Dépenser la vigueur de ta mâle jeunesse,
Celle des ans futurs que le Destin te laisse.
Aucun de tes fougueux sursauts ne parviendra
A rejeter, ni même à remuer ce drap.
Tu ne quitteras plus cette étroite demeure.
T'y voilà prisonnier jusqu'à ta dernière heure.
Et ne te flatte pas d'y dormir! Dans tes sens,
Dans ton cœur, ton esprit, mille troubles puissants
Mèneront désormais des tempêtes de flamme.
D'autre part, l'univers, perceptible à ton âme,
T'enverra tous les bruits, les retentissements
De ses biens, de ses maux, de ses événements ;
Ses hymnes de triomphe et ses cris de désastre;
Ses rumeurs quand se lève ou lorsque tombe un astre...

Et, dans toi, hors de toi, ce fracas sans pareil,
Saura comme Macbeth te sevrer de sommeil.
La mort te viendra tard. Sans bonheur et sans crime
On ne la tente guère. Elle est peu magnanime.
Résigne-toi. Tu tiens que le premier plaisir,
C'est rêver. Eh bien ! rêve. On t'en fait le loisir. »
　Il souffre en damné. Mais, quoique dans l'ombre, il garde
Un visage stoïque. Il sait qu'on le regarde.
Cependant, avec doute, il promène sa main
Sur son ciel de drap noir. Décisif examen !
C'est du marbre, du roc. C'est un mur inflexible.
L'écarter ? le trouer ? Impossible ! impossible !
« Çà, palpite en silence, ô mon cœur furibond !
Pourquoi, pourquoi sonner si fort à chaque bond ?
Rages, qui m'étreignez dans ces parois nocturnes,
Dévorez-moi, c'est bien ; mais soyez taciturnes.
Allons, puisque la mort nous dédaigne, — vivons,
Et puisqu'on nous défend d'agir, — hélas ! rêvons. »

PREMIÈRE VISION.

I.

Or, l'éclatant démon des fières songeries
L'emporta tout entier dans les chevaleries.
Et non pas seulement dans celles que revêt
Le miracle, — où le conte et la fable ont tout fait, —
Chez qui, souple et divers, l'enthousiasme flotte
Du seigneur Amadis au seigneur don Quichotte ;
Mais dans celles encor que la réalité
Anime, fait briller de toute sa clarté,
Leur donnant ce cachet doublement méritoire,
De valoir la légende et d'être de l'histoire.
Ainsi, du grand Roland il passe au grand Bayard,
De Merlin l'enchanteur au charmeur Abélard.
Le Cid et du Guesclin se partagent son âme.
Pour Clorinde et pour Jeanne, il s'exalte, il s'enflamme.
Le bel Alcibiade et le beau Galaor
Reluisent à ses yeux sur un même fond d'or.
Les forêts de Dodone et de Brocéliande,
Athènes et Bagdad, Corinthe et Samarcande,
A sa visite émue ouvrent tous leurs abris,
Leurs caravansérails, leurs temples, leurs débris.
Avec Jean Beaumanoir, pris de soif dévorante,
Il boit son propre sang au dur combat des Trente.
Puis, emmi les trois cents de Sparte — il est soudain,
Entre Albe et Rome, il tient pour le troisième Albain.

Contre Fiesque, parjure et félon, qui, de Gênes,
Sous couleur de salut, va reforger les chaînes,
Il aide Verrina dont le poignet de fer
Abruptement fait choir le traître dans la mer.
Il guette vos lueurs dans les Panathénées,
Et vos éclairs au fort des romaines journées,
Glaives d'Harmodius et d'Aristogiton,
Poignards des deux Brutus, fer du libre Caton!
Il va, tout amoureux de tragiques trophées,
Des cryptes de Solime à la grotte des fées,
Du *Sésame, ouvre-toi,* se servant tant qu'il peut,
Et poussant à plaisir le saint cri : *Dieu le veut!*
En croupe de Tancrède, aux champs de Palestine,
S'il chevauche et triomphe avec la croix latine,
Épris de Saladin, l'émir éblouissant,
Il entre plein d'hommage aux tentes du Croissant.
Des vieux chrétiens d'Espagne il fête le courage,
Tout en fraternisant avec l'Abencérage.
Mais toujours, sur les nefs des Turcs et des Rhodiens,
Il est contre Mahom, — toujours pour les chrétiens.
Il admire avec feu l'amant de Dulcinée,
Lorsque, l'estoc au poing, l'âme déterminée,
Ce preux sublime, qui, de force, a fait ouvrir
La cage des lions, s'obstine à leur offrir
Le combat. Cette audace, aucuns la jugent folle...
Mais elle lui paraît mériter l'auréole
Autant que cet exploit de Pépin dit le Bref,
Qui, pour prouver aux siens qu'il est le meilleur chef,
Saute en un cirque, et là, sous sa hache affilée,
Fait rouler d'un lion la tête échevelée.
 Après s'être gaudi sur les pas fulgurants
Du bataillon sacré des chevaliers errants;
Après avoir goûté les joutes triomphantes
De ces purs zélateurs d'adorables infantes;

Quand il a bien béni ces justes et ces forts,
Pèlerins d'idéal et redresseurs de torts;
Après s'être enivré de leurs tendres folies;
Quand il a pris sa part de leurs mélancolies;
Après qu'il est allé, dans leurs déserts, s'asseoir,
Savourant leurs devis de l'aube, et ceux du soir;
Lorsqu'il a, reflétant leurs pâles effigies,
Redit leurs oraisons d'amour, leurs élégies;
Après qu'il les a vus pourfendre dans sa tour
Maint géant oppresseur des chaumes d'alentour;
Et qu'il les a suivis, dans plus d'une caverne,
Pour tuer des dragons et des monstres d'Averne;
Quand, à travers l'horreur des noirs enchantements,
Il s'est bien ébloui des resplendissements
De leurs armes de gloire exilant les vertiges,
Et brisant, dissipant des mondes de prestiges;

II.

Il les quitte, et se mêle aux preux des temps nouveaux.
Qui font, dans l'œuvre humain, de plus divins travaux,
Qui les surpassent — comme, en céleste lumière,
La seconde Solime effaça la première,
Comme on vit les chrétiens surpasser les Hébreux.
Oh! les grands chevaliers! les magnifiques preux!
Certe, ils ont bien placé leur foi, leurs vœux, leurs flammes,
En prenant les couleurs des trois mystiques dames
Pouvant seules sauver la nef Humanité,
Qu'on appelle Raison, Justice et Liberté!
Philosophes, savants, penseurs, tribuns, poëtes,
Qu'ils sont beaux, défiant mages, docteurs, prophètes,
Satrapes, rois et dieux! D'abord, sereins, courtois,
Ils prétendent n'ouvrir que champs clos et tournois,

Où la vieille équité des lois chevaleresques
Règle des passions les luttes gigantesques.
Ah! l'honneur!... L'autre camp déclare être au-dessus.
Ceux-là, qui des héros se vantent d'être issus,
Ne se font pas scrupule, avec leurs adversaires,
De combattre en félons, de traiter en faussaires.
Dans l'intérêt du ciel et de la royauté,
Mentir, c'est piété; trahir, c'est loyauté.
Quoi! maudits, l'on vous donne entrée à des agapes,
Et vous empoisonnez les coupes, fils de papes!
Guerre à mort, maintenant! L'on ne vous doit plus rien
Qu'extermination. Pardieu, vous êtes bien
Les neveux, les enfants des carnassières races,
Les disciples mauvais des vieux cultes voraces!
Donc, arrière! Anathème et ruine aux mangeurs
D'hommes, de nations, de droits! Place aux vengeurs!
Lance en arrêt, chargez, mes paladins terribles!
Les vrais monstres sont là. Les autres,—bien qu'horribles.
A côté sembleraient des agneaux, des ramiers.
Sus! que leurs corps méchants fassent de bons fumiers!
Voici les vrais géants. Les autres — dont la trace
Effraye encor — n'étaient géants que dans l'espace;
Eux, le sont à la fois dans l'espace et le temps.
Mais, que vous fait cela? N'êtes-vous pas Titans?
Ne pétrissez-vous pas fer, granit, bronze et pierre?
Ne vous nommez-vous pas Mirabeau, Robespierre,
Vergniaud, Condorcet, Saint-Just, Carnot, Danton?
N'avez-vous pas pour vous, là-haut, Brute et Caton?
Rasez les tours! Fauchez les monstrueuses têtes!
Mais... quel déchaînement d'effroyables tempêtes!
Dieu! l'obscurité vient. Le jour, comme il s'enfuit!
Quelle nuit! Quelle immense et formidable nuit!
Ah! ces invasions d'orage et de ténèbres,
Des sorciers de l'autel sont les exploits funèbres.

Les anciens enchanteurs, dans leur œuvre pervers,
Pour agents et servants, n'avaient que les enfers ;
Plus puissants, les nouveaux, dans leurs noirs maléfices,
En outre des enfers, ont les cieux pour complices!
Par cette double force ils ont pu se flatter
De faire reculer — ou, du moins, d'arrêter —
Des champions du droit l'assaut vaste et sublime.
Chimère! Osant toujours, bravant même l'abîme,
Devenus dans la nuit fanatiques et fous,
Nos demi-dieux ne font que redoubler leurs coups.
Malheur! Lutter sans voir, dans ce tourbillon sombre!
Méconnaître les siens! S'entretuer dans l'ombre!...
Deuil éternel! Frapper le juste et l'innocent!...
Ah! d'hypocrites pleurs ne souillez pas ce sang,
Mages! Trêve d'emphase et de sensiblerie!
Oui, c'est épouvantable! Oui, ce sang fume et crie!
Contre qui? Contre vous. Sa plainte ne poursuit
Que ceux dont la noirceur, la haine, ont fait la nuit.

Mais, du sein des vapeurs sanglantes, les doctrines
Surgiront dans l'éther, car elles sont divines.
De réveil en épreuve et d'épreuve en réveil,
Les brillants girondins, chevaliers du soleil,
Les sombres montagnards, chevaliers de l'Érèbe,
Tous régénérateurs de la souffrante plèbe,
Doivent, dans l'équitable et logique avenir,
Se réconcilier, se comprendre et s'unir.

Des chocs de ce chaos terrible et grandiose,
En regardant au loin, le songeur se repose.
De ces preux pleins de foudre il voit les écuyers
(Qui valent du vieux temps les meilleurs chevaliers),
Pendant l'éruption des centrales discordes,
Défendre la frontière, et repousser les hordes
Des pauvres serfs trompés que la fourbe des rois
Lance contre un pays qui pour tous veut des droits.

Beau groupe de vaillants : la plupart sans reproche,
Tous sans peur; l'excellent Marceau, l'aimable Hoche;
Le fulgurant Kléber, le rustique Augereau ;
Et ce Coriolan futur, le grand Moreau;
Desaix le doux stoïque, et l'altier Bonaparte,
Qui plus tard... mais il semble encore enfant de Sparte.
Sur eux, point de tempête. Aucun nuage obscur.
Pas de nuit. Rien que jour, plein jour. Constant azur.
Age d'or de la France où sa loyale armée
Pour la liberté seule avait l'âme enflammée !

III.

Parmi les très-grands cœurs, dont le zèle éperdu
A la chevalerie ancienne est tout vendu,
Il en est contestant, repoussant la nouvelle,
Méconnaissant l'éclat du beau qui s'y révèle.
De lyrisme et de prose étrange accouplement !
Fantaisie énergique, et moi entendement !
C'est être virtuose, en négligeant d'être homme.
C'est prôner l'astrologue et nier l'astronome.
C'est fermer les deux yeux au progrès reconnu.
C'est rester juif après que le Christ est venu.
 Antiques paladins, preux de la nouvelle ère,
Ensemble en un seul culte il faut qu'on vous enserre,
Ainsi qu'en un seul tome on a mis sagement,
Avec l'ancienne Loi, le Nouveau Testament.
Grands illuminateurs qui vivez dans les flammes,
Coupeurs des nœuds gordiens qui garrottent les âmes,
Libérateurs, vengeurs, splendides justiciers,
Destructeurs de faux dieux, de faux rois, de sorciers,
Dès que l'on a hanté votre gloire superbe,
Salué votre épée, applaudi votre verbe,

Si voué que l'on soit au servage, à l'oubli,
On devient haut et fier, on se sent anobli.
A respirer votre air, on a (sublime leurre!)
Comme un ressouvenir de vie antérieure,
Où l'on aurait aussi tonné, vengé, vaincu.
L'âme est debout, contente et forte. On a vécu.

———

INTERMÈDE.

I.

L'impétueux songeur! comme en son triste gîte,
Sous ces rêves de proie, il tressaille et s'agite!
Comme il voudrait briser sa boîte! Quel dégoût,
Quelle horreur il en a! Comme il blasphème tout!...
Mais il est bien tenu, bien gaîné. Qu'il le sache.
Eh! que le songe alors le reprenne — et lui cache
Encor mieux son destin!
                         Mais voici qu'à défaut
Du songe, le Réel, un spectacle qui vaut
Cent beaux rêves, remplit, charme sa sombre veille.
Donc, un bruit colossal tout à coup l'émerveille,
Un retentissement, une sonorité,
Plus âpre et plus terrible en son intensité,
Que, dans le noir concours des fêtes cinéraires,
Tamtams et gongs lançant leurs strideurs funéraires.
Il se recueille — ardent à bien voir ce que c'est.
De sa gaîne, il peut tout percevoir, on le sait.

II.

Par mainte rue et place, à travers la grand'ville,
Le peuple — aucuns diraient la multitude vile —
Marche, roule, insurgé, sous une chaude nuit,
Sous des nappes de lune; et ce monstrueux bruit,
C'est son énorme souffle, haleine de fournaise,
Poussant jusqu'à Phœbé l'immense *Marseillaise*.
Fût-on l'ami des rois et des dieux du passé,
Pour le droit populaire eût-on le cœur glacé,
Fît-on l'indifférent, le railleur, le sceptique,
Pour peu qu'on soit doué de la fibre esthétique,
Il faut, bon gré mal gré, s'émouvoir, palpiter,
Sentir l'enthousiasme à son crâne monter,
Avoir le poil raidi, vibrer, blêmir d'extase,
Être tout pénétré d'un froid qui vous embrase,
Lorsqu'on entend, l'on voit, non loin de son chemin,
Sur un fougueux débord de l'océan humain,
Se déployer géant, dans ses fureurs chorales,
Cet hymne, qui fait choir trônes et cathédrales.
Clameur à qui le ciel et l'enfer font écho!
On croirait voir la scène apparue à Vasco,
L'immense Adamastor, fantôme du tropique,
Se dressant, s'étalant sur la tempête épique!

III.

L'émeute est formidable. Elle va, rangs serrés,
Foule de suburbains, d'artistes, de lettrés,
Sous des chefs désignés par les conventicules
Où vit l'âme des grands montagnards, ces hercules.
Ce qu'elle veut? L'État sans prêtres et sans rois,

L'équilibre absolu des devoirs et des droits;
L'égalité donnant des moissons sans ivraie;
Pour culte, la raison, le progrès immortel;
Pour temple, le cosmos, avec l'art pour autel;
L'entière guérison du dévorant ulcère
Qu'ils disent incurable, et qu'on nomme *misère*;
L'exorcisme dompteur du démon de la faim;
L'indissoluble accord du travail et du pain;
Et l'emprise (autrement qu'en discours, ô vergogne!)
De votre délivrance, Italie et Pologne!

IV.

Aux fenêtres, ils sont épiés des bourgeois,
Comme une incursion de *jacques*, d'*albigeois*.
Leur foi, par les chiffreurs, les juifs, calomniée,
Est des vieux libéraux lâchement reniée.
Plus d'une cloche au loin frappe de sourds éclats
L'air pur. Est-ce un tocsin de victoire? Est-ce un glas?
Parfois, le vaste chant, qui sur eux se balance,
S'interrompt, disparaît dans un vaste silence.
On n'entend plus alors que le piétinement
Farouche, tourmenté, du long rassemblement.
L'œil citadin s'effare à dénombrer ces *jacques*,
Tour à tour s'enfonçant dans les ombres opaques
Des murs — et ressortant sous les vives clartés
Que prodiguent d'en haut les rayons argentés.
Flux d'apparitions également funèbres
Dans la blanche lumière et les noires ténèbres.

V.

Quelques succès d'abord. Des postes enlevés.
De bons fusils conquis sonnant sur les pavés.

Un preste exhaussement d'abruptes barricades,
Écueils des cavaliers. D'heureuses mousquetades.
L'annonce que le peuple est maître dans Lyon.
Le prélude grondant d'un réveil de lion.
Ta revanche espérée, ô spectre de Lamarque!

VI.

Mais le roi-citoyen, libérâtre monarque,
Trône encor dans sa force. Une insurrection
Ne saurait se parfaire en révolution.
L'armée est à lui, bien qu'il tourne au pacifique.
Il est l'amour, le dieu de la garde civique.
Du maltôtier superbe à l'humble regrattier,
Le négoce de France est en lui tout entier.
Il a sbires, sergents, mouchards, — horrible meute.
Il peut entrer en chasse. Hourrah! sus à l'émeute!
Chambre haute, en séance! Au fond de ta torpeur,
Trouve de l'énergie à force d'avoir peur!

VII.

La troupe abonde. On a vidé chaque caserne.
A bataillons épais, lentement on les cerne.
Va-t-on les canonner? On ne s'en peut tenir.
Le programme de l'ordre est : *qu'il faut en finir.*
Donc, les voilà parqués dans leur réseau de rues.
Pour eux, dorénavant, il n'est plus de recrues.
Le contingent futur s'abstient; il a compris
Qu'en fait d'heure opportune on s'est encor mépris.
Leur nombre et leur espoir se mettant à décroître,
Ils songent aux vaillants que naguère ton cloître,
Antique Saint-Merry, vit tomber glorieux,

Pour s'élever plus haut que des victorieux !
Comme eux, ils ne sont plus bientôt qu'une poignée,
Au martyre exemplaire ardemment résignée.
Le cercle des royaux se rétrécit. Leur feu,
Sur les républicains, converge de tout lieu.
Ceux-ci, dans un instant vont manquer de cartouches.
De fraternels adieux s'échappent de leurs bouches.
La canonnade, ouverte avec acharnement,
Les couvre d'un dernier et lâche écrasement.
Christ et peuple ! sur eux, fous, sauvages, féroces,
Les vainqueurs font jouer baïonnettes et crosses.
Tout n'est pas cependant litière aux égorgeurs.
Une part vous est faite, alguazils et jugeurs !

VIII.

Bourgeois, gaudissez-vous. C'est fini. *L'ordre règne.*
Insultez aux vaincus. Que rien ne vous contraigne.
— Non. Ce n'est pas fini. Le livre et le journal
Ne sont pas retournés à l'abîme infernal.
La tribune est debout. L'ordre ne saurait vivre,
Avec ces dissolvants : journal, tribune et livre.
On en ôterait deux, le livre serait seul,
Il suffirait, vieux monde, à tisser ton linceul.
D'arômes généreux l'atmosphère se charge.
Une aube immense au loin blanchit l'horizon large.
La terre a, sous les pieds, des trépidations.
Les cœurs ont, sous les cieux, mille aspirations.
Cette électricité jusqu'au songeur pénètre.
Il est triste et joyeux de sentir que doit naître
Un affranchissement dont il ne sera pas.
D'un platonique amour, dans son vivant trépas,
O belle liberté, l'âme amère, il t'adore !

— Cependant, il écoute..... Il croit entendre encore
L'hymne des Marseillais..... sous terre, cette fois.....
Dans une profondeur assourdissant les voix.
Que ces beaux grondements lui soient comme un orchestre
Aidant son âme à fuir sur quelque cime alpestre,
A se réfugier dans l'espoir des grands jours,
A trouver l'idéal, ce stoïque recours!

SECONDE VISION.

I.

Qu'est-ce donc? En sa bière, une sourde espérance
A-t-elle chuchoté le mot de délivrance?
Il a plus que jamais le masque d'un vivant.
Son œil luit sous un front moins pâle que devant.
D'où vient?
   — C'est que le songe, à cette heure, le mène
Parmi les régions du merveilleux domaine.
Où le despote Amour, au pied de ses autels,
Fait tomber pêle-mêle immortels et mortels.
Bien. Prenez-le, splendeurs, ténèbres et féeries!
Ouvrez-lui votre drame aux divines furies.
Faites passer sur lui ces effluves de feu
Par qui l'on est démon, satyre, homme, ange et dieu

II.

Sa fantaisie explore en courant la contrée
Où, sur des bords fleuris, les bergers de l'*Astrée*
Ceux du *Pastor fido*, d'*Aminte*, — ceux encor

Des récits de Cervante et de Montemayor,
Se font une vertu d'adorer des cruelles,
De gémir, de transir, de trépasser pour elles.
Monde où le platonisme en maître sait régner,
Et qu'Éros dans sa fougue a tort de dédaigner.
Les rochers sont émus des complaintes, des stances,
Où vous dites vos pleurs, vos soupirs, vos constances,
Bergers mélodieux! L'œil vous suit volontiers
Sous le vert labyrinthe et parmi les sentiers
Menant à la fontaine aux salubres miracles,
A l'autel des serments, à l'antre des oracles.
Il plaît de retrouver chez vous, beaux soupirants,
Le plus grand, le plus pur des chevaliers errants,
Monseigneur don Quichotte, un saint, qui, du chapitre
Des moines de l'amour, est le meilleur arbitre.
Mais un fils de René, sous vos hêtres épais,
Ne peut languir longtemps. Bergers, souffrez en paix.

III.

Un changement de scène intervient dans son rêve.
De ces âges d'hier, l'esprit des temps l'enlève,
Et le plonge au passé.
    Fébrile et souriant,
Vers la cité d'Assur, au cœur de l'Orient,
Le voilà qui s'emplit de douce frénésie,
Aux vents brûlants d'Afrique, aux haleines d'Asie,
Aux parfums de l'hymen dévorant et vermeil
De l'infante Nature et de l'émir Soleil.
Tièdes et fauves nuits. Les étoiles décloses
Dardent de longs désirs sur la face des choses.
Sur la terre et les eaux, sous l'herbe, sous les fleurs,
D'une caresse immense on entend les rumeurs.

La montagne en palpite, et, dans leurs chevelures,
Les bois sacrés sont pleins d'effervescents murmures.
L'air même est comme un philtre, et sa suavité
Par moments fait partir un cri de volupté.
Comme ton sein se gonfle ample et riche, ô Cybèle,
Toi, l'antique et la neuve, à jamais jeune et belle!
Princesses de la mer, Byzance, Tyr, Sidon,
Et leur puissante sœur la ville de Didon,
Se pâment dans la pourpre, aux accords doux et rauques
Aux mordantes senteurs que jettent les flots glauques.
Babylone, leur astre, en guise de rayons,
Sur elles fait pleuvoir des gerbes d'aiguillons.
En tous lieux, — c'est l'ardeur du tigre, — c'est la grâce,
La force du serpent qui noue, enroule, enlace.
C'est l'âme qui bondit, se rue, au gré des sens,
Comme un char attelé de lions rugissants.
Dans les temples, le prêtre, au fond du sanctuaire,
Se lasse d'adorer l'œuvre d'un statuaire;
De n'embrasser qu'en marbre, en symbole passif,
La déesse couchée en un lit d'or massif.
Pour son sang altéré d'apaisement suprême,
Il veut entre ses bras la déesse elle-même;
La femme, au lieu du bloc; une incarnation,
Une personne : vie et palpitation.

   Par les airs, çà et là, vaguent, désordonnées,
Dans leurs actes de feu, les reines effrénées :
Hélène embrasant tout aux murs de Dardanus;
Sémiramis donnant cent rivaux à Ninus;
Apre au sang, Tomyris, la louve massagète;
Pasiphaé l'étrange, émerveillant la Crète;
Myrrha l'incestueuse, enfantant Adonis;
Isis aux pleurs ardents, veuve et sœur d'Osiris;
Gorge au vent, Putiphar splendide et balsamique,
Éblouissant en vain l'Hippolyte biblique;

Phèdre dans sa fureur doublant la trahison ;
Médée et sa magie enlevant la toison ;
Toute au pâle Gygès, la reine de Lydie,
De l'ère et de l'amour savourant l'incendie ;
Ariane éplorée, expirée en Naxos,
Ressuscitant aux bras du beau Dionysos ;
Thalestris la superbe — humble au camp d'Alexandre,
Pour qu'à la rendre mère il daigne condescendre ;
Fine et fière, Balkis réduisant Salomon ;
Omphale et Dalila contre Hercule et Samson ;
Artémise buvant les cendres de Mausole ;
Pâle au bûcher, Didon qu'un parjure désole ;
Stratonice au chevet du jeune Antiochus ;
Cléopâtre en Circé voguant sur le Cydnus ;
Et l'épouse qui brûle en tes strophes plastiques,
Belle ode d'Israël, Cantique des cantiques !
Et plus haut, dans le bleu d'un éternel été,
Leur sultane au char d'or, l'éternelle Astarté,
Qui charme et séduit tout, à qui tout s'abandonne,
Et que du panthéisme on dirait la Madone !

IV.

Son divin fils, Éros, règne dans le beau ciel
Des Grecs harmonieux ; dans leur air tout de miel ;
Sur leurs côtes au galbe enchanteur ; sur leurs îles ;
Sur leurs monts tout couverts de temples et d'asiles ;
Sur leurs bois, leurs vallons et leurs escarpements ;
Sur leurs cités où l'art sème ses monuments ;
Sur leurs mers dont les eaux, pleines de résonnance,
De cap en cap — de golfe en golfe — d'anse en anse,
Embrassant continent, péninsule, archipel,
Les dotent d'un éclat si vif — d'un charme tel —

Qu'il semble qu'Astarté, dans sa désinvolture,
Y trempe incessamment le bout de sa ceinture.
Éros aime parfois à se tenir couché
Aux limbes de la nue où rêve sa Psyché.
Leur adorable hymen dit que l'amour antique
Enfin compte avec l'âme et la beauté mystique.
Vous le témoignez haut, vous, couples radieux
Dont la passion sainte est en exemple aux dieux!
Vous, mânes éplorés d'Orphée et d'Eurydice!
Toi, généreuse Alceste au vaillant sacrifice!
Toi, Héro, toi, Léandre, aimés du grand Byron,
Qui traversa, pieux nageur, votre Hellespont!
Toi, Sapho dont les feux, le trépas et la lyre
Ont, dans son oratoire, ému l'amant d'Elvire!
Toi, Pénélope, assise en ta fidélité,
Et d'une sainte fraude armant ta loyauté!
Toi, toi, belle Hypermnestre, à des complots atroces
Arrachant ton époux dans vos sanglantes noces!
Vous, Pyrame, Thisbé, qu'un spectre de lion
Poussa dans le Ténare, et toi, Pygmalion,
Seul, avec ta statue, éblouissant ton âme
Des deux virginités du marbre et de la femme!
Vous, Philémon, Baucis, qui, narguant le linceul,
Devenez sous l'effort des ans chêne et tilleul!
Le rayon s'est glissé même en des cœurs profanes.
Plus d'une âme reluit parmi les courtisanes.
Se peut-il que la Muse ait négligé le nom
De celle-là qui meurt pour Aristogiton
Et pour Harmodius, quand ces tyrannicides,
N'ayant tué qu'un seul des deux Pisistratides,
Vaincus, sont retombés aux mains du survivant?
Dans les tortures, si l'hétaïre, bravant
Des juges tourmenteurs la cruelle harangue,
Pour mieux se taire — avec ses dents coupe sa langue

Et la crache à leurs pieds, c'est qu'en un sourd repli
Son sein vénal recèle un amour accompli.
Pour verser à la femme une aussi sainte rage,
Il n'est que l'amour vrai. Démesuré courage!
Martyre que plus tard sculpte l'art souverain,
En âpre allégorie, en lionne d'airain
Sans langue. — Monument chaste et hardi qui dure
Tant que de tyrannie Athènes reste pure.

Comment fait Périclès pour suffire à l'effort
De ses labeurs d'État, pour braver toujours fort,
Entre l'amour du peuple et son ingratitude,
L'Aréopage hier, demain la multitude;
Pour mener, capitaine heureux, grand orateur,
Inspirateur puissant, ferme modérateur,
Demi-dieu calme à qui toute lutte est légère,
Et la guerre civile et la guerre étrangère;
Pour charmer toujours, — même au vif des altercats,
Toute une nation d'extrêmes délicats?
Il a son âme, il a son génie. Oui, sans doute.
Mais sa riche vigueur de là ne vient pas toute.
On le verrait faiblir sans la dive beauté
(Nous dirions l'ange, nous) qui veille à son côté.
C'est toi, c'est ton amour, belle Milésienne,
Qui, mieux que l'élixir d'une magicienne,
Lui donne la vertu de ne pas chanceler,
De conserver les dons, de les renouveler.
Gloire, illustre Aspasie, au premier de tes charmes,
A ton sublime esprit qu'il a pour frère d'armes,
Qui, bouclier divin, prodigue incessamment,
Pour le sauvegarder, tout son rayonnement!
Une part te revient dans le beau témoignage
Qu'il se donne à lui-même au funèbre passage,
Quand il dit: — « Mon pouvoir, pur de haineux orgueil,
A nul Athénien n'a fait prendre le deuil. »

Phryné même, oui, Phryné, mérite qu'on la nomme,
Non, parce qu'elle veut, meilleure qu'un grand homme,
Donner tous ses trésors pour que soient reconstruits
Les toits, les murs thébains qu'Alexandre a détruits;
Non encor, non surtout parce qu'elle tolère
Que de son défenseur l'éloquente colère
En plein Aréopage ouvre avec impudeur
La tunique où sa gorge abrite sa splendeur;
Mais parce qu'à son choix le sculpteur Praxitèle
Offrant, parmi les fils de sa muse immortelle,
L'un des deux plus parfaits qui soient venus au jour,
L'*Amour* ou le *Satyre*... elle choisit l'*Amour*.
Éros est pour les Grecs le dieu par excellence;
Plus qu'un dieu : l'infini, l'universelle essence,
L'âme de tout, que l'art se flatterait en vain
D'enfermer en des murs, fût-ce un retrait divin,
Que l'œil seul de l'esprit voit, connaît et contemple.
C'est pourquoi, dans la Grèce, Éros n'a point de temple.

v.

Maintenant, c'est un long défilé de mirages,
Qui, dans leurs plis dorés, leurs cadres de nuages,
Dans leurs déroulements et leurs enroulements,
Vont exhibant la fleur des modernes amants.
Là, comme en un bouquet, passent de groupe en groupe,
De l'amour, de la mort, le calice et la coupe.
Mariant terre et cieux, tout ce monde spectral
S'abreuve de réel, s'enivre d'idéal.
En bas, dans la pénombre, artistes et poëtes
Recueillent les éclairs de ces âmes-tempêtes.

Héloïse, écolière, en un docte réduit,

Avec maître Abélard, séducteur et séduit,
Fait alterner, et puis, mêle — délice immense! —
Ta flamme, ô volupté! ta lumière, ô science!
. . . .
« Toi, ma Phœbé! — Toi, mon Phébus! Toi, divin cœur!
— Toi, beau Paraclet! — Toi, reine! — Toi, cher vainqueur!
— Toi, mes yeux! — Toi, mon sang! — Toi, ma nymphe Égérie
— Toi, mon Numa, mon Christ! — Toi, ma vierge Marie!
— Toi, mon ciel! — Toi, mon tout! — Toi, mon ardeur sans fin!
— Toi, mon Ève! — Toi, toi, mon brûlant séraphin!
— Toi, ma sibylle! — Toi, mon mage, mon prophète!
— Toi, ma muse et mon Dieu! »

                        Mais, autour de leur fête,
Une haine épaissit sa nocturne vapeur.
Là, rôde un homme noir, un spectre qui fait peur.
Enfin! c'est le chanoine!... Exécrable aventure!...
Quand un heur est si grand, Dieu ne veut pas qu'il dure!
Ah! tuez-le plutôt!... Oui! Qu'est-ce que la mort
Auprès de cet immonde et misérable sort?...
Qui dit chanoine, clerc, moine, prêtre, archiprêtre,
Dit méchant, scélérat, tourmenteur, lâche, traître!
. . . .
Fermons les yeux. Ne les rouvrons plus qu'au moment
Où, calme enfin, l'épouse arrive au monument
Et s'y place aux côtés de l'époux cénobite.
A cette chère approche, il s'éveille... il palpite!...
Il surmonte le froid de son double trépas...
Et, pour la recevoir, il a tendu les bras.

———

La dame de Fayel est à table. Elle mange,
Distraite, comme absente, un mets bizarre, étrange.

— Savez-vous ce que c'est ? lui dit son seigneur. — Non.
— C'est le cœur de Raoul. Trouvez-vous cela bon ?
La pauvre âme, qui ploie et tremble, ainsi frappée,
Veut douter. Il lui montre une tête coupée...
Elle la reconnaît, et, d'un râle amoureux :
— Oui ! je trouve ce cœur si bon, si savoureux,
Que nul autre régal désormais de ma bouche
N'en ôtera le goût. — Sur ce, tendre et farouche,
Elle saisit la tête où des gouttes de sang
Pendent encor... l'embrasse.. et meurt en l'embrassant.

———

Or, dans la basilique, on apporte à don Pèdre
La froide Inez couchée en un cercueil de cèdre.
Il l'en sort. Il l'assied sur le trône. Il lui ceint
Le front d'un diadème. Aux parvis du lieu saint,
Le peuple est entassé. Les seigneurs, sous le dôme,
S'avancent en bon ordre, et la reine-fantôme,
De chacun d'eux reçoit l'hommage et le serment.
On lui baise, avec pleurs, le sinistre ossement
Qui fut sa main si blanche et belle — si parfaite.
Puis, du peuple et des grands la foule stupéfaite
S'écoule à pas muets. Le roi, demeuré seul,
Adore sa moitié, la remet au linceul.
« Vous serez bien vengée, ô ma reine, ô ma dame !
« J'arracherai le cœur à qui nous a pris l'âme ! »

———

Françoise ! Paul !... perdus ensemble !... assassinés
Ensemble, en leur délire !... Ensemble ils sont damnés.
Mais leur damnation, — puisqu'elle les rassemble
A tout jamais — n'est point damnation, ce semble.

Ah! qu'ils seraient bien plus maudits, — damnés bien mieux
S'ils trônaient séparés au royaume des cieux !
En vain le tourbillon, le simoun des ténèbres,
Les emporte et les roule aux espaces funèbres.
Dans ces cruels assauts, rien ne les désunit.
Comme s'ils s'efforçaient d'atteindre quelque nid,
Leur vol passionné de fidèles colombes
Traverse incessamment les rafales, les trombes.
Qu'ils voudraient pouvoir faire un temps de halte !... mais,
Ils n'arrêtent jamais, ils ne posent jamais,
Foulés et refoulés, sans merci ni relâche,
Par l'ouragan d'enfer impitoyable et lâche.
Qu'importe? Ils sont ensemble... et leur durable amour
N'est pas moins éternel que toi, dolent séjour !
Et j'ose dire ici que Dante, leur poëte,
Traduit mal leurs pensers, quand à Françoise il prête
Ce funeste propos : « La plus grande douleur,
« C'est de se rappeler l'heur au sein du malheur ! »

Lis de vertu sans tache, ô madame de Clèves,
N'avez-vous point remords, sur les célestes grèves,
De n'avoir pas voulu couronner les amours
Du second Amadis, de monsieur de Nemours?
Nuitamment, dans le parc, il s'est glissé, — de sorte
Qu'il parvient, non visible, à la fenêtre-porte
D'une chambre éclairée. Il regarde... Ébloui,
C'est à peine s'il peut rester maître de lui.
Elle est là, seule, et grâce au chaud qu'il fait, sa tête,
Ses bras, sa gorge, sont en liberté complète.
Que fait-elle? des nœuds, l'œil plein d'un tendre émoi.
Dieux! ce sont les couleurs qu'il portait au tournoi!
Aux cheveux, souriante, elle se les attache,

Laissant paraître ainsi l'amour qu'elle lui cache.
Puis, sur une crédence elle prend un flambeau,
Et s'en va vers le mur contempler un tableau.
C'est le siége de Metz où les preux de l'armée
Sont peints très-ressemblants. L'héroïne charmée,
De monsieur de Nemours n'y voit que le portrait,
Et, dans la fière image, avec langueur, s'abstrait.
Le duc veut s'élancer... Au bruit, le charme cesse...
Et, sans se retourner, disparaît la princesse.

———

La nonne portugaise, oublieuse de Dieu,
Dans sa cellule, écrit ses épîtres de feu :
« Votre calme de cœur ne me fait pas envie.
Non. J'en ai grand pitié. Tenez, je vous défie
De m'oublier jamais. Mon amour, mes transports,
Ont éclaté pour vous si vrais, si purs, si forts,
Que vous n'aurez pas même un instant l'espérance
D'en trouver des semblants chez vos dames de France.
Plus que moi, je vous plains. Certes, mieux vaut souffrir
Ce que je souffre ici, sans pouvoir en mourir,
Que de goûter là-bas les vulgaires ivresses,
Les plaisirs languissants que donnent vos maîtresses.
Cependant, je vous aime encor trop — pour vouloir
Que votre cœur aussi s'abîme au désespoir;
Que tout soleil pour vous soit pâle — et tout ciel sombre;
Que vos jours ne soient plus que deuil et pleurs sans nombre...
Quand je ne puis suffire à mes douleurs, — comment
Pourrais-je supporter le surcroît de tourment
Dont viendrait m'accabler l'impression des vôtres?
Que mes maux restent miens. Qu'ils ne soient jamais nôtres.
. . . .
Aurais-je repentir d'avoir à ton bonheur

Tout livré, mon salut, mon orgueil, mon honneur?
Non. Ce qu'amèrement dans le cœur je déplore,
C'est de n'avoir plus rien à t'immoler encore.
Si, pourtant! J'ai ma vie. Eh bien donc, mande-moi
Qu'il te plaît, que tu veux que je meure pour toi!...
. . . .
Ne plus te voir! Au moins, si tu m'avais laissée
Mère!..Oh! honte enivrante, angélique — insensée!...»

———

La lune brille en paix. Tout est calme sur l'eau.
Julie, avec Saint-Preux, regagne le bateau.
Saint-Preux, en y montant, tient la main de Julie;
Et, quand il s'est assis auprès d'elle, — il oublie
De quitter cette main. Triste jusques au fond
De l'âme — il rêve, il garde un silence profond.
Rien, ni le ciel pur, ni la cadence des rames,
Ni les rayons d'argent, ni les clémentes lames,
Ni sa présence, — rien ne le peut délivrer
Du secret désespoir âpre à le dévorer.
Dieux! la chérir d'un cœur obstinément fidèle,
L'admirer, la toucher, se sentir aimé d'elle,
Presque la posséder encore... et la savoir
Perdue à tout jamais pour lui! — Cruel devoir!
Un horrible désir de son être s'empare...
La tentation folle, odieuse, barbare,
De la précipiter avec lui dans les flots,
D'y trouver dans ses bras le terme de leurs maux...
Pour fuir ce noir accès, — que rien d'ailleurs ne marque,
Il se lève et se porte à l'avant de la barque.

———

Virginie est fiévreuse, et n'a plus de sommeil.
A l'ombre, elle est de flamme, et frissonne au soleil.

Or, voici que sa marche alanguie, incertaine,
L'achemine, aux clartés du soir, vers sa fontaine.
Elle s'y plonge, — et voit, dans l'eau du clair bassin,
Sur ses bras délicats et sur son jeune sein,
Flotter les doux reflets et les ombres légères
Des deux palmiers plantés jadis par les deux mères,
Quand leurs enfants sont nés. Sous ces arbres jumeaux,
Lesquels étroitement ont noué leurs rameaux,
Elle pense à l'amour de Paul, — plus fort, plus tendre,
Que ces nœuds qu'on dirait ne pouvoir se déprendre.
Elle se ressouvient du temps déjà lointain
Où sa mère avec Paul la mettait dans ce bain;
Et des jours plus récents où Paul, dans un beau zèle,
Déclarant réserver cette source pour elle,
— Pour elle toute seule! — en avait de sa main
Creusé le lit, couvert le fond d'un sable fin,
Et paré le contour de plantes balsamiques.
Elle soupire... elle a des rougeurs angéliques.
Elle songe au désert, au silence, à la nuit.
Tout soudain elle sort de cette onde... et s'enfuit...
Trouvant plus dangereux ce calme et ces ombrages,
Que sur des rochers nus les plus brûlants orages.

Atala, dans la grotte où grésille un flambeau
De mélèze, est en proie aux affres du tombeau.
Son cœur, longtemps fermé, s'ouvre à la suprême heure.
Le prêtre qui bénit, avec l'amant qui pleure,
L'entendent exhaler, sur sa virginité,
Des plaintes et des cris de fille de Jephté :
« Ami, l'esclave noir qui, sous des cieux torrides,
Baigne de ses sueurs les sables des Florides,
N'a pas des maux si grands que ceux par moi soufferts.

Être avec toi sans cesse au fond des bois déserts,
Et toujours mon serment, le salut de ma mère,
M'écartant de tes bras! Quel vœu, quelle chimère,
Quel rêve n'ai-je pas poursuivi! quel dessein
Tumultueux n'a pas bouleversé mon sein!
Tantôt, j'aurais voulu que nulle créature
— Hors nous seuls — n'existât dans l'immense nature.
Tantôt, heurtant le mur que la divine loi
Dressait entre l'élan de mon amour et toi,
J'aurais souhaité voir, de toi seul altérée,
Choir monde et ciel, pourvu que, dans tes bras serrée,
J'eusse roulé d'abîme en abîme — au milieu
Des ruines de tout, des grands débris de Dieu.....
Mourante, mais en toi..... foudroyée et ravie.....
Perdue et bienheureuse aux flammes de la vie!... »

———

— « Orages, levez-vous! Brille, éclair effréné!
Enlève-moi, tempête! emporte au loin René! »
Sur le marbre du chœur s'est couchée Amélie.
On apporte un drap blanc que sur elle on déplie.
Quatre cierges de deuil sont mis aux quatre coins.
Que cette mort au monde a de pâles témoins!
Les vierges, en prière autour du sacrifice,
Et le prêtre à l'autel, ont commencé l'office
Des trépassés. René, tout proche, est à genoux.
Son oreille soudain recueille, par-dessous
Le voile sépulcral, une plainte..... il écoute...
L'épouvantable aveu! C'est vainement qu'il doute.
Que personne, hors lui, que pas même les morts
En puissent rien ouïr! — « Dieu, qui vois mes remords,
Fais que ce drap me soit un linceul véritable;
Et comble de tes biens, providence équitable,

Un frère dont le cœur saintement fraternel
Jamais n'a partagé mon amour criminel. »

 Elle résout d'aller à la cérémonie ;
Maudite, elle veut voir cette union bénie.
Rêve-t-elle un scandale ? Oh ! ce n'est pas cela.
Elle se dit plutôt : Je pourrai mourir là !
D'un long vêtement blanc couverte, enveloppée,
Sa sortie à ses gens demeure dérobée.
Espère-t-elle avoir chance de moins souffrir
En courant au malheur tout entière s'offrir ?
Elle marche rapide, elle a hâte, elle semble
Un fantôme, un esprit ; qui la voit passer tremble.
 Elle entre dans l'église où la fraîcheur du lieu
Imprègne son délire et le modère un peu.
Échappant aux regards de deux ou trois personnes,
Elle glisse et se cache à l'ombre des colonnes.
Des instruments de fête au dehors font éclat.
L'orgue joue. O Delphine, ils viennent, les voilà.
A force de bonheur, Mathilde est presque belle.
Mais le front de Léonce à la joie est rebelle.
Est-ce un doute, un remords ? La perfide Vernon
A peur. S'il devinait, s'il allait dire non ?
Vers l'ombre où meurt le cœur de Delphine il regarde,
Mais c'est bien vainement. Rien ne lui dit : Prends garde !
Il soupire en baissant la tête ; c'en est fait !
Les *oui* sont échangés. Le malheur est parfait,
Et la pâle Delphine au pied d'une colonne
Tombe, s'affaisse et croit que l'âme l'abandonne.

O Manon, vierge folle, Alfred a bien raison,
Comme il faut que l'on t'aime, angélique démon !
Est-ce du bon Prévost l'accent vrai, simple et sobre,
Qui fait que ton image apparaît sans opprobre ?
C'est bien plutôt le charme et le rayon que Dieu
Maintient sur ta jeunesse en ton malsain milieu.
C'est de ton pauvre ami le dévoûment si vaste.
Eût-il autant aimé la beauté la plus chaste ?
Oui, oui, tous deux, à force et de grâce et d'amour,
Vous écartez la honte et restez dans le jour !
Des malheurs de ton sort, lorsque aucun ne l'arrête,
Quand il pleure à tes pieds sur l'ignoble charrette,
S'estimant bienheureux de te suivre partout,
Comme l'on s'attendrit ! comme l'on vous absout !
Et, quand au bout du monde, en une solitude,
Malgré ses soins, tu meurs d'extrême lassitude,
En vous hâtant pour fuir de nouveaux ennemis ;
Quand, dans un sable pur, sous un tertre, il a mis
De ses pieuses mains ton cher et doux cadavre,
Oh ! le cœur tout entier cède. Un tel deuil le navre.
On ne voit plus en vous que deux agneaux touchants
Dont le martyre est l'œuvre unique des méchants.

COUPOLE.

En coupole, au-dessus de cette mosaïque,
De cette galerie amoureuse, héroïque,
Aux regards du songeur, se dressent glorieux
Les simulacres fiers de quatre demi-dieux :
Dante, que Béatrix du haut des cieux sublimes
A guidé saintement à travers les abîmes ;

Pétrarque, à qui sa Laure aux multiples rayons
Ouvrit de l'idéal toutes les régions ;
Le grand, le colossal, l'immense Michel-Ange
Consolant Vittoria par un culte d'archange ;
Et Tasse, le martyr, faisant de son tombeau
Pour Léonore d'Este un piédestal si beau.

FIN DES VISIONS D'UN MORT VIVANT.

VELLÉITÉS
PHILOSOPHIQUES

PAR

AUGUSTE-MARIE DONDEY DE SANTENY

DOCTEUR GALLICAN

(Vers 1865)

VELLÉITÉS PHILOSOPHIQUES

Au cas où l'un de vous, messieurs du sanctuaire,
M'interpellant d'un ton caustique et débonnaire,
Daignerait se montrer curieux de savoir
Si je suis athée..... Oh! ma foi, sans m'émouvoir,
Sans le moindre embarras, sans esprit de querelle,
Avec le *sic et non* du joyeux Sganarelle
Et du triste Abélard, je dirais carrément :
Si je suis athée? — Oui, théologiquement.
Philosophiquement, non; l'extrême athéisme
N'est que l'absurde envers de votre dogmatisme.

Philosophes, d'accord : saluez le connu;
Que le chiffre pour vous reste le bienvenu;
Mais, après le certain, pressentez le possible;
Et du visible enfin concluez l'invisible.
Artistes, pour votre œuvre, usez d'un mode égal.
Exprimez le réel en cherchant l'idéal.
A ce prix seulement du sage et du poëte
Le génie est complet, la raison est parfaite.
Sentir, penser, savoir, parler, chanter, rêver,
Cette réunion les peut seule achever.
Sans tout cela, je dis, je maintiens qu'il n'existe
Ni philosophe entier, ni souverain artiste.

Non, non, l'esprit humain n'abdiquera jamais
Sa tendance à hanter l'abîme et les sommets,
Sa curiosité, son grand souci des causes,
Son rêve d'embrasser tout l'ensemble des choses;
Jamais le positif, le chiffre ne pourra
Le sevrer d'infini. Jamais il ne croira
Que sa flamme inquiète et de mystère émue
Ne lui révèle rien d'une vie absolue.
Il n'est et ne sera qu'à moitié satisfait
Du chemin merveilleux que la science a fait,
Qu'elle peut faire encor; de toute découverte
Accomplie en la voie à l'analyse ouverte.
Toujours il lui faudra, malgré l'enivrement
Que lui cause à bon droit le riche accroissement
Des fortes vérités d'ordre scientifique,
Il lui faudra toujours, d'un vol philosophique,
S'élançant au delà de l'observation,
Chercher le grand accord, l'unification;
Ne pas se contenter même de la synthèse,
Et redire, agité de divine hypothèse,
Du *comment*, du *pourquoi* prêtre à jamais fervent :
« Le grand tout pense-t-il? Le monde est-il vivant? »

Je pense, donc je suis. — Verbe de l'évidence!
Fiat lux de la raison prouvant sa transcendance!
Si je suis, quelque chose a donc toujours été.
Ex nihilo nihil. C'est vieille vérité.
De l'être la pensée étant preuve absolue,
Une autre certitude en demeure conclue :
C'est que, si quelque chose a toujours existé,
Quelque chose a pensé de toute éternité.

VELLÉITÉS PHILOSOPHIQUES.

Le théologien dit, dans sa nuée auguste :
— « Pécheur, il est un Dieu ; donc, il faut être juste. » —
Le philosophe dit, dans un plus clair milieu :
— « Homme, il faut être juste ; et cela marque un Dieu. »

Religions, beaux-arts, codes, philosophies,
Poëmes glorieux, nobles biographies,
Autant d'efforts puissants faits par l'humanité
Pour asseoir, pour munir, pour armer l'équité,
Babel sainte augmentant sans repos sa spirale
Pour toi, Palladium, qu'on nomme la morale !

Descartes reste encor sublime. C'est en vain
Que le temps a pâli sa splendeur d'écrivain ;
Que ses témérités de vue hypothétique
Ont subi les arrêts d'une altière critique.
Raison, il reste grand parmi tes confesseurs !
Qu'il soit dit le premier, le plus fin des penseurs
Pour avoir fait tomber le doute en servitude,
Pour l'avoir forcé d'être alpha de certitude ;
Pour avoir su tirer de sa mobilité
Un point fondamental d'entière fixité :
Je doute, donc je pense.

      Entre nous, j'ai grand'peine
A croire qu'une chose *absolument* certaine,
Dont l'évidence éclate en *absolus* rayons
Ne soit pas *absolue* elle-même. — Voyons :
La négative ici peut-elle être sensée ?.....
Nous tenons l'absolu, frères ! c'est la pensée !

Quand, à l'un des extrêmes bords
Du continent scientifique,
On s'embarque en plein jour, quelques voiles dehors,
Pour aller explorer la mer ontologique,
On peut, à la rigueur, en quittant le réel,
Se trouver congrûment porté sur le probable,
Le spécieux, le vraisemblable,
Même sur l'évident, sur le rationnel.
Mais, quand c'est du haut des rives spéculatives
Que l'on prétend passer aux terres effectives,
La nuit se fait incontinent.
On se voit enserré d'horizons chimériques.
Sur les flots lents, muets, sourds, fantasmagoriques,
On ne discerne pas l'ombre d'un continent;
Pas même une île morne, infertile, déserte!
Pas un spectre d'oiseau morbide, à l'aile inerte!
Le plein naufrage est imminent;
Et, sur quelque vieux dogme, on trouve enfin sa perte.

Hors de Lui, qui pourrait trouver un attribut?
Lui-même est à soi-même et sa cause et son but.
Visible en toute chose, en tous lieux invisible.
Partout distribué, partout indivisible.
Son jour contient nos jours — hier — demain — aujourd'hui.
Répandu dans l'espace, il a l'espace en lui.
Relatif, absolu, personne impersonnelle,
Il est l'auteur d'une œuvre à lui coéternelle,
Il pense sans oubli comme sans souvenir.
Il dure sans passé comme sans avenir.
Immuable, fatal, il se meut, toujours libre.
Il est plein sans mesure, égal sans équilibre.
Il est vaste sans borne, ample sans quantité.

VELLÉITÉS PHILOSOPHIQUES.

Il est juste sans règle, et bon sans qualité.
Il est l'inabordable et l'ineffable cime,
Le fond toujours fuyant de l'insondable abîme,
Le songeur permanent, l'incessant travailleur;
Le neutre dans le mal; dans le bien, le meilleur;
Il est tout; la raison dernière et la première;
Le fini, l'infini; l'ombre avec la lumière;
Le plus ancien, le plus nouveau; l'enfant, l'aïeul;
Le grand, le fort, l'entier, l'*un*, le *même*, le Seul!

———

Le théisme parfois, même le panthéisme,
Traitant du virtuel et commentant l'abstrait,
Se servent d'un langage effectif et concret...
Et tout soudain l'on crie à l'anthropomorphisme!...
O censeurs malaisés, pas tant de rigorisme!
On pourrait vous surprendre en un cas tout pareil.
Est-ce que vous croyez forfaire à la science,
Quand, avec la vulgaire et vieille sapience,
Dans une langue née avant l'expérience,
Vous dites : *le lever, le coucher* du soleil?

———

Je ne sais quel démon me pousse à mettre en rimes
Deux phrases de Voltaire, éloquentes, sublimes...
Dans sa prose s'entend; car, dans mes vers infimes,
  Est-il sûr qu'il en reste rien?
C'est ce qu'on va voir.
      Donc, au fort d'un entretien,
Plein de bonnes raisons et de belles maximes,
Que ne moleste pas le rire voltairien,
Il fait ainsi parler un philosophe ancien:

« Rappelez-vous qu'un jour, jetés par un naufrage
Sur une île inconnue et d'un aspect sauvage,
Des savants, sans nul guide, au gré des noirs destins,
Erraient... quand à leurs yeux le sable du rivage
Étale des tracés, des lignes, des dessins
De géomètre... alors, ils se disent : Courage !
      Voici des pas humains.

« Eh bien ! moi, quand mon âme hésite au bord du doute,
Ce labyrinthe obscur où chacun perd sa route,
Je n'ai qu'à regarder la sidérale voûte,
Et l'homme, ce mystère aux indicibles fins,
Et devant l'homme intime et les globes de flamme,
Ébloui du grand ordre et de ce qu'il proclame,
Je dis, rempli d'espoir : Raffermis-toi, mon âme !
      Voici des pas divins ! »

Toutes les fois qu'au sein des recherches suprêmes
Touchant l'ontologie et ses rudes problèmes,
Nous venons à tomber sur deux solutions
Divergentes en tout, deux contradictions ;
Si de forte évidence aucune n'est dotée,
La sagesse d'abord, à notre âme agitée,
Conseille un doute calme, austère, impartial...
Mais elle prend très-vite un verbe martial,
Pour nous faire adopter, saisir, embrasser celle
Qui, tout examiné, tout mesuré, recèle
Le moins d'invraisemblance et d'invalidité,
Ou, si l'on veut, le plus de spéciosité,
Pour peu que la morale et sa sœur l'esthétique
Aient à gagner au choix dans ce conflit sceptique.

Quel est le penseur... non, quel est l'homme qui peut
    Ne pas agiter dans sa tête
Ce problème : à savoir si la force secrète
    Par qui cet univers se meut
Possède, en même temps que la toute-puissance,
    La pleine connaissance,
Ou bien, ne se sait pas, ne pense ni ne veut?
    Si cette force, ô négateurs, mes maîtres,
Manque d'intelligence et n'a point de vouloir,
Comment donc se fait-il qu'elle forme des êtres
    Munis de ce double pouvoir?
Comment sans conscience, inapte à rien connaître,
A-t-elle pu chez nous créer le sens moral,
Mettre la notion du bien, celle du mal,
Le concept du parfait, du pur, de l'idéal?
    Comment même a-t-elle fait naître
    L'obscur instinct de l'animal ?
L'énorme Spinosa, que sans un divin trouble
Ne peuvent translater les vaillants qui l'ont lu,
    Logiquement, dans son livre, dédouble
Le grand tout, dénommant l'être en soi, l'absolu,
Nature naturante, et la part engendrée,
Les êtres relatifs, *nature naturée.*
Ma raison gronde et rit, lorsqu'un moment j'admets
Que l'immense nature, abîme où tout se crée,
N'a point d'âme infinie en sa force sacrée,
Et que de conscience elle n'est pénétrée,
Que hors du fond causal, et dans certains effets;
    Uniquement, quand elle est *naturée*;
    Mais, quand elle est naturante, jamais!
J'aime mieux m'en tenir à la parole antique,
    A l'hypothèse du Portique,
    J'aime mieux dire avec Zénon:
    L'inanimé, le mort, l'irraisonnable,

N'ont pu créer la vie, et l'âme et la raison.
   Donc il est au moins vraisemblable
Que l'univers en qui, par qui l'homme est formé,
  L'homme animé, vivant et raisonnable,
Est lui-même vivant, raisonnable, animé.

———

Dieu, le monde unité, Dieu, qui contient le monde,
L'anime comme une âme et l'emplit comme une onde.
Toute force, tout grand pouvoir, tout élément;
L'équilibre, l'accord, l'arrêt, le mouvement;
La nature, raison présente dans les choses;
L'impersonnel destin, cause mère des causes;
La Providence, artiste aux miracles divers,
Qui transforme, restaure, achève l'univers;
L'esprit qui souffle, inspire, éclaire, à son envie,
Qui donne, qui conserve et qui reprend la vie;
L'amour, l'éther, le jour, la pensée et le feu,
Le voilà, Lui, l'unique et le multiple Dieu!...
. . . .
. . . .
Un Dieu spirituel, incorporel, sans forme.
Un Dieu matériel, splendide, immense, énorme.
L'être en soi, tirant tout de soi, Delta divin.
Idée, œuvre, instrument, milieu, principe et fin.
Sphère incommensurable, ineffable, saint orbe,
Par lequel tout s'épanche et dans qui tout s'absorbe.

———

Écoutez un propos d'athéisme ingénu
Lequel fut, de nos jours, publiquement tenu

Par un sultan de secte, immense philosophe,
Grand pontife et savant d'indestructible étoffe.
Un dimanche d'hiver, donc il faisait son cours
Au Palais-Cardinal. Dans un ample discours,
Où se développait sa doctrine, mélange
De profonde sagesse et de folie étrange,
Il dit : « Je ne crains pas d'affirmer que Newton
Abaissait la science et blessait la raison,
Lorsque, se fascinant lui-même au grand spectacle
De l'ordre sidéral, voyant là du miracle,
Il osait s'écrier, d'après le psaume hébreu :
Les cieux parlent bien haut de la gloire de Dieu.
Nous qui sommes enfin purs de théologie,
Et même dégagés de toute ontologie,
Nous disons simplement : Les cieux proclament haut
La gloire de Newton, leur plus docte héraut! »
Arrêt mirobolant, qui revenait à dire :
Puisqu'elle a rencontré, cette œuvre qu'on admire,
Un insigne interprète, un puissant traducteur,
Il est bien évident qu'elle n'a pas d'auteur!
. . . .
Diable d'homme! il a lu dans un merveilleux livre
Où notre Diderot d'esthétique s'enivre,
Ce trait original, charmant, que l'on connaît :
« Les cieux vont racontant la gloire de Vernet! »
Là-dessus il transforme, ô fâcheuse incartade,
En un gauche axiome une exquise boutade.
N'est-ce pas oublier l'apologue excellent
Qui nous dit de ne point forcer notre talent?
. . . .
Vous allez rire encore. A ce maître des maîtres,
Qui de Dieu lestement se passe, il faut des prêtres!
Oui, des prêtres, des clercs, voire des sacrements,
Des rites; une église et tous ses condiments.

38.

Et lui, bien entendu, pape trônant au faîte.
Mortels, Dieu n'est pas Dieu, mais je suis son prophète!
Il se croit, de l'absurde exagérant le sceau,
Bien plus émancipé que Voltaire et Rousseau,
Et veut faire primer, sourd au bon sens qui raille,
Sa prêtraille sans Dieu sur leur Dieu sans prêtraille.

. . . .

Dieu? dit-il, hypothèse!... Eh! oui, peut-être bien.
Mais hypothèse au moins qui ne nous gêne en rien,
Tandis qu'un clergé, lui réalité fort grave,
Prétend nous mettre à tous le licol et l'entrave.

Rire, tais-toi, cet homme est un géant ; son front
Vous dépasse tous deux, d'Alembert et Bacon !
Auteur, ainsi que vous, d'un *arbre de science*,
D'avoir fait meilleure œuvre, il a la conscience.
Un arbre? ah! combien plus! c'est un domaine entier :
Titanique villa, babélien moûtier,
Où les combinaisons des pierres et des terres
Semblent de l'infaillible avoir les caractères ;
Où tout, de loin en loin, du simple au composé,
Se déroule et s'enroule, assis, hiérarchisé ;
Où la complicité, de spirale en spirale,
S'accroissant, redoublant, devient loi générale ;
Où de toute matière et de tout mouvement
L'ordre spirituel n'est rien que l'incrément ;
Où, dans un grand rayon de synthèse harmonique,
La masse inorganique et le monde organique
Ne forment qu'un ensemble avec l'humanité ;
Trinité subjective, objective unité ;
Où le penseur subit, d'étages en étages,
Une succession d'indéclinables stages,
C'est-à-dire où l'esprit ne parvient à bien voir
Qu'en s'emparant de tous les flambeaux du savoir.

Exigence normale, oui, mais vraiment extrême!
Faiblesse tout autant que force du système;
Ah! qu'il eût réussi mieux, s'il se fût douté
Que pour faire entrevoir ton ombre, ô vérité!
Un système superbe, immuable en son mode,
Vaut moins qu'une modeste et flexible méthode!
Mais, que dis-je? ton ombre entrevue?... il croit bien
Dans son tempérament de théologien
Qu'il possède en entier ta personne réelle,
Et que son grand cerveau te sert de citadelle.
Il a, pour sa Babel, entassé de tels rocs,
Des carrières du chiffre extrait si puissants blocs;
Édifié des monts dressant si larges croupes;
De donjons et de tours bâti si vastes groupes;
Planté tant de forêts, de dédales, de parcs;
Construit tant de canaux, de ponts, d'arches et d'arcs;
Enfin superposé des remparts si multiples,
Que spécieusement, l'orgueil de ses disciples
A pu dire, adorant cette création,
Qu'elle brave à jamais toute destruction.
Si c'est trop présumer d'elle; s'il en doit être
Ce qu'il en est de tout; si le temps est le maître;
Une part en sera sauve, il en restera
Des débris que la gloire émue adoptera,
Et, dans leur labyrinthe aux massifs grandioses,
Qui tiendra sous ces plis des merveilles encloses.
Comme autrefois les preux, aidés des nécromans,
Osaient, pour conquérir d'uniques talismans,
Pénétrer, se risquer dans les forêts magiques;
Des sages, des savants, des penseurs énergiques,
Ne craindront pas d'entrer et de s'aventurer.
Et s'il leur faut d'abord, non sans fatigue errer,
Leur raison les guidant comme un fil d'Ariane,
Leur foi les inspirant ainsi qu'une oriane,

Après mille détours, de fourrés en fourrés,
Ils trouveront enfin, sous quelques dais sacrés,
Des urnes d'équité, des coupes d'esthétique,
Primant le Saint-Graal, ce calice mystique
Qui, dit-on, recelait des gouttes du pur sang
Que le Galiléen laissa fuir de son flanc.
Ces trouvailles, par eux dans le siècle apportées,
Y seront tout d'abord des francs esprits fêtées.
Les poëtes surtout, leur dressant un autel,
Voudront les installer dans un règne immortel;
Car, elles sembleront résoudre le problème
De faire puissamment exister par soi-même,
Sans la foudre des dieux, sans le glaive des rois,
Vertu, justice, honneur, amour, devoirs et droits.

Entre nous, me sied-il, pour l'Augusto-Comtisme,
D'éprouver, d'exprimer ce vif dilettantisme ?
Non. La science en moi ne tient pas un élu;
Pas même un appelé. Rien ne m'est dévolu
De la pleine lumière. Aux hasards de ma route,
Qu'ai-je pour me guider? Le clair-obscur du doute.
Je ne suis qu'un rêveur, un paresseux. Mon lot,
C'est d'être un ignorant complet, — sinon un sot.
Eh bien ! j'ose pourtant, l'âme d'orgueil leurrée,
Dire mon ignorance, avertie, éclairée,
De là, je ne crains pas d'émettre vis-à-vis
Du plus docte système un libre, un leste avis.
Je m'érige en voyant, j'exalte et désavoue
En esthéticien; je juge, blâme et loue
En Jean Fabricius; d'un aplomb sans pareil,
Je ne reconnais pas d'immaculé soleil.

. . . .

VELLÉITÉS PHILOSOPHIQUES.

Chers frères, il n'est pas du tout philosophique
De dire aux visions que l'œil métaphysique
  Contemple à l'idéal sommet :
« Vains spectres, allez choir au ramas scolastique
  Des absurdités que commet
  Le Bicêtre théologique! »
Les méditations s'efforçant d'apporter
La lumière et l'accord dans les choses réelles;
Les cogitations voulant interpréter
  Le sens des forces naturelles;
  Les spéculations nouvelles
  Parlant d'élargir, d'augmenter;
Qu'ont-elles de commun avec les vains oracles
Avec les décevants mystères et miracles;
Avec les dogmes fous, dits *articles de foi*,
Prétendant se prouver par mille faux prodiges;
Avec mainte légende où le mensonge est roi;
Avec un attirail d'audacieux prestiges
Démontant la nature et semant les vertiges?
  Lorsqu'on poursuit d'un même *hors la loi*,
  Lorsqu'on atteint, d'une même risée,
L'hypothèse sublime et la billevesée,
On pose en ergoteur du plus infime aloi.
Où la vergogne alors, et le respect de soi?
C'est envers la raison se déclarer rebelle,
  C'est mériter son dédaigneux courroux,
  Que d'oser mettre en parallèle
Les songes d'or planant au-dessus d'elle,
Les contes bleus qui rampent au-dessous!

Nature nous aurait, en formant notre essence,
Donné sensation, sentiment, connaissance,
Et le fond de son être, et sa propre entité,
Serait indifférence, insensibilité,
Inconscience?... Nous ses enfants, nous les hommes,
Sentirions notre vie, et saurions que *nous sommes,*
Et la mère nature, elle, s'ignorerait,
Ne se sentirait pas, ne saurait par *qu'elle est?*
— « Non. *Elle n'en sait rien!* » dit Montalte. — O génie!
Tu douterais au moins sans ta sainte manie.
Quoi donc? à la substance aurait toujours manqué
Le plus merveilleux lot qu'elle ait communiqué?
D'un bien, qu'elle n'a pas, seraient pourvus ses modes?
Des atomes, perdus aux basses périodes
De l'être, — en ses degrés les plus inférieurs,
Au grand tout à ce point seraient supérieurs?
Le principe aurait donc, — elle aurait donc, la cause —
Quelque chose de moins (et vraiment, quelle chose!)
Lui, que sa conséquence, elle, que son effet?
Ainsi, le microcosme, en un sens plus parfait
Que l'immense cosmos, — aurait une puissance
De plus que celui-ci; laquelle en excellence
Effacerait, vaincrait toutes celles qu'il a?
Le fini primerait l'infini jusque-là?.....
Toutes conclusions bravement affrontées
Par nos dogmatiseurs négatifs, — les athées.
Ma raison volontiers crierait poussée à bout;
— La *partie* est alors plus grande que le *tout!*...

L'infini! notion positive, — ineffable!
C'est incompréhensible — et pourtant concevable.

L'idée autre a cela de symétrique en soi
Que rien ne s'en comprend et rien ne s'en conçoit.
Oh! nier l'infini! c'est presque entrer en lice
Contre le raisonneur le plus dru, La Palisse!
Quoi! vous admettriez, gausseurs exorbitants,
Un temps au bout duquel il ne soit pas du temps.
Vous imagineriez cette autre chose ardue,
Une étendue, et puis, autour, point d'étendue?
Le monde en équilibre au milieu du néant?
Pas même dans le vide? Oh! quel astre béant
Te pourrait supporter, chimère saugrenue!
Dans quel cerveau détruit serais-tu bienvenue?
Hein! comment adhérer à cela! Le moyen
De concevoir un *tout* environné de *rien!*

   Temps! espace!... Toujours, lorsque notre pensée,
Sur ce double courant s'embarque, — elle est lancée,
Emportée hors distance, et ne voit nulle part
Un seul point d'arrivée, un seul point de départ.
Ici, là-haut, là-bas, toujours parmi l'immense
Sa course, incessamment la même, recommence,
Descend, monte, va droit, sans jamais aboutir.....
— Phénomène absolu, qu'on ne peut subvertir,
L'infini! vision qui nous met en extase!
Réalité qui nous attire et nous écrase!
Si Christophe Colomb, navigateur géant,
Découvre un monde au sein du terrestre océan,
Dans l'océan des cieux Galilée en dénombre
Des quantités sans fin, des essaims hors de nombre.
C'est le sable des mers, qui roule à grains vermeils
Dans l'éther et s'y change en autant de soleils.

. . . .

   Or le triple infini du créé, de l'immense,
Et du temps — est-ce un être? une âme? une substance?
Un principe? Mais non. Cette triplicité

N'est rien qu'un attribut, une propriété...
Propriété normale, attribut harmonique
De l'Être universel, de la substance unique.
C'est pourquoi Dieu paraît congrûment défini
En étant appelé le *moi de l'infini*.

Tout penseur, familier des mondes et des astres,
Rit légitimement, quand nos théologastres
Profèrent, avec faste et domination,
Leur grand mot : *l'homme, roi de la création!*
Mais le droit de siffler cette mystique bourde,
Est-ce qu'il appartient à l'engeance balourde
Des chiffreurs néantins, lesquels ne veulent pas
Que la pensée existe autre part qu'ici-bas,
Autre part que chez l'homme, et qui, des phénomènes,
Refusent âprement de monter aux noumènes?
Si le théâtre vaste, ample, immense, profond,
Qu'on nomme l'univers, n'a pour toile de fond
Que le vide et la nuit, que l'éternelle absence;
S'il ne se connaît pas sous sa magnificence;
Si des êtres d'élite, esprits ou demi-dieux,
Ne peuplent pas les champs de l'éther radieux;
Si les orbes lointains, les sphères — vain spectacle —
D'autres humanités ne sont pas l'habitacle;
Dans le cosmos entier si le roseau pensant,
L'homme, est le seul pensant et le seul connaissant;
Si vous croyez cela, tenants du nihilisme,
Ne raillez plus le mot du vieux théologisme.
Aussi haut que la foi, votre négation
Proclame l'homme *roi de la création!*

VELLÉITÉS PHILOSOPHIQUES.

Les vrais prêtres, les vrais docteurs, les vrais prophètes,
C'est vous, grands écrivains, vous penseurs, vous poëtes!
. . . .
. . . .
« *Si Dieu n'existait pas, il faudrait l'inventer!* »
Dit Ferney. Noble vers, qu'on ne peut trop vanter,
Qui sonne et resplendit en oracle superbe,
Et qui très-justement est devenu proverbe.
Pourtant, si beau qu'il soit, il faut bien avouer
Que Dieu complétement ne saurait s'en louer.
Car enfin, cet hommage, en sa ferme insistance,
Tout en glorifiant la divine existence,
Semble subordonner au point d'utilité
La question de fait et de réalité.
Dieu n'est pas attesté directement — mais comme
Principe indispensable aux mœurs, aux fins de l'homme;
Comme la sanction du vrai, du beau, du bien;
Comme le démenti du hasard et du rien.
Aussi, lorsque de près on regarde, on écoute
Ce pompeux témoignage... on y démêle un doute.
Déclarer qu'au besoin *il faudrait l'inventer,*
C'est le soumettre au cas de ne point exister.
. . . .
. . . .
Pour pendant à ce vers d'Arouet, — j'en découvre
Un autre quelque part, non moins fier, — lequel ouvre
Un jour plus droit sur Dieu. C'est chez un écrivain
Jadis l'*alter ego* d'un roi, — de Villemain.
Donc, cet habile auteur (l'a-t-il su?) dans sa prose,
A presque entièrement fait un vers grandiose,
Que de cette manière, on pourrait ajuster :
Si Dieu n'est pas, qui donc aurait pu l'inventer?
Certes, voilà deux vers jumeaux — quant à la forme,
Mais, quant au sens — vraiment, le contraste est énorme.

Dans le second, plus rien qui soit dubitatif;
Son témoignage plein, direct et positif,
Mariant les clartés du sage et du prophète,
Prouve Dieu par lui-même — et l'âme est satisfaite.

Le divin! l'absolu! Dieu! nous le cherchons tous.
Mais nous allons trop loin. Nous cherchons hors de nous
Quand il n'est pas ailleurs. Hommes, il n'est qu'en vous.
La conscience humaine est d'autant plus divine
Qu'elle pénètre Dieu, le pressent, le devine,
Le perçoit, le grandit, l'achève, l'illumine...
Le créer? l'enserrer? le tenir? le finir?
Comme un maître fameux, c'est l'oser définir
Non l'*Être Éternel*, mais l'*Éternel Devenir*.

L'être est l'être. Il est tout. Tout est lui. Le néant
N'interrompt nulle part le cosmos-océan.
Tout est plein. Tout se meut. L'esprit et la matière
Ne font qu'un, et cet un, c'est la nature entière.
La matière, l'esprit, deux moitiés d'unité;
Le passif et l'actif d'une même entité.
Il n'est qu'une substance. Elle est Dieu. La substance
Est virtuelle, et n'a d'effective existence
Que dans ses attributs, ses modes réunis.
Force infinie éclose en actes infinis!
Elle est le fond de l'être — et, sous les phénomènes,
Elle entretient l'amas des causes, des noumènes.
Permanent substratum de l'univers changeant,
Elle est le nécessaire, et lui le contingent.
Elle est source de tout, principe des principes,

Archétype incréé d'où sortent tous les types.
De son sein, deux courants, deux grands fleuves sans bords
D'esprits et de pensers, de formes et de corps ;
Deux légions sans fin, deux immenses séries
De faits — de sentiments — d'œuvres — de théories,
Vont s'écoulant, miroirs du verbe originel,
Dans un parallélisme immutable, éternel.

———

Panthéisme est venu clore l'antagonisme
Des deux rois du mystère : *athéisme* et *théisme*.
Thèse, antithèse, et puis synthèse. Du faisceau
Esthétique est en train de fabriquer le sceau.

———

Par la sensation, l'on connaît le sensible.
Grâce à l'intelligence, on a l'intelligible.
On va, par la raison, droit au rationnel.
L'esprit rend évident l'ordre spirituel.
L'imagination prouve l'imaginable.
Le semblable est conçu, trouvé par le semblable.
Enfin, c'est par son *moi*, son intime unité,
Que l'homme perçoit Dieu, l'*un* de l'infinité.

———

Si tu n'absorbais pas, suprême intelligence,
Toute réalité dans ta pensée immense ;
Si, ne pénétrant pas jusqu'au fond, jusqu'au bout,
Tu ne savais pas tout, tu ne *pensais* pas tout ;
Si, de l'être une part, échappée à ta prise,
De toi-même restait inconnue, incomprise,

Est ce que ce fragment, — sphère, angle, ligne, ou point,
Existerait, *serait?* Non, il ne *serait* point!
Hors l'idée, on n'est rien. L'existence à l'idée
Est nécessairement, fatalement soudée.
Penser, être *pensé*, sainte dualité,
Mettant, asseyant l'être en pleine vérité!
D'un réel non *pensé*, d'un idéal qu'on *pense*,
L'idéal seul possède une vraie existence.
De mondes, de soleils le plus énorme amas
Est, s'il n'est *point pensé*, comme s'il n'était pas.

———

Écartons un moment symbole et parabole;
Muse! prêtons l'oreille à Voltaire qui rit.
 « Lorsqu'un docteur, en fièvre de parole,
  — Fait-il, — ne sait pas ce qu'il dit;
  Et que l'auditeur bénévole,
 Tout ébaubi, tout démonté, ne sait
  Ce qu'on lui dit, savez-vous ce que c'est?
De la métaphysique. » — Amusante hyperbole!
D'une gaîté terrible, heureux, vigoureux trait!
Ce qui n'empêche pas que Voltaire lui-même
Ne visite parfois, dans le domaine abstrait,
Le chapitre muet des sphinx du grand problème.

———

Si l'on veut que je prenne un diplôme d'athée,
Si l'on veut imposer à mon âme domptée
Le dogme négatif du vide et de la nuit,
Il faut à ma raison prouver tout ce qui suit.
 Donc, le consentement des simples et des sages,
Fleuve sans cesse accru qui vient du fond des âges;

Les voix de la légende et les pressentiments;
Les systèmes, foyers de puissants arguments;
Tant de religions, tant de philosophies;
Le témoignage ardent de mille illustres vies;
Donc, cette universelle et pleine adhésion,
N'est rien que tromperie, erreur, illusion.
Les prêtres, les docteurs, les temples, les écoles,
Les savantes leçons, les mystiques symboles,
Sous leur grandeur, leur force et leur autorité,
N'ont pas un germe, une ombre, un point de vérité.
L'ignorance, la peur, la folie et les songes,
Seuls ont fait le succès de leurs divins mensonges.
L'ordre de l'univers, qui semble harmonieux;
Le magnifique aspect des mondes et des cieux;
Les trois règnes vivants qu'étale notre globe;
Le grand arcane igné que son centre dérobe;
Ce que le géologue a trouvé sous le sol,
Et ce que l'astronome a perçu dans son vol,
Ne parlent nullement d'un principe suprême.
Tout provient du hasard, qui s'ignore lui-même.
Tout se crée à l'aveugle. Il n'est rien de causal.
Tout est matériel, fini, phénoménal.
La notion des faits, la loi du variable,
N'implique pas du tout celle de l'immuable.
Le relatif en rien n'atteste l'absolu.
L'infini du fini ne peut être conclu.
De ce que l'examen, l'analyse chimique,
Décomposant ces blocs de matière cosmique
Échappés aux hauteurs des firmaments profonds
Et tombés à nos yeux dans nos champs, sur nos monts,
A paru démontrer que les autres planètes
Des mêmes éléments que la nôtre sont faites;
De ce qu'au télescope, avisant les rapports
De notre orbe terrestre et des célestes corps,

Nous avons découvert, sur les sphères prochaines,
Des mers, des continents, des montagnes, des plaines,
Il est fou d'inférer que des êtres pensants,
Analogues de l'homme, ou plus ou moins puissants,
Sur chaque monde, ou bien sur quelques-uns des mondes,
Existent, répandus en peuplades fécondes.
Une autre idée encor plus digne de mépris
Est celle qui voudrait peupler l'éther d'esprits ;
Tandis que l'étendue est sans âme, — et qu'en somme
Dans l'univers entier rien ne pense que l'homme.
La morale avec l'homme est née ; — elle n'est pas
Hors de l'humanité ; ni là-haut, ni là-bas.
Elle ne sera plus après l'espèce humaine.
Droit, devoir, équité, n'ont point d'autre domaine
Que notre conscience et notre entendement.
Ils ne sauraient ailleurs être réellement.
Ces vocables fameux de *justice éternelle,*
De principe absolu, de vie universelle,
De grand tout, d'infini, d'incréé, d'idéal,
Ne sont que jargon creux, patois transcendantal,
Parlage extravagant d'ermites en délire ;
Mystification des jongleurs de la lyre ;
« Des mots, des mots, des mots ! » — comme dit monseigneur
Le prince Hamlet, raillant un cockney d'Elseneur,
Ballons frêles, gonflés d'absurde enthousiasme,
Que crève en les frisant l'épingle du sarcasme...
Non prévaut à jamais sur *oui.* Tout marque bien
Que l'exergue qui sied à l'inconnu, c'est *rien.*

 Je le répète : si l'on veut que l'athéisme
A moi s'impose en dogme, en foi de catéchisme,
Chacune — tout autant — de ces négations,
Il faut me la couvrir de démonstrations.

 Ici, des néantins la digne confrérie,
Assez pertinemment, je l'avouerai, me crie :

« Les affirmations contraires, pouvez-vous
Nous les justifier, nous les prouver à nous? »
Mes maîtres, en effet, la chose est difficile!
A moins d'être doué d'une raison docile,
On risque de trouver faibles, peu convaincants,
Les arguments divers, d'ailleurs très-éloquents,
Dont Clarke, Fénelon, Rousseau, même Voltaire,
S'efforcent d'étayer le *oui* du grand mystère.
Veuillez à votre tour confesser que le *non*,
Dans messer Lamettrie et d'Holbach et Naigeon
Et le berger Sylvain, grands hommes qui sont vôtres,
N'a pas précisément d'infaillibles apôtres.
Le *Que sais-je?* aide mieux ses docteurs : il appert
Que Bayle, Helvétius, Diderot, d'Alembert,
Ont doublé leur puissance en devenant ses prêtres.
Visitons son église. Il y fait bon, mes maîtres!
Contre et pour l'*absolu*, cessons de nous armer,
Gardons de trop nier et de trop affirmer...
Et ne prétendons pas faire d'une hypothèse
Un dogme au pied duquel il faille qu'on se taise.
L'hypothèse du *oui*, l'hypothèse du *non*,
Voyons-les dos à dos par-devant la Raison.

SONNET.

Quand on marche égaré sous une nuit profonde,
A travers bois et monts, sans pouvoir en sortir;
Dans la nuit de l'esprit, quand l'âme vagabonde
De dédale en dédale erre sans aboutir;

On souhaite ardemment que, d'un ciel lourd qui gronde
Descende un large éclair qui, daignant s'alentir,

Permette que notre œil, qui partout plonge et sonde,
D'un bout d'itinéraire ait l'heur de se nantir.

L'éclair flamboie immense, et la contrée entière
Vous assaille la vue, arbres, plaine, onde et cieux.
On veut regarder. Mais la fugace lumière

Meurt. On n'a rien pu voir, ayant tout dans les yeux...
Et le choc aveuglant de ces rayons funèbres
Vous rend encor plus noir le reflux des ténèbres.

———

Or, le doute, sultan de la libre pensée,
Rêve, — et trace à rebours une cosmodicée.
— Des phénomènes? — C'est ce qu'il semble, et je crois
Voir entre eux des rapports formant comme des lois.
— Et la loi de ces lois, leur raison, leur principe?
— Çà, montez à la tour des chercheurs d'archétype.
— L'immensité, le temps sans bornes, l'infini?
— Les raisonneurs corrects disent l'indéfini.
— Le mouvement, la force? — Agents que l'on ignore.
— Esprit, matière, qu'est-ce?—On ne le sait encore.—
Quelque chose de l'homme, au delà du tombeau,
Surgit-il?—Dans cette ombre, on manque de flambeau.
—Des causes et des fins, en est-il?—Qu'on en trouve.—
Mais l'âme universelle? — Allons, qu'elle se prouve!
— Ah! j'entends. Point de Dieu. — Je ne dis pas cela.
Seulement, la plus grave antinomie est là. —
Vive alors l'athéisme! — Eh! non, son dogmatisme
N'est bon que quand il faut rabrouer le théisme.
Mais, en fait de néant, tous deux se valent bien.
Rien pour prouver le *tout* : rien pour prouver le *rien*.

———

Au fond d'une officine, un scalpel à la main,
Deux hommes sont penchés sur un cadavre humain.
C'est le crâne surtout, le cerveau qu'ils explorent,
Cherchant ce qu'à jamais les plus doctes ignorent.
L'un, plein d'enthousiasme, a des clartés au front.
Il est vôtre, ô Jean-Jacque, ô Leibnitz, ô Platon !...
Sur la bouche de l'autre, un pli nous fait connaître
Que monsieur le baron d'Holbach est son grand maître.
Or, il se dresse et dit à son confrère : « Eh bien !
Nous avons tout scruté. Qu'avons-nous trouvé ? Rien. »
Mais celui-ci, très-loin d'abdiquer la partie :
« Si nous ne trouvons rien, c'est que l'âme est partie... »
L'autre à plaisir ricane, et rétorquant cela :
« Si nous ne trouvons rien, c'est que rien n'était là. »
Le premier est quasi burlesque dans sa glose :
« Je ne trouve rien : donc, il y a quelque chose ! »
C'est au vrai ce qu'il dit. Soit. Mais chez le second
Se montre une fureur de nier qui confond.
« Je ne trouve rien : donc, il n'y a rien. » J'estime
Cette âpre conséquence assez peu légitime.
Rien n'est trouvé... fort bien. Mais il reste à prouver
Que rien ne se soustrait, que rien n'est à trouver.
Un troisième docteur qu'on nomme le sceptique,
Du hautain nihiliste et de l'ardent mystique
Interrompt le conteste, et dit, tranchant le mot :
« Le mystique est un fou, le nihiliste est sot ! »

Tout vol vers l'inconnu, quoi ! vous le réprouvez ?
Pour vous, rien au delà des faits constants, prouvés ?
Arrogants négateurs, bornez-vous donc à dire
Que notre entendement ne saurait, sans délire,
Admettre une hypothèse où l'on verrait d'abord

La moindre hostilité, l'ombre d'un désaccord
Avec les grandes lois dûment déterminées
Par la science, — avec le chiffre et ses données!
Nul penseur là-dessus ne contestera. Mais
Prétendre que l'esprit de l'homme désormais
Doit repousser, bannir toute hypothèse, — même
Celles qui s'offriraient ayant le don suprême
D'extraire du réel un logique idéal
Et du matériel un plausible moral;
D'être, dans les éthers et dans les empirées,
Comme un prolongement des choses démontrées;
En un mot, présentant pour triple caution,
L'accord, l'analogie avec l'induction!
C'est imiter l'altier despotisme des prêtres,
Qui vont nous répétant : — « Sur l'être et sur les êtres ;
Sur la lumière et les ténèbres; sur le plein
Et sur le vide; sur hier et sur demain;
Sur le désordre et sur l'ordre; sur l'apparence
Et la réalité; sur la forme et l'essence ;
Sur l'infiniment bas, sur l'infiniment haut;
Sur le bien qui faiblit et le mal qui prévaut;
Sur ce qui tour à tour condamne et justifie;
Sur le tout et le rien; sur la mort et la vie;
Dieu ne nous permet pas d'autres solutions
Que celle de la foi, que nos traditions! »
Oui, vous faites comme eux, quand sur tous ces problèmes
Vous n'accordez le droit de parler qu'à vous-mêmes,
Quand vous nous intimez d'embrasser comme vous
Les dogmes du néant, cet autre dieu jaloux!...
Proh! pudor! la science à la théologie
Se joindre pour le dam de la philosophie!
Et messieurs les chiffreurs disputer aux prélats
L'ignoble et sot métier de faire des castrats!
    D'un aphorisme plat votre orgueil nous assomme:

Ce qu'il ne peut connaître est inutile à l'homme.
Vous ajoutez, sifflant l'infini, l'absolu :
« Rien que le nécessaire, et foin du superflu! »
Souffrez que l'on s'en tienne à l'avis de Voltaire :
« Le superflu, dit-il, chose très-nécessaire! »
 Il serait inutile à l'homme, là, vraiment,
D'épeler un verset du *pourquoi*, du *comment?*
De se sentir venir assez d'ailes à l'âme
Pour aller dans les hauts dérober quelque flamme?
Inutile de voir l'*invisible?* d'avoir
Commerce avec les dieux, s'il en est? de savoir
Si le *bien,* si le *beau* ne sont rien que parcelles,
Ou doivent être dits *forces universelles?*...
 J'entends. Vous déclarez, bouffis d'autorité,
Que chercher l'introuvable est pure insanité;
Qu'à marcher sur les pas des spectres du mystère,
Le pied le plus vaillant risque de perdre terre;
Que, lorsque notre esprit se livre à l'idéal,
Notre sens du réel se défait, tourne à mal;
Que le plus fort penseur ne peut pas longtemps vivre
Dans la peau d'un songeur qui d'opium s'enivre;
Que prétendre embarquer folie avec raison,
C'est vouloir un naufrage au plus proche horizon...
Parbleu, vous qui frappez l'*absolu* d'anathème,
Vous en tenez! témoin l'outrance de ce thème.
Vous touchez un point vrai; mais vous l'enflez si fort
Que le *vrai* son contraire est supprimé d'abord,
Vous flattant, dépourvus de toute prud'homie,
De dérégler le sphinx des sphinx, l'antinomie!
 Ils cherchaient cependant l'introuvable, les forts,
Qui nous ont, nonobstant leurs transcendants efforts,
Menés par l'alchimie aux vérités chimiques,
Et par l'astrologie aux lois astronomiques.
 Dans ses enseignements, le maître de Platon,

Quand il se croit l'écho d'un sublime démon,
Professe-t-il moins bien? Parlez, engeance ingrate!
Socrate chimérique en est-il moins Socrate?
Et le Nazaréen, rêveur si spacieux,
Si grand, qu'il s'imagine avoir un père aux cieux,
Contre l'iniquité s'en trouve-t-il moins brave,
Et moins sensible aux maux du faible et de l'esclave?
Et sainte Jeanne d'Arc, laquelle mêmement
Prend les voix de son cœur pour voix du firmament,
Guérit-elle à demi la publique souffrance?
Est-ce en rêve, ô docteurs, qu'elle sauve la France?
Et lorsque s'enivrait notre Convention
D'un immense idéal de rénovation,
Lorsqu'elle élaborait pour toutes les patries
Sur le souverain bien ses grandes théories,
Lorsqu'elle se flattait de pouvoir — orgueil fou —
Régénérer la terre entière d'un seul coup,
Manquait-elle de joindre à l'audace utopique
L'audace du réel, et d'un réel épique?
Et ses Titans vaincus, ses demi-dieux défaits,
Nous ont-ils pas légué d'indestructibles faits?

    Hier, quand l'Amérique, avec une furie
Chez le Nord trois fois sainte et chez le Sud impie,
Dans sa guerre civile aux monstrueux combats
Traitait la question d'être ou de n'être pas;
Quand l'auguste Union, république modèle,
Semblait être à son dogme, à son titre infidèle;
Si, de par un déisme exact, officiel,
Le Nord instituait des prières au ciel,
Est-ce qu'en réclamant l'aide d'un Dieu suprême
Il était oublieux de l'aide de soi-même?
Est-ce que l'action mollissait dans ses mains?
Négligeait-il un seul des errements humains?
Cessait-il un moment, l'âme débilitée,

De toucher, de fouler la terre en fils d'Antée?
Certe, il eût mieux valu que son drapeau portât,
Au lieu du pâle sceau d'un déisme d'État,
Cet exergue de feu : *Morale indépendante;*
Progrès que demain garde à sa sagesse ardente!
Mais, s'il faut qu'il adapte à son œuvre profond
Ce complément de forme, il tient tout quant au fond;
Mais — l'esclavage mort — nul virus despotique
Ne peut plus tourmenter son sang démocratique;
Mais nous venons de voir ses plus heureux soldats
Remplir, en chevaliers, leurs civiques mandats;
Mais voilà qu'une grande expérience est faite!
A la confusion de plus d'un faux prophète,
Une démocratie, où le pouvoir central
Ne se meut qu'à travers un réseau fédéral,
Vient de sortir — plus stable encore, — exemple au monde,
D'une immense tempête, horrible, sans seconde,
Laquelle eût fait sombrer, dans l'infernal pourpris,
La monarchique Europe éclatée en débris!

 Idéal! Idéal! lorsque de te poursuivre,
Vinci, Michel, Sanzio, revenaient le cœur ivre,
— Et Giorgione et Corrège, — est-ce que, de ton ciel,
Ils nous redescendaient impuissants au réel?
Et mille autres encor, peintres et statuaires,
Se sont-ils énervés dans tes hauts sanctuaires?
Quand à notre niveau nous les avons revus,
De la flamme qui crée étaient-ils moins pourvus?
Ne rapportaient-ils pas, des zones impossibles,
Le don de pouvoir plus, d'être plus invincibles?
Ne dégageaient-ils pas, de leur humanité,
Plus d'âme, plus de feu, plus de divinité?

 Poëtes d'outre-Rhin, bardes de Germanie,
Borniez-vous votre gloire aux assauts d'harmonie,
Quand votre luth de bronze allait de rang en rang

Vouer aux dieux d'en bas notre commun tyran?
Non. Vrais preux, non. L'épée à vos flancs était ceinte;
Sa lame étincelait dans votre dextre sainte;
A la mêlée immense on vous voyait courir.
Vous saviez triompher, délivrer et mourir.
L'Europe, suscitant l'archange Représaille,
Par vous *des nations* gagnait l'ample *bataille*.
Ni vainqueurs, ni vaincus. Le carnage était pur,
Ouvrant l'accord final et le progrès futur.

 Vraiment, c'est parler d'or, braves idéalistes,
Bons platoniciens, chers spiritualistes,
Que de vous constater agisseurs, créateurs!
Oui, voyants, oui, rêveurs, songeurs, contemplateurs!
Quand vous avez brisé l'enveloppe du rêve,
Lorsque dans l'action votre destin s'achève,
Vous devenez les chefs des meilleurs, des plus grands,
Vous vous manifestez par des bienfaits flagrants.
Vous êtes les vertus, vous êtes les génies.
Vous illuminez tout, ô sagesses bénies!
Vous êtes les élans, les inspirations,
A qui doit l'Équité ses résurrections.
 O régénérateurs, qu'importe si ces flammes
Viennent directement du foyer de vos âmes,
Ou, comme le prétend votre modeste orgueil,
Partent de l'Infini, votre éternel écueil?
Nul n'en peut rien savoir, ni sophiste, ni prêtre.
C'est de l'*incognoscible*, — à tout jamais peut-être.
Qu'importe si la Muse est là, — vous tenant lieu
D'Olympe, de divin, de miracle, de Dieu?
Qu'elle réside en vous, hors de vous, qu'on suppose
Tantôt qu'elle est *effet* et tantôt qu'elle est *cause*?
Le point c'est qu'elle daigne armer de grands flambeaux
La main des purs, flambeaux toujours plus clairs, plus beaux,

Signalant du *parfait* l'inénarrable rive,
Dont chaque siècle approche, où pas un seul n'arrive ..
« Il importe avant tout, — dit le camp néantin,
Dit le monde chiffreur d'un ton rogue et hautain,
Ainsi que le gaster, d'avoir le cerveau libre,
De chercher, de trouver, de garder l'équilibre,
Et de ne pas tomber en admiration
Devant des faits, des cas d'hallucination. »
 Bien. Je vois. Il est clair, trop clair que tout lyrisme,
Que tout enthousiasme et que tout héroïsme
Vous gêne. On peut jurer que, personnellement,
Vous vous sentez blessés de tout grand sentiment;
Qu'un vaste cœur vous est l'injure la plus forte...
Holà! vous ricanez? Ma foi, l'ire m'emporte!...
Je prends, j'ouvre Molière, et ce vers dévorant:
Un sot savant est sot plus qu'un sot ignorant!
Je le lâche sur vous, prêtres-renards sans queue!
Savantasses, fleurant le neutre d'une lieue!

 Un auteur de nos jours, à bon droit fort loué,
Penseur et prosateur excellemment doué,
A la fin d'un article où sa brillante plume
Nous entretient du grand Spinosa, — se résume
Dans la comparaison qui suit, — belle à tel point
Que mes vers imparfaits ne la terniront point :
« Or, la Philosophie est un parc admirable,
Dédalien, qu'entoure un mur infranchissable.
Des sentiers très-divers sont tracés là. Les uns,
Rigides, sans détours et sans retours aucuns,
S'en vont tout droit au mur. D'autres, moins inflexibles,
Serpentent quelque peu sous des chênes paisibles.
Mais au bout, que voit-on? Le mur. D'autres enfin,
Prodiguant plis, replis, courbes, circuits sans fin,
En des sites nombreux nous mènent, nous ramènent,

Longtemps par monts, par vaux, par forêts, nous promènent,
Si bien que l'on se leurre et que l'on se croit sûr
D'éviter le mur... oui, l'inévitable mur.
Certe on va le tourner. Tout à coup, — ô détresse !
A l'angle d'un chemin, le voilà qui se dresse ! »
 Ce symbole me duit. Je veux en arguer ;
Et ce dessein m'oblige à le continuer.
 Donc, c'est partout le mur. Toute voie entreprise
Pour le faire esquiver, le rencontre, — et s'y brise.
Qu'arrive-t-il alors ? On nous dit, n'est-ce pas,
Que le chercheur déçu, voyant qu'il perd ses pas,
N'a plus qu'à renoncer, et que, s'il est lucide,
A déserter le mur il faut qu'il se décide ?
Le fait-il ? non, il reste au pied, — s'asseoit devant, —
S'obstine là, — songeant, imaginant, rêvant ;
Contemplant, fasciné, l'ampleur horizontale,
L'excessive hauteur de la paroi fatale ;
Toujours la regardant, comme si son regard
La pouvait à la fin trouer de part en part ;
Subjugué, possédé par le charme indicible
Et de l'infranchissable et de l'inaccessible ;
Conjecturant d'après le connu, *l'en-deçà*,
Comment peut être fait l'inconnu, *l'au-delà* ;
Et, l'âme invulnérable au rire, à l'anathème,
Produisant, défaisant, refaisant maint système...
Lesquels mis bout à bout ne sauraient, — c'est pitié ! —
De la hauteur du mur atteindre la moitié.
 Parfois, quelque savant vient lui dire à l'oreille :
« Mais tu tournes le dos à plus d'une merveille.
Pendant que ton esprit, dans le vague et l'obscur,
Cherche à se figurer les choses d'outre-mur,
Dans la réalité, d'opulents sillons s'ouvrent ;
Des forces, des splendeurs, des trésors s'y découvrent.
Ce pays vert, ces bois, ces prés, ces monts, ces vaux,

Ces pampres et ces blés que tu trouvais si beaux,
Ils le sont plus encor. Va les revoir. Oublie
Aux moissons du Réel, ta stérile folie. »
  Il écoute, et se lève... et rentre volontiers
En plein parc, se rengage aux plantureux sentiers;
Prise, étudie un temps les trouvailles fécondes,
Les transformations splendides et profondes :
Arbres, plants nouveaux, fleurs nouvelles, nouveaux fruits;
Mais, du monde effectif ces dons et ces produits,
Ce n'est pas pour l'amour du réel qu'il les fête.
Non. C'est pour mieux servir son idéale enquête.
Il croit puiser en eux de divins rudiments,
Des inspirations, des renouvellements.
  Il revient se rasseoir au pied de la muraille,
Peu troublé d'y fouler, tant son feu le travaille,
Mille songes éteints, détritus à la Job...
Et, de plus belle, il rêve échelles de Jacob,
Chars éthéréens, nefs de pourpre et d'étincelles,
Ailes d'esprit surtout... « Oui, des ailes, des ailes!... »
Dit notre historien-poëte avec transport:
Des ailes pour plonger outre vie, outre mort!...

  Eh bien, si tu pouvais, par fortune imprévue,
Monter jusques au haut de ce mur, — si ta vue,
De là, fouillant partout, tu ne découvrais rien,
Rien qu'une immense mer de ténèbres, — eh bien,
S'il te poussait alors des ailes, — ta vaillance,
La retrouverais-tu vierge de défaillance?
Ton vol prémédité naîtrait-il seulement?
Oui! mon vol dans cette ombre irait éperdûment!...
Il en dévorerait les milieux, les espaces,
Les hautes profondeurs et les profondeurs basses!
Les orbes décevants, les pans démesurés,
Les spirales mêlant, confondant leurs degrés;

La masse tour à tour opaque et diaphane;
Les tourbillons marins et la houle océane!
Tout vibrant du souci fougueux, vertigineux
De rencontrer enfin quelque éden lumineux,
Qui laisse pendre et luire aux arbres de ses grèves
Des fruits de gloire et d'heur assouvissant tous rêves!...

———

Alternance de doute et de songe!... O raison!
O jour zodiacal! O nocturne horizon!
— Sur l'être, le peut-être, et le néant, qu'importe
Que ce soit tel ou tel sentiment qui l'emporte;
Qu'au lieu du désiré, ce soit le redouté,
Si l'on est sûr qu'on tient enfin la vérité?
Voir vrai! trésor caché payant tout ce qu'on souffre!
Fleur de lumière éclose au plus noir fond du gouffre!...

———

Par son grand argument, — le triomphe du mal,
Que l'athéisme est fort, concluant, doctrinal!
Est-ce bien décisif? Est-il donc impossible,
S'il est un Dieu, — qu'il soit malfaisant, inflexible?
A-t-on prouvé jamais que suprême bonté
Soit de l'Être suprême une nécessité?
Eh bien! si le pouvoir du mal qui règne immense,
Sévit, doublé d'une âme et d'une intelligence,
C'est cent fois plus affreux que, si, vide d'un *moi*,
Il n'était qu'une aveugle, une insensible loi.
Et l'athéisme alors (ineffable ironie!)
Devient une doctrine attrayante et bénie...
Et le vrai Rédempteur, désormais, c'est la mort;
L'Éden à convoiter, c'est le neutre où l'on dort.

———

VELLÉITÉS PHILOSOPHIQUES.

Qu'est-ce? Un bref apologue. Il est là qui m'obsède.
Il ricane. Il m'excite à le rimer. Je cède.
Un jour, certain dervis rencontre au coin d'un bois
Des marmots se battant pour quelques tas de noix.
« Enfants, dit-il, vos parts, je puis les faire comme
Dieu même les ferait. Voulez-vous? — Oui, saint homme!
Oui! dit la bande. » Alors, il donne, bel et bien,
Tout au plus petit nombre, — au plus grand nombre..... rien.

———

A voir ce globe où tout s'altère, et se dérange,
Cirque où l'on s'entre-tire, arche où l'on s'entre-mange,
Où se gaudit l'absurde, où florit l'inégal,
Ah! que je le comprends, ce roi de Portugal,
Qui s'écriait : « Si Dieu, quand il créa le monde,
Me tirant tout à coup de mon ombre profonde,
Dans son laboratoire un instant m'eût admis,
J'aurais pu lui donner, certes, de bons avis. »

———

Un grand fait se remarque aux destins des empires;
Celui-ci : que les plus longs règnes sont les pires.
Alors cet univers est à jamais maudit.
Son monarque ayant nom l'Éternel, — tout est dit.

———

C'est la nuit. Dans mes mains ma tête se fait sombre,
Et je regarde en moi mon pâle esprit qui sombre.
. . . .
. . . .
L'absolu! l'absolu!... n'ai-je pas souvenir
D'un vers déterminé qui prétend le tenir?

Je ne sais; mais, ce soir, ma muse est peu pressée
De crier : l'absolu, frères, c'est la pensée !
Les deux *critériums* grâce auxquels nous restons
Certains que nous pensons, certains que nous sentons,
Comment s'appellent-ils? le *doute* et la *souffrance*.
Je souffre, donc je sens. Je doute, donc je pense.
Ainsi, les seules clefs qui nous puissent ouvrir
L'huis du grand inconnu, c'est *douter*, c'est *souffrir*.
Pour notre âme qui cherche, ivre d'inquiétude,
Voilà donc les meilleurs agents de certitude !
Alors — oui, c'est fatal — de toute éternité,
Quelque chose a souffert, quelque chose a douté.
Logique, allons, tais-toi. Ta fièvre me déroute.
Non, l'absolu n'est pas la souffrance et le doute.

. . . .

De la terre assoupie et du ciel étoilé
L'harmonieuse paix m'a souvent consolé.
Ouvrons cette fenêtre. Aspirons l'air nocturne.
Les bois dorment; le ciel est pur et taciturne.
Oui, taciturne. Eh bien, est-ce fait pour calmer?
Non. Je sens mes esprits sourdement s'alarmer.
Que Pascal a raison quand il dit, triste et morne :
Le silence éternel des espaces sans borne
Est effrayant. — Jadis, Pythagore entendait
(O légende!) un murmure, un bruit qui descendait
De l'éther ; il disait que c'était l'harmonie
Des sphères poursuivant leur carrière infinie.
Hélas! depuis son temps, nombre de gens de bien
Ont écouté beaucoup, mais n'ont entendu rien.

Ce qui glace encor plus que l'éternel silence,
C'est l'éternelle nuit, la nuit en permanence.
Tout est nuit. Les soleils ne nous servent qu'à voir
Que partout, dans l'immense étendue, — il fait noir.
Le jour? pur accident sur certaines planètes,

De quelque astre de feu voisines et sujettes.
La lumière n'est pas. Il n'existe — voyez! —
Que des points de lumière aux ténèbres noyés.
Et ces points lumineux que l'infini dédaigne,
Il faut trembler qu'un vent souffle qui les éteigne.
Tout est nuit. La rigueur de ce fait me poursuit.
O terreur! L'absolu, c'est peut-être la nuit!...

Peut-être aussi le mal. Dans le monde psychique,
De même que la nuit dans l'univers physique,
Le mal règne, immanent, essentiel; le mal
Est la règle, le fond, la loi, l'état normal.
Comme les astres d'or, parsemant les ténèbres,
Les rendent d'autant plus sinistres et funèbres,
Les fleurs du bien, perçant rares — l'immensité
Des steppes de souffrance et de perversité,
En montrent d'autant mieux l'horreur impitoyable.
Allons, je te subis, conséquence effroyable!
Dans l'ordre naturel et dans l'ordre moral,
L'absolu, c'est la nuit, — l'absolu, c'est le mal.

. . . .
. . . .

Quand j'abordais, jeune homme, avec un sombre zèle
La question de vie ou de mort éternelle,
De la mort, du néant mon cœur épouvanté
A tout prix réclamait une immortalité.
Cesser d'être à jamais me semblait plus terrible
Que toujours exister dans quelque sphère horrible.
Alors je n'avais pas encore assez souffert
Pour savoir préférer le néant à l'enfer.
J'ai vécu. Sort d'esclave, espérances dupées,
Lâchetés, vils dédains, chères âmes frappées,
L'homme infâme aux honneurs, l'homme juste aux mépris,
Tout cela m'a changé. Maintenant, j'ai compris.
Aussi je cède, imbu d'affaissement farouche.

En un coin, comme un chien flagellé, je me couche...
Et je dis dans mon cœur, dans ma chair, dans mes os :
Quoi de plus savoureux qu'un éternel repos !...

———

Ah ! vieil homme ! Ah ! pauvre homme ! En vain tu veux t'abstrair
Des ennuis qu'à tes jours versa maint dieu contraire,
En vain tu crois pouvoir assez en triompher
Pour contempler à l'aise et pour philosopher.
Ton calme leur déplaît. Sans vergogne, ils le brusquent.
Noir essaim, les voilà sur tes yeux, qu'ils offusquent.
Ils te troublent l'oreille... et tu ne perçois plus
Qu'à travers leur chaos plein de râles confus.
Quoi ! même encor, tu vas, tu marches, tu regardes ?
Moitié sourd, presque aveugle, ainsi tu te hasardes ?
L'abîme est là pourtant. La vague vient toucher
— Mugissante — ton pied qui commence à broncher.
De reculer enfin, rêveur, qu'il te soucie !
Pour marcher sur les flots, tu n'es pas un messie.

———

ÉPISODE.

I.

Schiller, ta grande Muse, en un recueil divers,
Conte une parabole — étrange et sombre histoire —
Qui, tout soudainement me revient en mémoire.
Et qui répond si bien à ma tristesse noire,
Et tellement chez moi flatte les maux soufferts
Que je vais à mon tour l'habiller de mes vers.

II.

Un jouvenceau vivait, nanti, dans sa belle âme,
Des plus purs sentiments, de toutes les candeurs.
Il croyait sans réserve aux morales grandeurs.
Comme un ange sur terre il regardait la femme
Et ne voyait passer, dans ses rêves de flamme,
Que mystiques édens, que célestes splendeurs.

III.

Il tenait pour certain que tout cœur magnanime
Inévitablement trouve son jour sublime,
Et ne peut pas mourir dans son obscurité.
Il contestait le mal. Il appelait le crime
Un monstre dépourvu de viabilité.
L'absolu, dans sa langue, avait nom l'équité.

IV.

D'amour et d'amitié la couronne suprême
Lui semblait immanquable à qui la méritait.
Sur les serments de prince et d'épouse il comptait.
L'ère des chevaliers, selon lui, persistait.
En un mot, le roman, le drame, le poëme,
Étaient, pour cet enfant, la réalité même.

V.

Mais une ardeur funeste, un périlleux souci,
Dans son chemin vermeil l'agitaient sans merci :
Le désir de savoir, la soif de tout connaître. —
« Qu'est-ce que l'autre monde? Et surtout celui-ci?

Voir vrai dans la nature, et la vie, et mon être!
Attrayant labyrinthe! Il faut que j'y pénètre! »

VI.

L'orgueil n'entrait pour rien dans cette ambition.
La curiosité pour peu. Le téméraire
Était mû fortement par la conviction
Que toute découverte en pays du mystère
Ne pouvait qu'apporter preuves, force et lumière
Aux choses qu'il avait en vénération.

VII.

Ah! qu'il rêvait souvent, dans son impatience,
Un moyen d'embrasser d'un seul trait la science,
Au lieu de ne l'avoir que fragment par fragment!
Certes, chaque couleur a son rayonnement.
Oui, mais sans l'arc-en-ciel, en bonne conscience,
Le prisme eût-il été découvert promptement?

VIII.

Un beau soir qu'il songeait assis au pied d'un chêne,
Il entendit sortir d'une source prochaine...
Dormait-il? veillait-il?... une ineffable voix
Lui disant : « Jeune sage, un temple est dans ce bois
Solennel et sacré, qu'aux flancs des monts tu vois.
Là règne une statue, image surhumaine...

IX.

« Un voile épais, immense, autour d'elle est jeté.
Sur le socle est écrit son nom : la Vérité.

Malheur — dit un oracle — à qui, touchant ce voile,
L'ôterait sans l'aveu du Destin irrité.
Celui-là, fut-il né sous la meilleure étoile,
Trouverait son linceul dans la fatale toile.

X.

« Or, le consentement du Destin ou du Ciel,
Dans un pieux respect, il faut savoir l'attendre;
Il faut se bien garder surtout de s'y méprendre;
Ne le point préjuger; ne pas tenir pour tel
Quelque pressentiment. Il doit être formel.
Un messager d'en haut doit venir nous l'apprendre. »

XI.

La voix n'ajouta rien. N'était-ce pas assez?
Le jeune homme voulait en vain se rendre maître
Des effrois, des désirs dans son cœur amassés.
Il s'était levé, pâle, en délire : — « O Grand Être!
Quel arrêt! Quoi! la mort, pour quelques plis froissés?...
Oh! voile tentateur!... A la fois tout connaître!

XII.

« Peut-être cependant qu'il n'est pas défendu
D'en soulever un coin, d'une façon discrète;
Puis, d'ailleurs, cet oracle, est-il bien entendu?
En a-t-on le vrai sens, la formule complète?
Peut-être qu'un oseur, n'en faisant qu'à sa tête,
Charmerait le Destin, ne serait pas perdu!

Voir vrai dans la nature, et la vie, et mon être !
Attrayant labyrinthe ! Il faut que j'y pénètre ! »

VI.

L'orgueil n'entrait pour rien dans cette ambition.
La curiosité pour peu. Le téméraire
Était mû fortement par la conviction
Que toute découverte en pays du mystère
Ne pouvait qu'apporter preuves, force et lumière
Aux choses qu'il avait en vénération.

VII.

Ah ! qu'il rêvait souvent, dans son impatience,
Un moyen d'embrasser d'un seul trait la science,
Au lieu de ne l'avoir que fragment par fragment !
Certes, chaque couleur a son rayonnement.
Oui, mais sans l'arc-en-ciel, en bonne conscience,
Le prisme eût-il été découvert promptement ?

VIII.

Un beau soir qu'il songeait assis au pied d'un chêne,
Il entendit sortir d'une source prochaine...
Dormait-il ? veillait-il ?... une ineffable voix
Lui disant : « Jeune sage, un temple est dans ce bois
Solennel et sacré, qu'aux flancs des monts tu vois.
Là règne une statue, image surhumaine...

IX.

« Un voile épais, immense, autour d'elle est jeté.
Sur le socle est écrit son nom : la Vérité.

De l'enceinte sacrée escaladant le mur,
Il arrive... il franchit le seuil du temple obscur.

XVII.

Il est troublé d'avoir déjà fourni sa route.
Son pas de temps en temps s'arrête sous la voûte.
Quel silence terrible! avec transe, il l'écoute.
Un silence — ô dieux noirs! — si profond et si plein,
Que le bruit de son cœur qui bondit dans son sein
Lui paraît retentir comme un fougueux tocsin.

XVIII.

Il fait froid dans la nef, un froid de nécropole.
L'image au voile immense est debout au milieu.
Devant, sur un trépied, tremblote un pâle feu.
Un ample jet de lune, à travers la coupole,
Vient doubler la blancheur du plastique symbole
Qui se dresse immobile et muet comme un dieu.

XIX.

Le jeune homme éperdu, que tantôt la peur glace
Et qu'enflamme tantôt l'héroïsme et l'audace,
Est immobile aussi, ne peut agir d'abord.
Mais bientôt, dans son cœur prenant toute la place,
L'espoir brise le charme, et lui rend son ressort.
Vers le voile il étend le bras avec transport.

XX.

Derechef il hésite... et voilà qu'en son urne
Le feu pâle est plus pâle... il s'est évanoui.

Un lourd nuage couvre, éteint l'astre nocturne.
Le silence devient encor plus inouï.
Dans ce surcroît d'horreur funèbre et taciturne,
Personne — de la part du Destin — ne dit oui.

XXI.

« Pourtant, je suis sans tache. Allons, ma cause est sainte !
Dieux immortels, voyez mon for intérieur.
C'est pour éclairer l'homme et le rendre meilleur,
Qu'à vos secrets jaloux j'ose porter atteinte.
J'ai le droit d'aborder la vérité sans crainte,
Je veux la voir ! » — La voir ! fait un écho railleur.

XXII.

Il enlève le voile... Eh bien ! l'on me demande
Ce qu'il vit. Par Hermès ! qu'on tremble et qu'on attende ;
Vous le saurez trop tôt, à l'heure sainte et grande,
Où la mort nous amène au bord de l'infini ;
Où l'on dit, se sentant triomphant ou banni :
Est-ce que je commence ? Est-ce que j'ai fini ?

XXIII.

Ce qu'il vit ! ce qu'il vit ! Que nul ne s'évertue
A me questionner. Non loin de la statue,
Le matin, par un prêtre, il fut trouvé gisant
Il avait le visage empreint d'un mal qui tue.
Mais il n'était pas mort, ni même agonisant ;
Par-devant toute enquête, il resta se taisant.

XXIV.

Il était ruiné, flétri. Plus de jeunesse !

Ses cheveux — hier si beaux — pendaient rares et blancs;
Envahi tout d'un coup par l'aride vieillesse,
Il s'en allait courbé, traînant des pas tremblants,
Chancelant sous le poids de songes accablants,
Honteux qu'on observât sa caduque faiblesse.

XXV.

Vous avez tous présent certain drame d'Hugo :
Lucrèce? Le maudit avait l'allure exacte
Du spectre qu'on y voit passer au deuxième acte,
Laid débris d'un seigneur naguère jeune et beau,
Que le poison papal si fort ronge et contracte
Qu'il semble un centenaire évadé du tombeau.

XXVI.

Or, que fit sa maîtresse, et que devint sa mère?
La première, on l'admet, point ne le reconnut,
En le reconnaissant, la seconde mourut.
O nuit! délaissement! vide! insomnie amère!
L'art divin, l'amitié, toute belle chimère,
De ses jours condamnés, désormais disparut.

XXVII.

Un moment il voulut, surmontant sa ruine,
Pour troubler les plaisirs du Malheur inhumain,
Faire comme aux grands jours de stoïque doctrine,
Donner à son poignard pour fourreau sa poitrine...
Mais il ne put. Trop faible était sa pauvre main.
Pour ce geste tragique, il faut un bras romain.

XXVIII.

D'orage en calme plat, de crise en somnolence,
Dans un alternement d'orgueil et de remord
Bientôt du pays sombre il atteignit l'abord ;
Il lui vint, sur les traits fouillés d'âpre souffrance,
L'ébauche d'un sourire, en avisant la mort.
Enfin il s'endormit, toujours plein de silence.

XXIX.

J'estime superflu d'apprendre au genre humain
Que le terrible voile, avant le lendemain,
Sur l'image s'était replacé de lui-même ;
Et que, si quelque enfant, défiant l'anathème,
Voulait recommencer l'aventure suprême,
Du temple il chercherait vainement le chemin.

XXX.

Lecteur, qui me surprends à parler d'anathème,.
Tu souris ; selon toi, j'en mérite un moi-même,
Pour avoir de Schiller ainsi noyé le thème.
Va, ne m'accuse pas d'avoir cru faire mieux !
J'ai voulu seulement, triste, malade et vieux,
D'un long rhythme bercer mon cœur sevré des cieux.

Et les sages disaient : — Qu'est-ce que la Nature ?
Quel sens ont-ils ces mots : créateur, créature ?
Est-il sûr, est-il faux, que la création
Soit d'un être Éternel l'éternelle action ?

VELLÉITÉS PHILOSOPHIQUES.

Qu'est-ce que l'Incréé, l'Infini? Dans le rêve.
Ces fulgurants concepts nous égarent sans trêve.
Qu'est-ce que le Destin, qu'est-ce que le Hasard?
Le Néant et le Vide ont-ils leur coin, leur part?
Cet Univers a-t-il une âme? La Pensée
A tout degré de vie est-elle dispensée?
Ou bien du monde est-elle absente? Et l'homme seul
Est-il pourvu d'un *moi*, qui s'éteint au linceul?
Sied-il que l'on admette, ou vaut-il mieux qu'on nie
Qu'il est dans le Cosmos un ordre, une harmonie?
Entre le *Oui* superbe et l'âpre *Non* sur Dieu
Le Doute qui s'abstient, prend-il un bon milieu?
Ou bien faut-il, hélas! doutant même du doute,
Craindre encor ce milieu, l'estimer fausse route?
Sans penser, sans nier, sans croire, sans douter,
En pleine indifférence est-il mieux de rester?
Qu'est-ce que notre vie? A quoi sert-elle? En somme,
Est-ce un état de veille? est-ce un morbide somme?
Qu'est-ce que la vertu, la raison, l'art, l'amour?
Doit-on les voir ouvrant à l'âme un divin jour,
L'Idéal? Ou plutôt faut-il qu'on ne les tienne
Que pour le complément d'une bonne hygiène?
Le *Bien*, le *Mal* sont-ils? Le *Mal* contre le *Bien*,
Ce duel inénarrable, est-ce tout? n'est-ce rien?
Du Progrès social, ou de la Décadence,
Lequel, examen fait, possède l'évidence?
A quoi livrer notre âme? aux espoirs? aux regrets?
Mais ne peut-on nier décadence et progrès?
Ne peut-on supposer que notre destinée
Sans lois, dans maint désordre est toujours entraînée?
Ou que l'humanité, sur son globe natal,
Se meut, ainsi que lui, dans un cercle fatal?
Son globe? Sait-on bien vraiment si c'est un globe?
Qu'est-ce qu'à l'inconnu la science dérobe?

Les faits qu'elle déclare, en ses arrêts hautains,
Constatés, positifs, entièrement certains,
Quels en sont les trouveurs, les collecteurs habiles?
Des hommes opérant avec leurs sens débiles,
Et n'augmentant ces sens qu'à l'aide d'instruments,
Conçus et fabriqués d'après leurs errements.
Les savants, il est vrai, dans leurs calculs sublimes,
Sont tous tombés d'accord, demeurant unanimes.
Si cela ne prouvait, — ô désolation! —
Qu'une conformité d'hallucination?

C'est ainsi qu'ils disaient, égrenant les formules
Des sceptiques; vaguant parmi des crépuscules;
Plongeant de tous côtés maint regard anxieux...
Cependant que le jour fuyait mystérieux,
Ils s'écriaient : « Lumière! oh! viens. Surgis, Lumière! »
Chose étrange! Ils semblaient prier... Vaine prière!
Ce qui restait de jour de plus en plus baissait.
Autour d'eux l'horizon partout se noircissait.
Et, — comme dit un vers latin, riche de nombre, —
Ils allaient à l'aveugle en pleine nuit, par l'ombre...

SONNET.

Or, qu'est-ce que le VRAI? Le Vrai, c'est le malheur.
Il souffle, et l'heur vaincu s'éteint, vaine apparence.
Ses pourvoyeurs constants, le Désir, l'Espérance,
Sous leur flamme, nous font mûrir pour la Douleur!

Le Vrai, c'est l'incertain, le Vrai, c'est l'ignorance,
C'est le tâtonnement dans l'ombre et dans l'erreur;

VELLÉITÉS PHILOSOPHIQUES.

C'est un concert de fête avec un fond d'horreur,
C'est le neutre, l'oubli, le froid, l'indifférence.

C'est le pauvre — insulté jusque dans sa vertu.
C'est — aux pieds des tyrans — l'homme libre abattu.
C'est d'un amour trahi l'angoisse inexprimable.

C'est *Peut-être*. *A quoi bon? Qu'importe? Je ne sai.*
Pourquoi? Comment? Où donc? Voilà, voilà le Vrai.
Ah! le VRAI n'est pas beau! Le VRAI n'est pas aimable!

FIN.

TABLE

Notice 1

POÉSIES POSTHUMES.

Mistica biblion, ou les Carmes de la seconde et de la troisième jeunesse du vieux Philothée O'Neddy . . . 133
Une Fièvre de l'époque, poëme 141
Odes et Ballades 152
    La plus belle mort 153
    Bons conseils 154
    Le Cygne et l'Aigle 155
    Strophe 157
    Ode-Ballade 158
    L'Arbre merveilleux 160
A douze ans 163
    Prologue 163
    Chant 165
    Épilogue 173
Trois Idylles 174
    Portrait romanesque 174
    Paysages 176
    Amor duplex 180

TABLE.

Sonnets. Trois livres (de 1831 à 1846)	182
Livre premier. — I. Les Deux Lames	182
II. Morosophie	183
III. Superstition	183
IV. Déclin précoce	184
V. Le Réel et l'Idéal	185
VI. Boutade	186
VII. Doléance	186
VIII. Remerciements	187
IX. Pathologie	188
X. Don Giovanni	189
XI. Trouble mental	189
XII. Sonnez, trompettes	190
Livre second. — I. En Espagne	192
II. En Italie	193
III. Dualité	193
IV. Billet	194
V. Insula sacra	195
VI. Actions de grâces	196
VII. Madonna col Bambino	196
VIII. Méditation	197
IX. Protestation	198
X. Adoro te!	199
XI. Alba diva	199
XII. Spleen	200
Livre troisième. — I. La Petite et la Grande Morale	202
II. La Vraie Noblesse	203
III. A Lamartine	203
IV. Mirabeau	204
V. Marat	205
VI. Danton	206
VII. Les Girondins	206
VIII. Encore Danton	207
IX. Les Triumvirs	208
X. La Grande Assemblée	209
XI. Méhul et Boieldieu	209
XII. La Sérénade	210

TABLE.

Préface et Épilogue de l'Histoire d'un anneau enchanté, roman de chevalerie.............	212
Préface.........................	212
Épilogue.........................	216
Trois Élégies (1840-1841)................	219
Médaille napoléonienne, élégie épique........	219
I. La Face...................	219
II. Le Revers.................	220
A bord de la frégate, élégie héroïque........	222
I.......................	222
II......................	222
III.....................	224
La Nuit, statue de Michel-Ange, élégie artistique....	224
Vers de Strozzi..................	225
Réponse de Michel-Ange..............	225
Mosaïque, de 1835 à 1842................	228
Fragment indien...................	228
Fragment égyptien..................	220
Fragment moyen âge.................	231
Fragment cabalistique................	233
Fragment chrétien..................	234
Fragment dramatique.................	238
Fragment humoristique................	241
Sonnet tombé d'un roman..............	244
Distique sur un parapluie à épée..........	244
Distique sans titre..................	244
Les Tablettes amoureuses du vidame de Tyane....	245
Rhapsodies de 1838 à 1846.............	245
Prologue.......................	245
Les Rhapsodies du vidame.............	246
Épilogue.......................	262
Post-scriptum....................	263
Additions aux vieilles rimes dudit chevalier.....	264
La Lénore de Burger................	264
Épilogue général.....................	274
Le Cul-de-jatte...................	274
Miranda ou les Harpes des Fées, poëme dramatique en trois actes et en vers..................	285

TABLE.

Préface (1856)	287
Dédicace	291
Miranda. — Acte premier	297
Acte deuxième	335
Acte troisième	372
LES VISIONS D'UN MORT VIVANT	405
Prologue	407
Première Vision	410
Intermède	416
Seconde Vision	421
Coupole	436
VELLÉITÉS PHILOSOPHIQUES	439
Épisode	478
Sonnet	488

ERRATA

Pages. Lignes.
- 15. 13. — nom.
- 95. 17. — dénûment.
- 96. 17. — ou croît voir.
- 106. 1. — Silence *éternel.*
- 133. 1. — *Mystica,* — de *Tyanues.*
- 147. (avant-dernier vers), se *gaudir.*
- 153. (2ᵉ strophe, 8ᵉ vers) *le ternir.*
- 161. 2ᵉ vers. — Au rang.
- 168. 10ᵉ vers, n'est-ce pas! n'est-ce pas? *vrais saints.*
- 170. 14ᵉ vers, passé :

    Avec des bras si forts et des armes si belles.

    belles.
- 182. 7ᵉ vers, *sur* ce mur.
- 213. 2ᵉ vers, *sire.*
- 263. Les vers 15 et 16 sont intervertis; l'avant-dernier vers *effleura* ma joue, le dernier vers *mes* cheveux.
- 268. 24ᵉ ligne, *quoi* pressentir.
- 272. 8ᵉ vers, *nos* sapins. Dernier vers passé

    On entend des voix rire et puis se parler bas.

- 281. 1ᵉʳ vers, *épandues.*
- 285. ¹ *Ottavio.*

ERRATA.

287. 5ᵉ vers, tiroir.
298. 19ᵉ vers, *aux* plafon*ds*.
303. 6ᵉ vers, passé :

    Tant il lui reste peu de flamme en sa paupière.

307. 7ᵉ vers, *Tant* son front.
Les 10ᵉ et 11ᵉ vers que dit Rinaldo, doivent être dits par Orco.
    Ah! ce faux pénitent, etc., qui l'an dernier, etc., etc:
309. 4ᵉ vers, supprimer *de*.
326. 12ᵉ vers, d'un *chœur*.
327. 10ᵉ vers, prétendre*z*.
330. 4ᵉ vers, *après*.
311. (Dernière réplique d'Orco) : Je ne puis...
— 6ᵉ vers, D. Brennus *de* drap noir.
316. Scène V, 5ᵉ vers, ni m'entrouvre*z* les cieux.
360. 6ᵉ ligne ressusci*té*. 10ᵉ ligne, l'*inflexible*.
418. Ligne 3, un vers passé :.

    La fraternité vraie et la liberté vraie.

451. Dernier vers, une Oriane.
465. (6ᵉ vers, avant la fin), le nihiliste *un* sot.
488. 8ᵉ vers, demeu*rent*.

Addition à la note de la page 115. — Alceste est expressément qualifié comte dans la pièce célèbre de Fabre d'Églantine, le *Philinte de Molière ou la Suite du Misanthrope*, et c'est là que Doudey a pris ce titre. Je dois cette indication à M. Defrémery. (E. H.)

Extrait du Catalogue de la BIBLIOTHÈQUE-CHARPENTIER

13, RUE DE GRENELLE-SAINT-GERMAIN, 13, PARIS

PETITE BIBLIOTHÈQUE-CHARPENTIER

FORMAT PETIT IN-32 DE POCHE

Chaque volume est orné d'eaux-fortes par les premiers artistes

ALFRED DE MUSSET

PREMIÈRES POÉSIES, avec un portrait de l'auteur gravé à l'eau-forte par M. Waltner, d'après le médaillon de David d'Angers, et une eau-forte d'après Bida, par M. Lalauze.. 1 vol.

LA CONFESSION D'UN ENFANT DU SIÈCLE, avec un portrait de l'auteur dessiné à la sanguine par Eugène Lami, fac-similé par M. Legenisel, et une eau-forte d'après Bida, par M. Lalauze.. 1 vol.

POÉSIES NOUVELLES, avec un portrait de l'auteur, réduction de l'eau-forte de Léopold Flameng, d'après le tableau de Landelle, et une eau-forte de M. Lalauze, d'après Bida.. 1 vol.

COMÉDIES ET PROVERBES, tome I, avec un portrait de l'auteur gravé par M. Alphonse Leroy, d'après la lithographie de Gavarni, et une eau-forte de M. Lalauze, d'après Bida.. 1 vol.

— Tome II, avec un portrait de l'auteur gravé par M. Alphonse Lamothe, d'après le buste de Mezzara, une eau-forte de M. Lalauze, d'après Bida et une eau-forte de M. Abot, représentant le tombeau d'Alfred de Musset.. 1 vol.

— Tome III, avec un portrait de l'auteur gravé par M. Monziès, copie d'une photographie d'après nature, et une eau-forte de M. Lalauze, d'après Bida............... 1 vol.

CONTES ET NOUVELLES, avec un portrait de l'auteur gravé par M. Waltner, d'après une aquarelle d'Eugène Lami, faite spécialement pour ce volume, et deux eaux-fortes de M. Lalauze, d'après Bida.. 1 vol.

PROSPER MÉRIMÉE

COLOMBA, avec deux dessins de M. J. Worms, gravés à l'eau-forte par M. Champollion.. 1 vol.

ALPHONSE DAUDET

CONTES CHOISIS, avec deux eaux-fortes de M. Edmond Morin.............. 1 vol.

JULES SANDEAU

LE DOCTEUR HERBEAU, avec deux dessins de M. Bastien-Lepage, gravés à l'eau-forte par M. Champollion.. 1 vol.

Prix du volume, broché.. 4 »
Reliure en cuir de Russie ou maroquin.
— coins, tête dorée.. 7 »
— 1/2 veau, tranches rouges ou tranches dorées............ 6 50

SOUS PRESSE :

THÉOPHILE GAUTIER. — Mademoiselle de Maupin.

Paris. — Imp. E. Capiomont et V. Renault, rue des Poitevins, 6.